y Gymraes o
Ganaan

Y Gymraes o Ganaan

Anturiaethau Margaret Jones ar bum cyfandir

Eirian Jones

y Lolfa

Argraffiad cyntaf: 2011

© Hawlfraint Eirian Jones a'r Lolfa Cyf., 2011

Mae hawlfraint ar gynnwys y llyfr hwn ac mae'n anghyfreithlon
i lungopïo neu atgynhyrchu unrhyw ran ohono trwy unrhyw
ddull ac at unrhyw bwrpas (ar wahân i adolygu) heb gytundeb
ysgrifenedig y cyhoeddwyr ymlaen llaw

Dymuna'r cyhoeddwyr gydnabod cymorth ariannol
Cyngor Llyfrau Cymru

Llun y clawr: John Thomas,
trwy ganiatâd Llyfrgell Genedlaethol Cymru

Cynllun y clawr: Y Lolfa

Rhif Llyfr Rhyngwladol: 978 1 84771 332 2

Cyhoeddwyd, rhwymwyd ac argraffwyd yng Nghymru gan
Y Lolfa Cyf., Talybont, Ceredigion SY24 5HE
gwefan www.ylolfa.com
e-bost ylolfa@ylolfa.com
ffôn 01970 832 304
ffacs 832 782

Er cof am
John Rowland ac Elizabeth Jones
a Thomas a Rachel Parry

Cynnwys

Rhagair: Dr E Wyn James	9
Cyflwyniad	14
Rhan I: Rhosllannerchrugog	17
Rhan II: O Fethlehem i Jerwsalem	34
Rhan III: Llythyrau y Gymraes o Ganaan	57
Rhan IV: Ar Draws Cymru	138
Rhan V: Yr Affrig a'r Amerig	159
Rhan VI: Awstralia	185
Nodiadau	214

Rhagair

YN DDIWEDDAR CYMERAIS y tro anghywir wrth deithio ym Mro Morgannwg a'm cael fy hun yn mynd ar hyd ffordd wledig na chofiaf imi fod arni erioed o'r blaen. Yna ymhen ychydig, dyma gyrraedd o gyfeiriad anghyfarwydd un o bentrefi pert y Fro nad oeddwn wedi bod ynddo ers blynyddoedd – pentref, yn wir, yr oeddwn wedi hanner anghofio am ei fodolaeth, ond yn awr yn cael y cyfle i werthfawrogi ei harddwch a'i hyfrydwch o'r newydd.

Mae f'anturiaethau ym Mro Morgannwg yn drosiad o'r hyn a all ddigwydd yn achos ein llenyddiaeth – yn achos unrhyw gelfyddyd yn wir. Gallwn fod yn bur gyfarwydd â 'phriffyrdd' a 'threfi mawr' y byd llenyddol. Teithiwn ar hyd-ddynt yn gyson a chlywed amdanynt yn aml: Taliesin, Dafydd ap Gwilym, Williams Pantycelyn, Daniel Owen, T H Parry-Williams, ac yn y blaen. Ond rhan yn unig o'r tirlun ydynt, a pheth o wefr astudio ein llenyddiaeth yw dod ar draws llecynnau newydd, neu eu hailddarganfod, neu ddod atynt o gyfeiriadau anghyfarwydd.

Meddyliau o'r fath oedd yn mynd trwy fy meddwl wrth imi ddarllen y llyfr hwn gan Eirian Jones am Fargaret Jones, 'Y Gymraes o Ganaan'. Nid un o'n llenorion 'mawr' mo'r 'Gymraes', ac o'r braidd y gellir honni ei bod yn sefyll ar un o briffyrdd ein llên. Mae hi ei hun yn ymddiheuro'n gyson am y brychau sydd ar ei hysgrifennu – confensiwn digon cyffredin, yn enwedig gan ferched a chan y sawl nad ydynt wedi derbyn llawer o addysg ffurfiol. Ond nid oedd rhaid iddi ymddiheuro dim, oherwydd y mae'n ysgrifennu'n ddigon gloyw, ac y mae ganddi ddawn dweud amlwg.

Gwelodd eraill werth y llythyrau a anfonai at ei theulu o wlad Canaan yn fuan wedi iddi ddechrau eu hanfon, a threfnwyd eu cyhoeddi yn *Y Tyst Cymreig* i ddechrau, cyn cyhoeddi detholiad ohonynt mewn cyfrol yn dwyn y teitl *Llythyrau Cymraes o Wlad Canaan* (1869) – cyfrol hynod boblogaidd yn ei dydd, a werthodd wrth y miloedd ac a gyrhaeddodd ei seithfed argraffiad mewn fawr o dro. Fe'i dilynwyd gan ail gyfrol, *Morocco, a'r hyn a welais yno*, yn 1883, ac er na fu honno mor boblogaidd â'i chyfrol ar wlad Canaan, y mae hithau hefyd yn haeddu cael ei hailddarganfod. Ynddi gwelwn allu disgrifiadol Margaret a'i llygad am fanylion, wrth iddi gyfleu ei hargraffiadau o fywyd ac arferion pobloedd y wlad honno, ac adrodd am ei phrofiadau yno a'r digwyddiadau y bu'n llygad-dyst iddynt, a hynny mewn ffordd afaelgar, a chyffrous ar adegau.

Da gweld Eirian Jones yn y gyfrol bresennol yn atgynhyrchu'r llythyrau o'r *Tyst Cymreig*, ynghyd â darnau sylweddol o'r rhannau o'i dyddiadur a gynhwysodd Margaret Jones yn ei chyfrol ar Foroco. Ond y mae Eirian wedi gwneud mwy na hynny, ac wedi olrhain hanes Margaret trwy ei bywyd ar ei hyd, o'i dyddiau cynnar, caled yn Rhosllannerchrugog hyd ei dyddiau olaf, moethus yn Awstralia, gan agor inni, yn llythrennol, gyfandiroedd o wybodaeth am hynt a helynt y wraig anturus hon – gwraig o argyhoeddiadau cryfion, a siaradai'n ddi-flewyn-ar-dafod am bawb a phopeth o'i chwmpas; yn wir, yn rhy ddi-flewyn-ar-dafod ar adegau!

Mae'r gyfrol hon yn un sy'n werth ei darllen a'i mwynhau yn ei hawl ei hun, ond y mae hefyd yn cyfrannu at sawl gwythïen sy'n cael eu gweithio yn ein hastudiaethau llenyddol a diwylliannol cyfoes.

Mae'r degawdau diwethaf wedi gweld tipyn o ailddarganfod ac ailddehongli ar ysgrifennu gan ferched. Nid Ann Griffiths bellach yw'r unig ferch yn ffurfafen ein llenyddiaeth cyn yr ugeinfed ganrif – er mai hi sy'n disgleirio gryfaf o hyd! – ac y mae'r gyfrol hon yn dangos yn glir fod 'Y Gymraes o Ganaan' yn haeddu cael lle amlwg yn y ffurfafen honno. Y mae'n werth tynnu sylw'n arbennig, hefyd, at y lle amlwg sydd i ferched yng ngweithiau Margaret Jones, a'r feirniadaeth gyson sydd ganddi ynghylch eu safle anghyfartal a'r dioddef a ddeuai i'w rhan.

Yn ddiweddar cafwyd gwerthfawrogiad newydd o bwysigrwydd y llythyr fel ffurf lenyddol yn y Gymraeg, a sylweddoliad o'r newydd fod llythyrau'r bedwaredd ganrif ar bymtheg yn cynnwys peth o ryddiaith orau'r Gymraeg yn y ganrif doreithiog honno. Gellid ychwanegu bod y llythyr, oherwydd ei natur answyddogol, gartrefol ac agos-atoch, yn *genre* arbennig o bwysig yng nghyd-destun ysgrifennu gan ferched. Ac y mae llythyrau'r 'Gymraes o Ganaan' yn tanlinellu'r pethau hyn oll.

Y mae'r llythyr yn agos gysylltiedig â'r llyfr taith – *genre* arall sy'n denu sylw cynyddol yn ein dyddiau ni. Mae cyfrolau'r 'Gymraes o Ganaan' yn bur arloesol fel llyfrau taith, yn enwedig ei chyfrol ar Foroco. Yn rhannol oherwydd diddordeb beiblaidd Cymry'r bedwaredd ganrif ar bymtheg, cyhoeddwyd nifer o gyfrolau am deithiau i wledydd yn gysylltiedig â'r Beibl a'r Iesu o tua chanol y ganrif ymlaen. Nid Margaret Jones oedd yr unig un, felly, i gyhoeddi cyfrol am daith i Ganaan, ond yr oedd yn un o'r cynharaf, a'i chyfrol hi yw un o'r ychydig gan ferched. Merch arall a fentrodd ar daith i Ganaan oedd Eluned Morgan (1870–1938), y llenor nodedig o'r Wladfa. Cyhoeddwyd hanes ei thaith yn ei chyfrol *Ar Dir a Môr* (1913). Er bod Eluned yn fwy o ramantydd na Margaret Jones, yr oedd y ddwy yn ferched anturus ac annibynnol a siaradai'n ddiflewyn-ar-dafod ac a rannai argyhoeddiadau crefyddol tebyg; ac arbennig o ddiddorol yw cymharu cyfrolau'r ddwy.

Peth arall sydd wedi'i bwysleisio'n gynyddol yn ystod y blynyddoedd diwethaf yw pa mor rhyngwladol ac amlddiwylliannol fu'r profiad Cymreig ar hyd y canrifoedd. Nid profiad unffurf, cul, diarffordd mohono o bell ffordd. Efallai'n wir fod cyfran sylweddol o drigolion Cymru dros y canrifoedd heb grwydro llawer ymhellach na'r ffair neu'r farchnad agosaf, ond byddai llawer hyd yn oed yn y mannau mwyaf anghysbell wedi adnabod rhywrai, o leiaf, a fyddai wedi crwydro ymhell iawn o'u cynefin, boed y rheini'n borthmyn neu'n llongwyr, yn rhyfelwyr neu'n ymfudwyr. Bu'r profiad Cymreig ar hyd y canrifoedd, o Oes y Saint ymlaen, yn un cyfoethog o amrywiol ac amlddiwylliannol, ac enghraifft amlwg o hynny yw bywyd a gwaith 'Y Gymraes o Ganaan'.

Un wedd arbennig ar brofiad amlddiwylliannol a rhyngwladol y Cymry yn y cyfnod diweddar yw'r mudiad cenhadol Protestannaidd grymus a gododd o ddiwedd y ddeunawfed ganrif ymlaen, ac y cyfrannodd Cymru yn amlwg iddo. Cafodd y mudiad hwnnw ddylanwad pellgyrhaeddol, nid yn unig ar ledaeniad Cristnogaeth trwy'r byd, nes ei throi yn grefydd fyd-eang, ond hefyd ar fywyd a byd-olwg Cymru ei hun. Trwy'r mudiad hwnnw, daeth enwau fel Madagasgar a Bryniau Casia mor gyfarwydd i'r Cymry â Manceinion neu Gaeredin. Fe aeth y mudiad cenhadol dan gwmwl yng Nghymru yn ystod yr ugeinfed ganrif, oherwydd twf rhyddfrydiaeth a seciwlariaeth a gwrth-imperialaeth. Ond, yn fy marn i, y mae'n hwyr bryd bellach inni fynd ati i ailarchwilio ac ailasesu'r mudiad hwnnw. Mae pobl fel yr Athro Aled Gruffydd Jones a'r Dr Noel Gibbard wedi arwain y ffordd yn hynny o beth yn y blynyddoedd diwethaf, ac wedi dangos pa mor bwysig ac amlweddog fu dylanwad y mudiad cenhadol ar fywyd Cymru, a bod swyddogaeth a chyfraniad y cenhadon yn llawer mwy cymhleth a chadarnhaol na'r ddelwedd boblogaidd ohonynt fel cyd-weithwyr i filwyr a masnachwyr imperialaidd.

Yr oedd Margaret Jones yn Gristion o argyhoeddiadau Protestannaidd cadarn, ac fel sy'n amlwg o'i hysgrifeniadau, bu'r genhadaeth Gristnogol yn ganolog i'w bywyd a'i gwaith. Bydd y gyfrol bresennol o ddefnydd, felly, i unrhyw un a fyn astudio'r mudiad cenhadol. Ond mewn oes a nodweddir yn gynyddol gan wrthdaro crefyddol a diwylliannol, y mae'r gyfrol hefyd yn codi cwestiynau cyfoes iawn ym myd crefydd ac amlddiwylliannedd. Ceir digon o enghreifftiau yng ngweithiau'r 'Gymraes o Ganaan' o feirniadu hallt ar agweddau ar y drefn gymdeithasol a ystyriai yn anghyfiawn ac yn anghristnogol – megis peidio â rhoi addysg i ferched, diffyg glanweithdra, creulonder anghymesur wrth gosbi troseddwyr, ac yn y blaen

– a cheir rhai enghreifftiau o siarad a gweithredu annoeth ganddi ar adegau, ond fe geir hefyd lawer enghraifft o dosturi a goddefgarwch tuag at unigolion o ddaliadau crefyddol ac o gefndir diwylliannol gwahanol iawn iddi; ac y mae ei gwaith, felly, yn cyffwrdd â chwestiynau sylfaenol ynghylch y berthynas rhwng aros yn driw i'n hargyhoeddiadau a'n hymwneud â phobl nad ydynt yn eu rhannu.

Diolch, felly, i Eirian Jones ac i wasg y Lolfa am gyhoeddi cyfrol amserol iawn – cyfrol sy'n ailgyflwyno o'r newydd awdures sy'n haeddu cael ei 'hailddarganfod' a chyfrol sy'n cyfrannu i'r drafodaeth gyfoes ar sawl lefel.

Dr E Wyn James
Ysgol y Gymraeg, Prifysgol Caerdydd

Cyflwyniad

WRTH BORI TRWY'R *Cydymaith i Lenyddiaeth Cymru* ryw dair blynedd yn ôl deuthum ar draws cofnod byr am wraig a chanddi stori go drawiadol. Ganed Margaret Jones ym mis Mawrth 1842 yn Rhosllannerchrugog. Cyhoeddodd ddau lyfr yn ystod ei hoes, ond yr hyn a wnaeth ennyn fy niddordeb i oedd y ffaith i'r Gymraes hon dreulio amser ar bum cyfandir, cyn marw yn Awstralia ym mis Hydref 1902.

Yn ei hamser, fe'i hadwaenid fel 'Y Gymraes o Ganaan' gan iddi, yn 1869, gyhoeddi cyfres o'i llythyrau i'w rhieni o Baris, Jerwsalem a Beirut yn y gyfrol *Llythyrau Cymraes o Wlad Canaan*. Canlyniad rhagor o'i theithiau oedd y llyfr taith *Morocco, a'r hyn a welais yno*, a gyhoeddwyd yn 1883.

Dim ond tair wythnos o ysgol a gafodd Margaret yn Rhosllannerchrugog, sy'n gwneud ei phrofiadau a'i gorchestion yn ddiweddarach yn ei bywyd gymaint yn fwy nodedig. Yn ferch bedair ar ddeg oed, cymerodd waith fel morwyn i deulu o Iddewon 'dychweledig' o Wlad Pwyl, ym Mirmingham. Gweithiai ei meistr, y Parch. E B Frankel, ar ran Cymdeithas Llundain er Hybu Cristnogaeth ymysg yr Iddewon (*London Society for Promoting Christianity amongst the Jews*). Y cysylltiad hwn a drodd gwrs bywyd Margaret Jones o fod yn un eithaf cyffredin i fod yn un go anarferol.

Fel morwyn i'r teulu Frankel, treuliodd ddwy flynedd ym Mharis ac yna bedair blynedd yn Jerwsalem. O 1870 ymlaen, bu'n teithio ar hyd a lled Cymru yn darlithio am ei phrofiadau yng Nghanaan. Yn ddiweddarach, bu'n gweithio ym Moroco am dair blynedd, ac yna teithiodd o amgylch yr Unol Daleithiau am ddwy flynedd, cyn ymfudo i Queensland, Awstralia yn 1889 a phriodi James Josey, dyn cyfoethog tu hwnt. Roedd

Cyflwyniad

Margaret wedi teithio'n bell o'i chartref llwm a thlodaidd yn y Rhos i ogoniant stad brydferth yn Queensland, ac yno y bu farw yn chwe deg oed.

Wrth ymchwilio i hanes bywyd Margaret deuthum ar draws sawl tro annisgwyl sy'n gwneud ei stori yn un mor hudolus. Byddai ei bywyd a'i gorchestion yn ddigon anhygoel heddiw hyd yn oed, ac yn aml bu'n rhaid i mi fy atgoffa fy hun mai hanes gwraig a oedd yn byw dros gan mlynedd a hanner yn ôl oedd hwn.

A diolch i hanes Margaret, cefais innau hefyd y cyfle i ymweld â rhai o'r mannau lle bu'n byw. Profiadau anhygoel i mi oedd cael cerdded i mewn i Eglwys yr Iesu yn Jerwsalem a theithio i Foroco Margaret. A hwyrach, ryw ddydd, y daw'r cyfle i fynd i Queensland i weld y fan lle mae'n gorwedd.

* * *

Atgynhyrchir rhai o lythyrau Margaret Jones yn y gyfrol hon. Gwnaed rhywfaint o waith golygu ar y llythyrau a diweddarwyd yr eirfa, yr orgraff a'r atalnodi er mwyn hwyluso'r darlleniad ohonynt.

* * *

Mae nifer fawr o bobl, ar sawl cyfandir, wedi fy nghynorthwyo i roi hanes Margaret at ei gilydd. Hoffwn roi diolch arbennig i Gwynne Williams, capel Bethlehem, Rhosllannerchrugog, a'i gyfnither Eirwen am y ffotograff o'r ffon a ddanfonodd Margaret yn ôl o Ganaan. Diolch hefyd i staff caredig Llyfrgell Genedlaethol Cymru, yn enwedig Emyr Evans, ac i Undeb yr Annibynwyr. Yn Jerwsalem, diolch i David Pileggi o Eglwys yr Iesu a John Arnold o Lyfrgell Conrad Schick, ac i ddau Americanwr, Eric Rufa a Stacy Klodz, a fu'n gwmni gwych yn ystod fy nhaith innau yno. Yn Awstralia, diolch i staff Llyfrgell John Oxley, Llyfrgell Talaith Queensland, Catriona Robinson o'r Ipswich Genealogical Society, Linda Josey, T M Palmer, Lisa

Kibsgaard, Nerida Parry, Bill Parry, Debbie a Ken Downing ac yn arbennig i Bronwen Hall, sy'n un o ddisgynyddion teulu chwaer Margaret, am eu help parod bob amser. Yn yr un modd, diolch i Heulwen Roberts, un arall o ddisgynyddion teulu Margaret yn Seland Newydd. Diolch hefyd i CMJ UK am eu gwaith ymchwil trylwyr.

Mawr yw fy nyled hefyd i Dr E Wyn James, Ysgol y Gymraeg, Prifysgol Caerdydd, un o'r bobl brin a oedd wedi clywed sôn eisoes am Margaret. Bu ei gyngor yn werth y byd, a diolch iddo hefyd am fod yn fodlon cyfrannu rhagair i'r gyfrol.

Ac yn olaf, diolch i holl staff y Lolfa am eu gwaith campus: i Lefi Gruffudd am gytuno i gyhoeddi'r gyfrol, i Nia Peris am olygu'n grefftus, i Alan Thomas am wneud y cyfan mor ddeniadol i'r llygad ac i Paul Williams a'i dîm.

* * *

Yn rhyfedd ddigon, rwyf yn treulio fy niwrnod gwaith mewn swyddfa gyferbyn â chapel yr Annibynwyr yn Nhal-y-bont, Ceredigion. Ar noson oer 17 Ionawr 1871, bu gwraig o'r enw Margaret Jones yn darlithio yn y capel hwnnw am ei phrofiadau yn Jerwsalem...

Eirian Jones
Mawrth 2011

RHAN I
Rhosllannerchrugog

I never beheld anything to equal some of the cottages at Rhosllanerchrugog as regards confinement, filth, and utter unfitness for human abode... The scholars were very dirty and ragged, uncouth, and not in good discipline. The noise made by them and the monitors, in proceeding with lessons, was incredible. They are a mixture of English and Welsh children; but mostly the latter, who know generally very little of the English language... The average age at which children are employed is 8... There are a great number of girls and young women employed, not in the pits but on the banks. Their employment is to carry coals on their heads to their own families...
(Y Llyfrau Gleision, 1847)

Dyma'r darlun o Rosllannerchrugog a baentiwyd gan gomisiynwyr yr ymchwiliad i gyflwr addysg yng Nghymru yn 1847, yn y Llyfrau Gleision gwarthus. Roedd Margaret Jones ar fin dathlu ei phen-blwydd yn bum mlwydd oed pan ymwelodd yr arolygwyr. Darlun llwm iawn o Rosllannerchrugog a roddwyd ar gof a chadw am byth.

Ond i nifer fawr o bobl, lle breintiedig oedd y Rhos yng nghanol y bedwaredd ganrif ar bymtheg. Breintiedig, oherwydd eisteddai'r pentref ar wythïen werthfawr o lo. Denodd y gymuned, a ddaeth i gael ei hadnabod fel 'pentref mwyaf Cymru' (yn ôl ei thrigolion, beth bynnag), gannoedd os nad miloedd o weithwyr amaethyddol tlawd o gefn gwlad gogledd Cymru a'r tu hwnt. Fe'u hudwyd gan yr arian a gynigiwyd am gloddio'r aur du o dan y ddaear. Efallai fod y Rhos yn lle annioddefol i fyw ynddo yn ôl llygaid chwim arolygwyr y comisiynwyr, ond yr oedd yn lle a roddai gyflogau, gobaith ac ychydig o lewyrch i'r rhai oedd yn byw yno, ac i'w teuluoedd ymhellach i ffwrdd.

Heddiw, tref fechan oddeutu naw milltir o Glawdd Offa a phedair milltir o Wrecsam yw'r Rhos. Saif ar yr unig losgfynydd yng Nghymru. Dywedir i'r lafa lifo allan o'r crater ar hyd y pedair ffordd fawr i mewn i'r Rhos, sef Fennant Road, Gutter Hill, Pant Hill a Vinegar Hill.[1] Ar ddiwrnod clir, gwelir ychydig o saith o hen siroedd Cymru o'r Ponciau, ardal sydd yng nghanol y dref. Enw ar ystâd o'r unfed ganrif ar bymtheg oedd Llannerchrugog. Roedd y dref yn wreiddiol o fewn hen blwyf Rhiwabon, a chyfeirid at y lle fel Morton Above, hynny yw, Moor Town Above Offa's Dyke. Datgysylltwyd plwyf Rhiwabon yn 1844 ac yn ei le crëwyd plwyfi newydd Rhiwabon, Cefn, Pen-y-cae a'r Rhos.

Pan ddarganfuwyd gwythiennau o lo yng ngogledd-ddwyrain Cymru, newidiwyd ffortiwn a dyfodol Rhosllannerchrugog o fod yn ferddwr unig i fod yn bentref diwydiannol mawr. Dywed siarter Holt o 1563 bod glo wedi ei ddarganfod o dan y Rhos; yn ddiweddarach byddai tri phwll glo yn cael eu suddo gan gynnwys Coed y Delph a Chae'r Ffynnon. Yn ystod y ddeunawfed ganrif gwelwyd twf aruthrol yn y galw am lo; roedd pwll glo yn y Ponciau mor gynnar â 1757, gyda ffordd dram yn cysylltu'r pwll â'r gwaith haearn gerllaw yn Bersham, a sefydlwyd yn 1721. Cyn hir agorwyd nifer o lofeydd drifft er mwyn cyrraedd y glo oedd yn nes at wyneb y ddaear. Symudodd cannoedd o weithwyr i'r ardal i fanteisio ar y rhagolygon da am waith. Roedd nifer fawr o'r rhain yn Gymry Cymraeg o ardaloedd amaethyddol gwledig. Er bod y Rhos yn agos iawn i'r ffin â Lloegr, datblygodd yn ganolfan Gymraeg ei hiaith, er ei bod wedi'i hamgylchynu gan bentrefi Saesneg eu hiaith. Mae'r hanes hwn yn egluro'n rhannol pam mae'r Rhos yn lle mor Gymreig, hyd yn oed heddiw.

Un o'r rheiny a ddaeth o gefn gwlad Cymru oedd Owen

Jones, tad Margaret. Roedd yn fab i labrwr, Owen Jones arall, ac fe'i ganed yn Llandrillo-yn-rhos, ar y ffin rhwng sir Feirionnydd a sir Ddinbych. Ganed Owen y mab oddeutu 1816, ac fel nifer fawr o ddynion ifainc o gefn gwlad, cafodd ei ddenu gan y posibilrwydd o waith yn y Rhos, lle a oedd ryw ddeugain milltir o'i gartref genedigol. Doedd fawr o obaith am gael gweld gwell byd ar fryniau Meirionnydd. Roedd tir da i'w amaethu'n brin. Roedd ambell flwyddyn yn un dda, ond y mwyafrif yn siomedig. Bu newyn ar fryniau Cymru yn 1821 yn ystod plentyndod Owen; roedd mwy a mwy o stumogau i'w bwydo ac ychydig obaith oedd o wneud hynny yn Llandrillo. Felly aeth Owen a'i frawd am y dwyrain, i Rosllannerchrugog.

2

Ehangodd Rhosllannerchrugog yn gyflym iawn ar ddechrau'r bedwaredd ganrif ar bymtheg, gan ddenu ugeiniau o weithwyr newydd i'r pyllau glo a'r diwydiannau perthynol a agorai fesul wythnos. O ganlyniad, adeiladwyd stoc o dai yn gyflym iawn a heb unrhyw ystyriaeth i gynllun, yn driphlith draphlith ar hyd yr ardal. Gan fod cymaint o'r preswylwyr newydd wedi dod yn wreiddiol o gefn gwlad, daethant â thraddodiadau adeiladu'r bryniau gyda nhw hefyd. Er enghraifft, adeiladwyd nifer o dai o ganlyniad i daflu bwyell o ymyl y pentref, yn ddigon tebyg i'r ffordd o godi tŷ unnos. Ymhle bynnag y disgynnai'r fwyell y byddai ffin ddaearyddol y cartref newydd. Er nad oedd yn rhaid codi'r cartref newydd o fewn un noswaith yn y Rhos, cartrefi o safon isel iawn a adeiladwyd.

Tynnodd gŵr o'r enw John Platt fap o Rosllannerchrugog fel yr oedd yn 1835. (Roedd gan John Platt gof da iawn, gan na luniodd y map hyd 1895, ac yr oedd yn cofio enwau deiliaid pob tŷ o'r flwyddyn 1835.) Mae'r map yn cadarnhau natur aflêr strydoedd a thai'r Rhos, gyda chartrefi â'u drysau ffrynt yn wynebu i bob cyfeiriad.[2] Byddai tai bychain yn cael eu codi ar bwys tai mawrion, a byddai tai yn cael eu hymestyn ar bob ochr er mwyn cartrefu plant y penteulu yn ddiweddarach. Felly does ryfedd nad oedd strydoedd y Rhos yn unionlin.

Codwyd nifer o'r tai o garreg feddal craig Ponciau, gyda llechi Glynceiriog yn do i'r rhai lwcus (toeon gwellt oedd ar y mwyafrif o dai). Ceid dwy ystafell ymhob tŷ, un i gysgu ynddi a'r llall ar gyfer bywyd bob dydd. Ychydig flynyddoedd wedi genedigaeth Margaret, edrychodd comisiynwyr y llywodraeth nid yn unig ar safon addysg ond hefyd ar amgylchiadau byw trigolion y Rhos oddeutu 1846-7. Dyma sylwadau John James, un o gynorthwywyr Henry Vaughan Johnson, a deithiodd trwy ogledd Cymru yn gwneud nodiadau ar gyfer y Llyfrau Gleision:

> I then visited many cottages in different parts of the village. Some of these consist of a single room from 9 to 12 feet square; others have in addition a sort of a lean-to, forming a separate place to sleep in. They are in general void of furniture; but in some I found a bed which is made to accommodate double numbers by arranging the occupants feet to feet. The roofs are wattled; sometimes plastered over with mortar, sometimes bare; others are of straw, and full of large holes open to the sky, which are frequently the only means of admitting light. Each of these hovels contains on average a family of six children, with their parents. If they comprise two rooms the parents sleep in one, and the children in the other; if there is but one room, all sleep together.[3]

Mae John James yn cofio'n arbennig ymweld â rhes o dyddynnod yn y Rhos ar 20 Ionawr 1847:

> I went in company with the Rev. P M Richards, the officiating minister of the district to visit some of the houses of the colliers at Rhosllanerchrugog; and though I have seen St Giles's, Cow Cross, Wapping, and other places in the metropolis where the houses of the poor are unfit to live in, I never beheld anything to equal some of the cottages at Rhosllanerchrugog as regards confinement, filth, and utter unfitness for human abode. Cottage No. 1 consists of one low room, about 12 feet square, containing an old man perfectly black with dirt, lying on a bed of rags and filth. In the

same cottage lives his son, who is in consumption. No. 2 consists of one small room, dirty and so close, that the atmosphere was insupportable. The floor was alternately of mud and stone. In the centre an idiot was seated on a stool. Her mother, an old woman, 70 or 80 years of age was lying on a filthy bed beside her, reduced to a skeleton with disease. The room was without an article of what would be called furniture. No. 3 contains only one room, in which live a man and his two idiot children, both about 20 years old. No. 4, a cottage of one room, contains a father and mother, their daughter and her husband, occupying two beds placed close together, the room being very small. The beds are filthy, the furniture miserable, and the ventilation bad. No. 5, a cottage of one room, inhabited by two adult sisters and their two adult brothers. All occupy the same bed, which may be enlarged a little, but is still the same bed. The room is low-roofed and ill-ventilated. None of these houses had a necessary anywhere near them, nor did I see such a thing in the whole village.[4]

Nodwyd yn yr adroddiadau fod nifer sylweddol o dai'r Rhos o'r math yma, ac un rheswm am hynny oedd y ffaith bod yn rhaid i'r deiliaid tlawd dalu rhent daear o saith i bymtheg swllt bob blwyddyn yn ogystal â rhent y tŷ. A chan eu bod yn byw mewn tai o adeiledd gwael, roedd y preswylwyr yn dueddol o ddioddef o afiechydon yn amlach. Ond fe nodwyd ambell enghraifft o gartrefi a oedd, yn ôl yr adroddiad, yn 'unusually neat and clean... containing a father and a mother well and neatly dressed, a son 18 years old, and a daughter aged 20. All these sleep together in the same room, which is about 9 or 10 feet square'.[5]

Mewn tŷ tebyg y ganed Margaret Jones ym mis Mawrth 1842. Cyn hir, byddai ganddi frawd, John, a aned flwyddyn yn ddiweddarach. Ond gwnaeth beichiogi yn aml a'r cyfleusterau byw gwael niwed mawr i iechyd ei mam, Ann, a bu farw ar enedigaeth plentyn arall ym mis Ebrill 1847, a hithau'n ddim ond wyth ar hugain oed. Priododd Owen Jones deirgwaith i gyd a gwelodd gladdu'r tair gwraig. Byddai'n gweld deg o'i blant yn dod i'r byd hefyd, gyda nifer fawr ohonynt yn marw yn ifanc iawn.

3

Bu'r adwaith i'r Llyfrau Gleision ymysg trigolion ardaloedd megis y Rhos yr un mor gryf â'r beirniadaethau o'r cymunedau o fewn y cyfrolau. Y farn gyffredinol oedd bod yr adroddiadau wedi portreadu cymunedau Cymraeg y wlad yn arbennig o anffafriol. Wedi'r cwbl, prif bwrpas yr ymchwil oedd ceisio argyhoeddi'r llywodraeth fod dysgu gwersi trwy gyfrwng y Gymraeg mewn ysgolion yn israddio safon yr addysg a dderbynnid gan y Cymry. Does dim amheuaeth fod safon nifer o'r tai yn wael yr adeg honno, ond teimlir wrth ddarllen yr adroddiad mai felly'n union yr oedd y cymunedau cyfan.

Gweithiai'r mwyafrif o ddynion y Rhos, fel Owen Jones, ac yn nes ymlaen ei feibion John a Thomas, yn y pyllau glo. Roedd bywyd yn arbennig o galed iddynt, gyda dim ond cyflog fechan am dreulio hyd at ddeuddeg awr o bob diwrnod mewn amgylchiadau brwnt a pheryglus. Mae'r Llyfrau Gleision yn crybwyll blinderau'r bywyd caled hwn hefyd:

> The children are employed in these mines at a very early age, some to carry food to their parents, others to clear the banks, and many work in the mines. The mines and quarries are for coal, lime, iron &c. The children are employed in the mines and pits to open the doors for ventilating the pits, to drive horses which are employed below, and to drag small carts on their hands and knees. The average age at which children are employed is 8... There are a great number of girls and young women employed, not in the pits but on the banks. Their employment is to carry coals on their heads to their own families, to remove obstructions from the mouths of the pits, to wind up materials from the bottom by the wheels, and in many cases to load coals. They acquire a taste for this employment at an early age, and will often leave good situations in respectable families, when they are grown to be young women, in order to return to their old occupation.[6]

Roedd gan y ficer lleol, y Parch. P M Richards, ragor i'w ddweud ar gyfer yr adroddiad am ferched ifainc y fro, gan gasglu 'throughout the district the women have no kind of knowledge of the duties of their sex, or of common household occupations and requirements; that till lately needlework was unknown among them'.[7]

Mae'n debyg fod cynifer o ferched yn cael eu cyflogi yn y pyllau glo fel bod ymgymryd â'r fath waith yn cael effaith anfoesol arnynt yn gyffredinol. Roedd yr awduron o'r farn bod gwaith o'r fath yn diraddio merched, yn bennaf o achos y math o bobl y gweithient gyda hwy. O ganlyniad, roedd y merched ifainc yn dyfod yn 'bold and impudent, and wantonly vicious, sing[ing] the vilest songs, and publicly behav[ing] in the most indecent manner whilst engaged in this occupation'.[8]

Does dim dwywaith mai dim ond yr enghreifftiau mwyaf trawiadol a gynhwyswyd yn yr adroddiadau. Nid oes yr un cofnod o unrhyw ferch yn nheulu Margaret Jones yn gorfod dioddef yr anfri o weithio i lawr yn y pyllau glo. Ar dystysgrif briodas Ann Phillips, mam Margaret, mynegir mai morwyn oedd ei galwedigaeth cyn priodi. Yn wir, aeth Margaret ei hun i ffwrdd i weithio fel morwyn i deulu siopwr yn ardal Llangollen yn ferch bedair ar ddeg oed.

Hwyrach mai cleber lleol ac adroddiadau ail-law oedd ffynhonnell cryn dipyn o honiadau'r Llyfrau Gleision. Cynddeiriogwyd cynulleidfaoedd parchus y capeli niferus yn Rhosllannerchrugog pan awgrymwyd bod moesau personol yn isel yn y pentref. Tarddiad nifer o'r honiadau yma oedd y ficer lleol, y Parch. P M Richards. Gan fod capeli'r Anghydffurfwyr yn ffynnu'r adeg honno yn y Rhos, roedd y ficer yn genfigennus o'u llwyddiant. Yn wir, yr oedd yr adroddiadau nid yn unig yn rhoi'r bai ar yr iaith Gymraeg am y tlodi, y tai gwael a diffyg rhagolygon yr ardalwyr, ond hefyd yn rhoi'r bai ar syniadau a daliadau'r Anghydffurfwyr am wneud y sefyllfa'n waeth.

Ond nid y Llyfrau Gleision yn unig a baentiodd lun o ba mor galed oedd bywyd yn y Rhos oddeutu canol y bedwaredd ganrif ar bymtheg. Danfonodd gweinidog gyda'r Bedyddwyr, y Parch. Ellis Evans, lythyr at ei frawd yn yr Unol Daleithiau yn 1831 yn crynhoi ei sylwadau am gyflwr byw yn yr ardal. Mae'n hysbysu ei frawd pa mor anodd ydoedd i gael gwaith, a bod cyflogau i'r rhai a oedd mewn gwaith yn isel iawn a nwyddau yn y siopau yn arbennig o ddrud. O ganlyniad, roedd llawer o bobl yn newynu. Pan ddaeth y glowyr ynghyd a gofyn am godiad cyflog o 2/6 i 3/- y dydd, galwyd ar y milwyr i'w gwasgaru. Clywyd un o'r meistri yn dweud y byddai'n gweld y dynion yn bwyta porfa cyn y byddai'n fodlon rhoi codiad cyflog iddynt.[9]

Gwaith corfforol caled i bob rhyw oedd gweithio yn y pyllau glo, ac yr oedd yn galetach fyth os nad oedd ymborth o ansawdd dda ar gael. Bwyd plaen iawn, heb fawr o ddewis, oedd ar blatiau'r ychydig lwcus – bwyd megis bara barlys a thatws llaeth gan mwyaf, gydag ychydig o gaws a chig moch ar gyfer achlysuron arbennig. Efallai y ceid peth triog yn lle siwgr, ond ychydig iawn o fenyn a llaeth oedd ar gael yn rheolaidd.[10] Yr hyn a wnâi'r sefyllfa'n waeth i frodorion y Rhos oedd bod nwyddau lawer yn ddrutach yno nag yn Wrecsam gerllaw. Fel y dywedai'r Llyfrau Gleision:

> The truck system goes on at Rhosllannerchrugog or the neighbourhood. If it is not carried on directly, it is indirectly. A very small portion of the wages due to the operatives is paid in money. They receive tickets, which they must take to the shop. If this method of payment is not compulsory upon the workmen, it amounts to the same thing, for they would not be employed if they declined to receive tickets instead of money. The price of these provisions in these shops is much higher than in Wrexham. 10d. is paid for bacon instead of 8d., and 4lbs of flour are sold for 1s., when 6lbs are sold for the same price within a distance of 5 miles. The magistrates have offered to put down the practice, but the workmen will not come forward with evidence, knowing that if they were to do so, they would lose their employment.[11]

Daeth y darn yma o dystiolaeth oddi wrth Thomas Francis, gweinidog gyda'r Methodistiaid Calfinaidd a siopwr yn Wrecsam.

Un o'r rhesymau am amgáu darn o dir gyda'r tŷ annedd yn

y Rhos oedd er mwyn cael y cyfle i fagu anifail megis mochyn neu fuwch. Yn aml cedwid dau fochyn, un ar gyfer y teulu a'r llall i'w dewhau a'i werthu er mwyn prynu nwyddau eraill. Os byddai lle yn caniatáu ar y tyddyn, plennid tatws a chedwid rhai ieir hefyd.

Roedd dillad yng nghanol y bedwaredd ganrif ar bymtheg yn syml iawn. Pan fyddai glöwr yn medru prynu siaced siwt wlân a chlos pen-glin o frethyn newydd, byddai'n eu gwisgo i'r capel droeon cyn eu gwisgo i fynd i lawr i'r pwll glo. Os oedd arian yn caniatáu, byddai rhai yn cadw dillad gorau ar gyfer y Sul, megis ffrog-côt, gwasgod ffansi, clos pen-glin lliwgar a het sidan. Byddai'r menywod yn gwisgo ffrog hir a chanddi bais a llewys hir, gyda boned bychan. Gwisgent fantell dros y ffrog ym misoedd y gaeaf.

Sefydlwyd un o ysgolion cylchynol Thomas Charles yn y Rhos mor gynnar â 1789. Agorodd ysgol breifat Boncddu ei drysau yn 1804. Oddeutu 1840, rhedai gwraig o'r enw Mrs Thomas ysgol Laurel House ar gyfer deugain o fechgyn a merched a dalai chwe cheiniog bob wythnos i ddysgu cwricwlwm a ganolbwyntiai yn bennaf ar wnïo.[12] Nid ymwelodd arolygwyr adroddiadau'r llywodraeth â'r ysgolion hyn. Ond mae'r Llyfrau Gleision yn crybwyll dwy ysgol a agorwyd yn y 1840au, a bu un o gynorthwywyr yr arolygwyr, John James, yn ymweld â nhw. Y gyntaf oedd yr ysgol genedlaethol (National School) a sefydlwyd yn 1844 mewn adeilad pwrpasol gyda chymorth pwyllgor addysg y cyngor a'r Gymdeithas Genedlaethol. Bu John James yn ymweld â'r sefydliad ar 19 Ionawr 1847:

> Rhosllanerchrugug National School, – A school for boys and girls, taught separately by a master and a mistress, in a school built for the purpose. Number of boys, 57; girls, 66; monitors, 13. Subjects taught – reading, writing, and arithmetic; the Scriptures and the Church Catechism. Fees 1d. per week, and 6d. entrance. Income of teacher, £29. Of the 94 scholars who were present, 69 had been members for more than one year. I found only 14 who could read with ease, while 17 were ignorant of the alphabet. Among

27 copy-books, only one contained good writing; and of 13 boys learning arithmetic, no one was proficient even in the compound rules; 7 could solve a few easy questions of mental arithmetic. The girls do not learn arithmetic. This deficiency in secular knowledge is partly owing to the time and attention devoted to religious education. Besides the Scripture and the Church Catechism, the children learn prayers, 'Faith and Duty', sacred music, and the 'Holy Seasons and Festivals of the Church'. The minister of the district assists the teachers in imparting religious instruction. I found 12 children who could answer questions upon Scripture, 8 of them in the Catechism, among 34 examined, and only 2 could repeat answers correctly. Only 8 children possessed any available knowledge of the English language. The master is 25 years of age. He has not been trained at a normal school, but spent seven months in 1844, at two National schools to learn the system. He understands English well, but sometimes speaks ungrammatically. He seldom interprets; he appears to have had little education. His control over the school is defective; while I was examining one class, the rest of the children and their monitors were either playing or staring at me. The mistress is a married woman. She had an infant in arms with her in the school. She has never been trained at all, and has received very little education. She speaks English very incorrectly. She teaches needlework daily.[13]

Mae'r adroddiad yn crynhoi fel hyn:

> Divine service is performed in the school-room on Sunday, until sufficient funds can be obtained for the erection of a church. There is a house for the schoolmaster, which is at present occupied by the officiating minister of the district, who pays a rent to the master. With the exception of the children's pence, it appears that nothing is obtained from the locality for the support of the school, which is indebted to the officiating minister to the amount of £30. This assistance cannot be continued, and it does not appear how the school will in future be enabled to continue in operation.[14]

Sefydlwyd Ysgol Brydeinig ym mis Rhagfyr 1846 gan 'Anghydffurfwyr Rhosllannerchrugog' fel y'u gelwid gan yr adroddiad. Dyma'r ysgol a fynychodd Margaret a'i brawd

Rhosllannerchrugog

John am ychydig. Rheolid yr ysgol gan bwyllgor o 13 o bobl o wahanol enwadau'r Anghydffurfwyr. Cynigid cyflog o £50 i'r ysgolfeistr, ond ar adeg ymweliad John James dim ond chwe phunt oedd wedi'u casglu ar gyfer y gyflog. Dyma sylwadau John James:

> Rhosllanerchrugog British School, – A school for boys and girls, taught together by a master in a Calvinistic Methodist Chapel. Number of boys, 180; of girls, 87; number employed as monitors, 9. Subjects professed to be taught – the Scriptures, reading, writing, arithmetic, and the History of England. Fees, 1d. and 2d. per week. Master's salary, £50. I visited the school... when it had been only six weeks in operation. I found 192 scholars present; only 10 could write with ease, and 91 ignorant of the alphabet. Only 3 could answer easy questions upon Scripture correctly; 38 were learning to write upon slates, but few of these could draw a tolerably straight line. There were only 17 copies, none of which contained good writing. A class of 11 had commenced arithmetic, but none understood Compound Multiplication. In history, there were 2 only who had committed to memory a few facts with reference to the early history of England. The scholars were very dirty and ragged, uncouth, and not in good discipline. The noise made by them and the monitors, in proceeding with lessons, was incredible. They are a mixture of English and Welsh children; but mostly the latter, who know generally very little of the English language. The master is only 21 years of age. He was trained at the Borough-road National School for six months. His questions upon the subjects of the lessons were poor, and slowly conceived. He is necessarily inexperienced, and it is difficult to imagine a school where more experience is required. Though he appears anxious to do his best, he does not and cannot control the school, which is not only numerous, but consists of children who, being altogether uncivilized, appear to require discipline even more than instruction. It is impossible, in a school so recently established, to have monitors competent to teach; nine monitors are employed in this school, all of whom were found to be incompetent. Upon these monitors, and the master, aged 21, depends the education of 267 children. The chapel is large, but insufficiently warmed and very inconvenient for the purposes of

a British school. It was very dirty. The school apparatus, which were provided by the Committee, are all insufficient. For this school of 267 scholars of both sexes, there is no outbuilding of any kind; 71 pupils are above 10 years of age. It does not appear that there is any instruction in needlework in this school.[15]

Geiriau llym yn wir ar gyfer ysgol a agorwyd ddim ond chwe wythnos ynghynt. Tybed beth a fyddai gan John James i'w ddweud petai'n gwybod bod yr ysgol yn cael ei chynnal yn Jerwsalem (capel y Methodistiaid Calfinaidd) ar Brook Street un mis, ac yna'n cael ei throsglwyddo i Fethlehem (capel yr Annibynwyr), Stryd y Neuadd, y mis nesaf? Un o dasgau'r disgyblion oedd cario'r meinciau o'r naill gapel i'r llall (oddeutu hanner milltir). Aeth hyn yn ei flaen am ugain mlynedd arall, hyd nes yr agorwyd ysgol bwrpasol ar 6 Mehefin 1865.[16]

4

Felly roedd yr Eglwys Anglicanaidd a'r Anghydffurfwyr wedi sefydlu ysgolion yn y Rhos o fewn rhai blynyddoedd i'w gilydd. Crëwyd plwyf Rhosllannerchrugog yn 1844 ac adeiladwyd Eglwys Sant Ioan yr Efengylwr yn 1852 a'i chysegru ym mis Hydref 1853. Cynigiai wasanaethau yn y Gymraeg a Saesneg a deuai'r eglwys, a adeiladwyd yn yr arddull Romanésg, yn adeilad rhestredig gradd dau. Caewyd yr eglwys yn 2004.

Ond dim ond un eglwys a geid, o'i chymharu â nifer fawr o gapeli yn y Rhos. Yn hanesyddol, mae'r Rhos wedi bod yn enwog am nifer yr adeiladau crefyddol i bob pen o'r boblogaeth. Er bod nifer fawr ohonynt wedi cau erbyn hyn, ceir oddeutu 35 o adeiladau crefyddol o fewn un filltir sgwâr yng nghanol y Rhos heddiw, y mwyafrif helaeth ohonynt yn gapeli'r Anghydffurfwyr. Cychwynnodd y Methodistiaid Calfinaidd eu hachos yn y Rhos yn 1765. Adeiladwyd y capel presennol, Jerwsalem (a elwir hefyd yn Gapel Mawr), yn Brook Street yn 1837. Gall eistedd cynulleidfa o 1,200 ac mae'n un o gapeli mwyaf gogledd Cymru. Yn 1851, nid oedd yn anghyffredin gweld 700 yn mynychu'r cwrdd gyda'r nos, hyd yn oed ar noswaith o dywydd gwael. Yn gyffredinol, mynychai oddeutu 900 o aelodau y gwasanaeth yn Jerwsalem ar y Sul.

Cychwynnodd y Bedyddwyr eu hachos yn Pearson Street yn 1793. Mae'n debyg i'r cerrig adeiladu gael eu cario o chwarel ym Mharc Ponciau, gyda gwragedd yn cario'r cerrig, nid yn unig yn eu ffedogau ond ar eu pennau hefyd.

Roedd teulu Margaret Jones yn aelodau gyda'r Annibynwyr. Roedd yr Annibynwyr, fel y Bedyddwyr – ac yn wahanol i'r Methodistiaid a'r Anglicaniaid – yn credu y dylai pob eglwys fod yn gyfrifol am ei threfn lywodraethol ei hun, heb unrhyw ymyrraeth o'r wladwriaeth sifil nac o awdurdod eglwysig allanol. Ymysg yr Annibynwyr o bwys yr oedd Williams o'r Wern (a oedd yn adnabyddus iawn i Annibynwyr y Rhos), William Rees, 'Gwilym Hiraethog' (un o gefnogwyr llenyddol Margaret Jones) a Michael D Jones (a arweiniodd y mudiad i sefydlu'r Wladfa ym Mhatagonia).

Ffurfiwyd y capel Annibynnol cyntaf yn y Rhos yn 1810, yn nhŷ glöwr o'r enw Ishmael Jones (1794–1876) ym Mhlas-yn-Pant, Ponciau. Ei weinidog cyntaf oedd un o bregethwyr enwocaf Cymru, Williams o'r Wern. Roedd William Williams (1781–1840) yn un o'r tri phregethwr teithiol amlycaf yng Nghymru yn eu dydd (y ddau arall oedd John Elias (1774–1841) gyda'r Methodistiaid Calfinaidd a Christmas Evans (1776–1838) gyda'r Bedyddwyr). Ganed Williams yn Llanfachreth, sir Feirionnydd, ac wedi clywed gŵr rhyfeddol o'r enw Rhys Davies (1772–1847) yn pregethu pan oedd yn fachgen tair ar ddeg oed, ymunodd Williams â'r Annibynwyr. Wedi mynychu'r Academi yn Wrecsam, fe'i hordeiniwyd yn y Wern yn 1808.[17] Bu'n teithio ar draws y wlad ar gefn ceffyl yn pregethu i gynulleidfaoedd niferus. Roedd yn areithiwr swynol a huawdl. Gwelodd botensial pregethwr yn un o'i gynulleidfa, sef y glöwr Ishmael Jones. Fe'i hanogodd i fynychu Academi Hackney, ac wedi iddo gael ei ordeinio teithiodd Ishmael Jones y wlad yn pregethu, cyn dychwelyd i ardal ei faboed yn y Rhos yn 1847.

Goruchwyliodd Williams o'r Wern adeiladu capel yr Annibynwyr, Bethlehem, yn Stryd y Neuadd yn 1812. Fe'i hadeiladwyd ar safle pedwar tŷ siambr a phedwar twlc mochyn. Yn debyg i Jerwsalem, adeiladwyd y capel gan y glowyr a'r gweithwyr clai, heb gynllun penodol nac ychwaith ganiatâd swyddogol. Yn 1843, ehangwyd y capel, ac adeiladwyd oriel ar gyfer eistedd cynulleidfa o hyd at 1,200. Erbyn hyn, yr oedd y capel yn mesur 54 llath wrth 45 llath ac yr oedd yr estyniad wedi costio £950 i'r aelodau. Mae cofnodion yr Annibynwyr yn nodi bod 36 sedd segur yn y lle, 390 o seddau eraill a lle i 350 o bobl sefyll ar eu traed. Mae adroddiadau o 30 Mawrth 1851 yn dangos bod 383 yn bresennol ar gyfer gwasanaeth y bore gyda 550 yn mynychu gwasanaeth yr hwyr, a hithau'n ddiwrnod garw.[18] Yn arferol, byddai'r gynulleidfa yn 650 gyda 380 yn mynychu'r ysgol Sul yng nghyfnod Margaret Jones. Gosodwyd organ ym Methlehem yn 1862 pan ehangwyd y lle ymhellach, a gwariwyd £1,800 ar estyniad yn 1889, gan ychwanegu 200 sedd yn rhagor i'r capel. Yn ddiweddarach, byddai capel Bethlehem yn enwog am ei ffrynt *Rundbogenstil* (cylch bwaog) a'r oriel a safai o dan yr organ a'r tu ôl i'r pulpud.

Roedd gan gapel Jerwsalem ei lysenw, sef Capel Mawr; felly hefyd Bethlehem, a adwaenid fel y Capel Bychan. Ceid sawl rheswm am y llysenw. Un rheswm efallai oedd y ffaith fod y capel ddim ond yn mesur 10 llath wrth 13 llath cyn nifer o estyniadau. Ond hwyrach mai rheswm arall yw stori go sinistr o'r bedwaredd ganrif ar bymtheg. Ganed baban ac iddo ddau ben nid nepell o'r capel, oedd wedi'i leoli bryd hynny mewn ardal a ddisgrifiwyd fel 'slym' Rhosllannerchrugog. Gan fod trigolion y Rhos yn bobl go ofergoelus, nid oeddynt am weld y baban (na oroesodd) yn cael ei gladdu ym mynwent y plwyf felly fe'i claddwyd y tu mewn i gapel Bethlehem. Yn 1926, ailddodrefnwyd ac ailaddurnwyd y tu mewn i gapel Bethlehem a darganfuwyd gweddillion y baban. Penderfynwyd ei adael yn yr un fan, sydd, mae'n debyg, o dan y trydydd côr.

A hwyrach mai rheswm arall am alw'r capel yn Gapel

Bychan oedd enw un o weinidogion Bethlehem. Roedd Robert Thomas (1809–80) yn fardd, ac fe'i hadwaenid yn y cylchoedd barddol fel Ap Fychan. Cafodd ei eni yn Llanuwchllyn, sir Feirionnydd, a dysgodd grefft y gynghanedd gan ei dad. Fe'i prentisiwyd yn of, a theithiodd y wlad yn dilyn yr alwedigaeth honno. Ymhen amser, yng Nghroesoswallt, dysgodd siarad Saesneg a dechreuodd ddarllen gweithiau Saesneg. Erbyn 1835 roedd wedi'i ordeinio yn weinidog gyda'r Annibynwyr. Yn ddiweddarach, deuai'n athro mewn diwinyddiaeth yng Ngholeg yr Annibynwyr yn y Bala lle yr oedd Michael D Jones yn brifathro.

Bu'n weinidog Bethlehem rhwng 1848 a 1855, felly yr oedd yn adnabod teulu Margaret yn dda. Yn wir, sonia Margaret am ei gamp farddol fwyaf mewn llythyr o Jerwsalem at ei rhieni yn 1866. Enillodd Ap Fychan y gadair am awdl yn Eisteddfod Genedlaethol Caer y flwyddyn honno. Gwnaethpwyd ei gadair o bren derw o do tŷ'r anterliwtiwr Twm o'r Nant (Thomas Edwards; 1739–1810). Hwyrach fod Ap Fychan wedi taenu ei ddiddordeb mewn llenyddiaeth a barddoniaeth ymysg ei gynulleidfa ym Methlehem hefyd.

Roedd canu yn arbennig o bwysig yn y Capel Bychan, ac o bryd i'w gilydd denai eu cyrddau canu arweinyddion o fri megis Dr Joseph Parry (1841–1903), cyfansoddwr yr emyn-dôn 'Aberystwyth' ac Athro Cerddoriaeth cyntaf Coleg Prifysgol Cymru, Aberystwyth. Un o'r rhesymau pam yr oedd enw da i gyrddau canu Bethlehem oedd yr organ anhygoel oedd i'w chael yno. Ar un adeg, organydd Bethlehem oedd gŵr a aned yn lleol, sef Dr Caradog Roberts (1878–1935). Wedi ei brentisio'n saer coed, aeth ymlaen i astudio cerddoriaeth ym Mhrifysgol Rhydychen. Yn ddiweddarach, daeth yn Gyfarwyddwr Cerddoriaeth Coleg Prifysgol Gogledd Cymru, Bangor. Golygodd nifer o lyfrau emynau'r Annibynwyr ac yr oedd yn gyfansoddwr nifer o emyn-donau enwog, megis 'Rachie'.

Sefydlwyd ysgol Sul lewyrchus Bethlehem yn 1843. Yn y Llyfrau Gleision nodir yr ystadegau canlynol am fis Ionawr

1847, pryd y gallai Margaret fod wedi bod yn bresennol: roedd 37 o fechgyn a 38 o ferched o dan bymtheg oed, gyda 61 o fechgyn a 60 o ferched dros bymtheg oed ar y llyfrau. Pan ymwelodd yr arolygwr yr oedd 82 o fechgyn a 68 o ferched yn bresennol. Dysgwyd y rhain gan 17 athro gwrywaidd a thair benyw. Yr oedd 131 o'r disgyblion yn medru darllen yr Ysgrythur a dim ond 30 oedd â'r hawl i fynychu ysgol ddyddiol.

Y capeli oedd canolfannau crefydd, diwylliant ac adloniant yn Rhosllannerchrugog. Roedd yna dŷ tafarn i bob capel hefyd, gyda thafarn y Sun and Dragon ddim ond rai drysau i lawr o gapel Bethlehem. Roedd y Rhos yn lle bywiog i dyfu i fyny ynddo yn ystod y 1840au a'r 1850au, er y caledi a'r blinderau mawr, y cartrefi tila wedi'u gwneuthur yn wael, diffyg bwyd maethlon am gyfnodau estynedig yn ystod y flwyddyn a'r ecsbloetio ar y gweithlu, na wyddent a fyddent yn dychwelyd yn ddiogel at eu teuluoedd bob nos. Yr oedd angau yn ymwelydd cyson islaw ac uwchben y ddaear. Ond mae dyn yn synhwyro bod yna gymuned glòs a hapus ar y cyfan yn y Rhos. Roedd eu capeli yn llawn dop, gyda channoedd yn mynychu'r oedfaon. Roedd y bobl yn ofni Duw ac yn gwybod sut yr oedd gwneud yn iawn â'u cymdogion. Roedd bywyd yn y Rhos yn galed, yn ymdrech i oroesi, ond roedd yn fan lle magwyd cymeriadau a lle taniwyd uchelgais.

5

Un o'r cymeriadau hynny, a chanddi fesur sylweddol o uchelgais, oedd Margaret Jones, merch hynaf Owen Jones. Gwraig o'r Rhos oedd ei mam. Ganed Ann Phillips yn 1818, yn drydydd plentyn y glöwr John Phillips a'i wraig Sarah. Priodwyd Owen ac Ann yn eglwys y plwyf, Wrecsam, ar 27 Gorffennaf 1839 gan y curad Edward Edwards. Roedd y ddau yn byw yn nhrefgordd Esclusham Below. Wrth edrych ar y dystysgrif briodas, mae'n ymddangos bod Owen yn medru llofnodi ei enw, ond nid oedd Ann. Felly hefyd y ddau dyst i'r briodas, Richard, brawd Owen, a Sarah, chwaer Ann.

Ymgartrefodd y ddau yn Stryd y Neuadd (Hall Street), ar yr un heol â chapel Bethlehem. Tybir y ganed Margaret ym mis Mawrth 1842.[19] Hi oedd eu plentyn cyntaf i oroesi. Flwyddyn yn ddiweddarach, roedd gan Margaret frawd, John. Hwyrach fod Ann wedi beichiogi sawl gwaith eto ar ôl 1843. Roedd yn feichiog ym mis Ebrill 1847, a ganed plentyn iddi ar 12 Ebrill. Bu Ann farw, yn wyth ar hugain oed, y diwrnod canlynol o 'Puerperal Convulsions 26 Hours Certified', o ganlyniad i'r enedigaeth. Mae'n ymddangos bod y baban bach wedi marw hefyd.

Roedd Owen Jones yn ŵr gweddw, yn löwr, a chanddo ddau o blant bach i'w magu hefyd. Does ryfedd felly iddo ailbriodi yn weddol fuan. Yng ngwanwyn 1849, priododd Catherine a hanai o Langar, sir Feirionnydd. Ganed eu mab, Thomas, yn 1850.

Tyfodd teulu bach Owen Jones i fyny yn Stryd y Neuadd, Rhosllannerchrugog. Mynychent gapel Bethlehem yn rheolaidd, a byddai Margaret a John a Thomas yn mynychu peth ysgol o bryd i'w gilydd. Byddai'r teulu bach yn gweddïo'n daer y deuai Owen adref o'r pwll yn ddiogel bob nos.

Rhan II
O Fethlehem i Jerwsalem

Yr ydwyf yn meddwl mai y chwe mis diwethaf sydd wedi bod y misoedd dedwyddaf yn fy mywyd. Y mae gennyf fwy o gyfeillion nag a fu gennyf er pan ddechreuais wasanaethu, a'r rhai hynny, pan af i ymweled â hwy, yn gorchymyn i'w gweision a'u morynion wasanaethu arnaf fel pe bawn yn ben boneddiges y tir, nes y mae arnaf bron gywilydd i dderbyn y fath garedigrwydd.

(Margaret Jones, *Llythyrau Cymraes o Wlad Canaan*)

Mae ysgrif goffa i Margaret adeg ei marwolaeth yn 1902 yn cofnodi mai dim ond tair wythnos o ysgol a gafodd yn gyfan gwbl yn Rhosllannerchrugog. Cyn gynted ag yr oedd plant yn ddigon aeddfed i ymddiried iddynt wneud gwaith am dâl, fe'u hanogwyd i adael y cartref a chwilio am waith.

Dyna oedd rhagolygon Margaret hefyd. Oddeutu 1856, a hithau'n bedair ar ddeg oed, gadawodd y cartref teuluol a mynd i fyw i Langollen, nid nepell o'r Rhos, ond yn bell iawn o lwydni a llwch y gweithfeydd. Yn bedair ar ddeg oed, aeth ei brawd John yntau i weithio yn y pwll glo (ac yn ôl Cyfrifiad 1861, roedd yn ddigon ffodus i gael gwaith fel clerc yn y lofa).

William Wright, siopwr ac amaethwr, a'i wraig Mary oedd cyflogwyr a theulu newydd Margaret. Yr oeddynt yn byw mewn tŷ go sylweddol o'r enw y Garth a chyflogwyd Margaret fel morwyn. Yn ôl Cyfrifiad 1861, nid yw'n ymddangos bod ganddynt blant yn y cartref, ond yr oedd yn ddigon o dŷ er hyn i gadw dwy forwyn, Margaret a Mary Ann Jones, yn brysur.

Mae tref brydferth Llangollen, safle eisteddfod ryngwladol erbyn hyn, yn sefyll ar lan afon Dyfrdwy. Ystyrir y bont sy'n croesi'r afon, a adeiladwyd oddeutu 1500, yn un o saith rhyfeddod Cymru. Cynlluniwyd camlas Llangollen, a agorwyd yn 1808, gan Thomas Telford fel modd i gludo nwyddau i Loegr. Ar gyrion y dref y mae Plas Newydd, cartref Eleanor Butler a Sarah Ponsonby, a adwaenid fel 'The Ladies of Llangollen'. Roedd y beirdd Byron, Shelley a Wordsworth yn ymwelwyr cyson â Phlas Newydd.

Ganed William Wright yn sir Ddinbych oddeutu 1813. Roedd ei wraig Mary yn hanu o Lansanffraid ac fe'i ganed hi yn 1811. Ni ellir gorbwysleisio'r dylanwad a gafodd bod yn rhan o'r teulu hwn ar ddyfodol Margaret. Ni allai ei disgwyliadau mewn bywyd fod wedi bod yn uchel iawn. Parhau i weithio fel morwyn, hwyrach, ac yna priodi a chael plant a chadw cartref. Ond fe wnaeth un digwyddiad, filltiroedd i ffwrdd yn ninas Birmingham, ddymchwel y disgwyliadau hynny a rhoi cyfleoedd anhygoel i Margaret, gan newid cwrs ei bywyd am byth.

Roedd perthynas i William Wright ar fin priodi. Efallai mai chwaer i William oedd Margaret Wright, neu gyfnither hwyrach. Beth bynnag, yr oedd Margaret Wright, dynes dri deg saith mlwydd oed, newydd ddyweddïo â gŵr gweddw, sef y Parch. Elias Benjamin Frankel. Yr oedd ganddo ef dair o ferched bach ieuanc, ac roedd yn rhaid i rywun ofalu am y merched bach. A dyna pryd y cododd enw Margaret mewn sgwrs rhwng William a Margaret Wright. Hwyrach y byddai hi yn ddelfrydol i ofalu am blant y gweinidog? Roedd hi'n ferch grefyddol iawn ac eto yn llawn bywyd. O fewn dim, yr oedd Margaret Jones yn codi ei phac am ardal Lozells yn ninas Birmingham.

Yr oedd dinas Birmingham ryw gant o filltiroedd o Rosllannerchrugog, pellter cymharol fach o'i gymharu â pha mor bell y teithiodd Margaret weddill ei hoes. Iddew Ashkenazim oedd Elias Benjamin Frankel, a hanai o Wlad Pwyl yn wreiddiol.[1] Cafodd ei broselytio[2] yng Ngwlad Pwyl

35

a daeth yn Gristion 'dychweledig'. Gweithiai fel curad eglwys St Silas yn Lozells ac ymhen amser daeth yn gennad gyda Chymdeithas Llundain er Hybu Cristnogaeth ymysg yr Iddewon. Mewn gwirionedd, doedd Margaret erioed wedi clywed am y fath gymdeithas, ond gwyddai fod ei gwaith yn un Cristnogol ac felly golygai hynny ei bod yn ddigon hapus gyda'r trefniadau.

Pan benderfynodd Elias Frankel 'ddychwelyd'[3] at Gristnogaeth yng Ngwlad Pwyl yn 1847, gadawodd ei gartref a'i deulu: ei dad Simon, a oedd yn fasnachwr, ei fam, pump o frodyr a dwy chwaer. Mentrodd ddieithrio oddi wrth ei deulu am weddill ei fywyd. Gwyddai yng ngwaelod ei galon na welai hwy fyth eto.[4]

Erbyn 1850 yr oedd Elias, dyn ifanc tair ar hugain oed, yn ddeiliad Prydeinig a newydd briodi Elizabeth Myers. Ganed Elizabeth oddeutu 1827 yn Stanhope, swydd Durham. Priodwyd y ddau yn Eglwys yr Iesu, Southwark, Llundain yn 1850 cyn i'r pâr adael am Lyon yn nwyrain Ffrainc. Yno y ganed eu merch hynaf, Maria Louisa, yn 1852 a merch arall, Emilie, yn 1854. Dychwelodd y Frankels i Loegr cyn i'w merch olaf, Elizabeth Hannah, gael ei geni ym Mirmingham yn 1859.

Cymerodd Elias Frankel swydd fel curad eglwys St Silas yn Lozells, Birmingham. Wedi rhai blynyddoedd hapus yn y ddinas, daeth trychineb i'w rhan yn 1861, pan fu Elizabeth Frankel farw o'r ddarfodedigaeth a hithau ond yn dri deg pedwar mlwydd oed. Roedd gan Elias dair o ferched bach oedd mewn galar wedi iddynt golli eu mam mor sydyn. Roedd yn awyddus i ailbriodi a dyna a wnaeth ym mis Hydref 1862. Daeth Margaret Wright yn wraig iddo mewn eglwys yn Lambeth, Llundain, a daeth Margaret Jones yn forwyn a nyrs i'w blant.

Dychwelodd y pâr priod newydd i Birmingham ar ôl y briodas. Erbyn hyn yr oedd Margaret wedi ymsefydlu o fewn y teulu, yn gwmni da i'r merched bach ac yn ddigon profiadol i wybod sut i redeg y cartref. Ond does dim dwywaith fod y tŷ yn Lozells yn dod ag atgofion poenus yn ôl i Elias Frankel.

A, beth bynnag, roedd am gael dechreuad cwbl ffres gyda'i wraig newydd. Nid yw'n syndod felly iddo dderbyn cynnig gan Gymdeithas Llundain er Hybu Cristnogaeth ymysg yr Iddewon i fynd i Baris fel cennad ar ei rhan. Efallai mai'r syndod mwyaf i'w deulu, ac i Margaret y forwyn yn arbennig, oedd dyddiad y symud, prin ddeufis wedi ei briodas â Margaret Wright. Cychwynnodd y teulu eu taith i Baris ar 4 Rhagfyr 1862.[5]

Flwyddyn yn gynharach yr oedd Margaret y forwyn ar fin dathlu ei phen-blwydd yn ugain oed, yn mwynhau bywyd gyda'i ffrindiau ifanc yn nhref brydferth Llangollen ac yn teithio adref pan godai'r cyfle i fynwes ei theulu a chapel Bethlehem yn y Rhos. Yn y flwyddyn ddilynol, yr oedd wedi profi newid byd aruthrol yn barod, yn byw mewn dinas swnllyd, ddiwydiannol, ac yn awr yr oedd ar ei ffordd i fyw mewn dinas gosmopolitaidd ar gyfandir Ewrop lle na fyddai'n medru clywed gair o Gymraeg o gwbl. Tybed a gafodd Margaret y dewis o fynd yn ôl i Gymru yn hytrach na dilyn y teulu i Baris? Efallai ei bod yn teimlo dros y merched. Roeddynt wedi gweld cymaint o newidiadau yn y deunaw mis diwethaf; petai Margaret yn eu gadael, byddai'n rhaid iddynt gael newid pellach eto. Ond merch ddewr oedd Margaret, a merch fentrus hefyd, a dangosodd y nodweddion hyn i'w chymeriad am y tro cyntaf yn 1862, nodweddion a fyddai yn ei chynnal ac yn ffurfio patrwm ei bywyd am y deugain mlynedd nesaf.

2

Gweithiai Elias Frankel i gymdeithas genhadol oedd wedi'i lleoli yn Llundain. Roedd y gymdeithas yma yn gweithio yn bennaf gyda'r Iddewon, fel y gwelir yn nes ymlaen. Mae'n annhebyg y byddai Margaret wedi dod ar draws unrhyw Iddewon cyn ymuno â'r teulu Frankel, nac y byddai'n ymwybodol chwaith o waith Cymdeithas Genhadol Llundain ymysg yr Iddewon. Ond yr oedd Margaret a'i chyd-addolwyr yng nghapel Bethlehem yn gwbl gyfarwydd â gwaith cenhadol eglwysi Anghydffurfiol Cymreig mewn gwledydd tramor. Cododd rhai o genhadon amlycaf y bedwaredd ganrif ar bymtheg o gapeli Anghydffurfiol Cymru ac mae eu gwaith yn atseinio yn y gwledydd pell hynny hyd yn oed heddiw.

Roedd cenhadon o Gymru ymysg y cyntaf i gael eu recriwtio gan Gymdeithas Genhadol Llundain, mudiad anenwadol a sefydlwyd yn 1795 ac a ddanfonodd gannoedd o genhadon ar draws y byd. Yr oedd Thomas Charles (1755–1814) o'r Bala, a berswadiodd y Gymdeithas er Taenu Gwybodaeth Gristnogol (SPCK) i gyhoeddi Beiblau Cymraeg yn 1799 ac a oedd yn un o sylfaenwyr Cymdeithas y Beibl yn 1804, yn un o gefnogwyr pybyr Cymdeithas Genhadol Llundain. John Davies (1772–1885), cydymaith yr emynydd Ann Griffiths, oedd cennad Cymreig cyntaf Cymdeithas Genhadol Llundain pan ddanfonwyd ef i Tahiti yn 1800. Ychydig wedi hynny, dechreuodd enwad yr Annibynwyr ddanfon cenhadon, yn bennaf i Ynysoedd Môr y De, India, China a Madagascar.

Cafodd dau Gymro ddylanwad arbennig yn China. Teithiodd Griffith John (1831–1912) i Hankow yn 1855, gan dreulio mwy na phum degawd yn teithio'r wlad yn pregethu'r efengyl a sefydlu eglwysi, ysgolion, coleg diwinyddol a chartref i wahangleifion.[6] Danfonwyd Timothy Richard (1845–1919) o Ffaldybrenin gan Gymdeithas Genhadol y Bedyddwyr i Chafoo, Shantung ac yna Shanghai yn China. Fe'i hadwaenid ar hyd a lled y wlad fel 'Li T'i-mo-tai', ysgolhaig, athro, awdur, dyngarwr, gwladweinydd cenhadol, mandarin a chynghorydd i'r llys. Credir mai ef oedd yn llywodraethu China am ychydig o amser. Ymysg y Cymry dim ond David Lloyd George (1863–1945), prif weinidog Prydain o 1916 hyd 1922, sydd wedi arfer mwy o rym gwleidyddol.[7]

Bryniau Casia yng ngogledd-ddwyrain India oedd pen y daith i nifer o genhadon y Methodistiaid Calfinaidd yn y bedwaredd ganrif ar bymtheg. Gwelwyd cenhadon Cymreig yn yr Affrig hefyd: y cenhadwr Wesleaidd William Davies (1784–1851) oedd y cyntaf i gyrraedd Sierra Leone a bu

Thomas Lewis yn lledaenu neges y Bedyddwyr yn y Congo a Chameroon.[8]

Dilynwyd y cenhadon yn aml gan eu gwragedd a'u plant ac yn ddiweddarach gan feddygon ac athrawon. Byddai canolfan genhadol lwyddiannus yn cynnwys ysgolion, ysbyty, tai ar gyfer y cenhadon a'u teuluoedd ac ar gyfer y rhai a broselytiwyd i Gristnogaeth, a hwyrach gwasg argraffu, ynghyd â'r eglwys wrth gwrs.[9] Ond roedd y gwaith hwn yn gostus, ac nid oedd y gost o adeiladu a chynnal y gwasanaethau yn rhad.

O ganlyniad, rhaid oedd codi symiau sylweddol o arian, a dyna paham yr oedd tudalennau'r cylchgronau enwadol, megis *Dysgedydd* yr Annibynwyr a'r *Drysorfa* i'r Methodistiaid Calfinaidd, yn llawn storïau, adroddiadau a llythyrau o lefydd ar draws y byd y byddai hi'n anodd eu darganfod ar fap. Ac yr oedd y gwaith 'cyfareddol' yr oedd y Cymry yma yn ei wneud dramor, yn llygaid y cynulleidfaoedd gartref nad oedd mor ddewr â hwynt, yn galluogi i symiau mawr iawn o arian gael eu codi yng Nghymru ar gyfer y genhadaeth. Edmygai'r Cymry eu cenhadon yn ddirfawr ac fe'u hystyrid yn enwogion eu dydd. Gwnaeth 'llwyddiannau' y cenhadon gryn dipyn i godi ysbryd y Cymry, yn enwedig ar ôl cyhoeddi y Llyfrau Gleision melltigedig.[10]

Amrywiai'r cymdeithasau cenhadol yn y modd y gweithient yn y maes, ond prif amcan pob cymdeithas oedd rhoi Beibl i bawb. Ond yr oedd Cymdeithas Llundain er Hybu Cristnogaeth ymysg yr Iddewon yn gwyro ychydig o'r syniad hwn. Ei phrif nod oedd rhannu'r Testament Newydd ymysg yr Iddewon a dod ag athrawiaethau Iesu Grist i mewn i'w bywydau.

3

Bu Cymdeithas Llundain er Hybu Cristnogaeth ymysg yr Iddewon yn gyflogwyr i Elias Frankel am bron i ugain mlynedd,[11] a chenhadon o'r gymdeithas hon a wnaeth ddwyn perswâd ar yr Elias ifanc yng Ngwlad Pwyl i 'ddychwelyd' i'r ffydd Gristnogol. Sefydlwyd Cymdeithas Iddewon Llundain (hynny yw, Cymdeithas Llundain er Hybu Cristnogaeth ymysg yr Iddewon) yn 1809. Ei nod syml oedd proselytio Iddewon o bob rhan o'r gymdeithas yn Gristnogion.

Nid oedd y syniad o weld yr Iddewon, cenedl etholedig Duw, yn derbyn Iesu Grist fel ei Fab yn un newydd ar ddechrau'r bedwaredd ganrif ar bymtheg. Ceisiwyd eu cymell ers canrifoedd. Ond ymdrechion digon di-drefn a fu yn y gorffennol. Rhwng y chweched ganrif a'r Diwygiad Protestannaidd ni fu yna lawer o ymdrech i efengylu'r Iddewon o gwbl. Ni chyfieithwyd y Testament Newydd i'r Hebraeg tan y bymthegfed ganrif ac, yn wir, yr oedd yr Iddewon yn fwy tebygol o gael eu trin gydag atgasedd a gwawd na chael eu hefengylu gan Gristnogion.

Dechreuodd yr Iddewon gyrraedd Lloegr mewn niferoedd mawr yn ystod teyrnasiad y Brenin William I (1066–87), pan brynasant yr hawl i ddod i Loegr i fyw. Sefydlasant mewn ardaloedd arbennig megis Llundain, Rhydychen a Stamford. Lluosogodd nifer yr Iddewon gymaint erbyn teyrnasiad Harri I (1100–35) fel y dechreuodd yr Iddewon broselytio'r Cristnogion. O ganlyniad, danfonwyd mynachod i'r trefi i geisio gwrthweithio syniadau'r Iddewon. Cawsant eu cyhuddo ar gam o ysbeilio a lladd. Erbyn 1290, yr oedd holl Iddewon Lloegr wedi eu halltudio.

Wrth i'r canrifoedd fynd heibio ac i effaith y Diwygiad leihau'r teimladau rhagfarnllyd, dechreuodd rhai Iddewon wneud eu cartrefi ym Mhrydain unwaith eto. Erbyn 1657, neilltuwyd darn o dir yn Stepney, Llundain, ar gyfer synagog. Ond er i fywyd wella i'r Iddewon yn y wlad hon, roedd y mwyafrif ohonynt o hyd yn cael eu trin fel estroniaid.

Gwellodd cyfleoedd yn aruthrol i'r Iddewon erbyn Oes Fictoria; erbyn hynny roedd ganddynt yr hawl i sefyll fel Aelodau Seneddol hyd yn oed. Daeth miloedd o Iddewon i fyw i Brydain o bedwar ban y byd. Roedd ardaloedd megis Spitalfields a Whitechapel yn Llundain bron â bod yn gwbl Iddewig ac fe'u gelwid yn 'Balestina Llundain'. A daeth y mewnfudwyr â iaith *jargon* arbennig gyda hwy, sef Yiddish: cymysgedd o Almaeneg, Hebraeg, Pwyleg a Saesneg.[12]

4

Mae hanes sefydlu Cymdeithas Iddewon Llundain yn dechrau yn 1801 pan ddaeth Cristion Iddewig, Joseph Frey, dinesydd o Ferlin, i Loegr i weithio i Gymdeithas Genhadol Llundain, a ffurfiwyd yn 1795. Gwaith y gymdeithas hon ymysg yr Iddewon (cofier ei bod yn gweithio dramor hefyd, fel y gwelwyd ynghynt) oedd sefydlu rhai ysgolion i fechgyn a merched Iddewig a thraddodi ambell bregeth iddynt. Roedd Frey am wneud mwy i'r Iddewon, ond yr oedd y gymdeithas yn amharod i gynnig yr adnoddau i wneud hynny. Felly penderfynodd Frey sefydlu cymdeithas ei hun, ac ar 4 Awst 1808, mewn capel yn nwyrain Llundain, 'a small and unpretending association, consisting of a few influential men, was formed under the title of "The London Society for the purpose of visiting and relieving the sick and distressed, and instructing the ignorant, especially such as are of the Jewish nation"', gyda Joseph Frey yn Llywydd.[13] Addaswyd enw'r gymdeithas ymhellach yn 1809 i 'The London Society for Promoting Christianity amongst the Jews'.

Wrth gychwyn y gwaith, bu Cristnogion o bob enwad yn ymwneud â Chymdeithas Iddewon Llundain. Etholwyd Dug Caint yn noddwr y gymdeithas. Yn y blynyddoedd cynnar, canolbwyntio ar wella amgylchiadau pob dydd yr Iddewon a wnaed. Yna, sefydlwyd 'Capel Iddewig' yn Spitalfields a thraddodwyd darlithiau a phregethau i'r Iddewon chwilfrydig gan bregethwyr o bob enwad. Sefydlwyd ysgol yno hefyd, ac erbyn 1812 yr oedd 83 o fechgyn a merched Iddewig yn ei mynychu. Yn yr un flwyddyn, yr oedd 41 o oedolion Iddewig wedi cael eu bedyddio i mewn i eglwys yr Iesu, y nifer fwyaf ers dyddiau'r Apostolion.

Roedd yr Iddewon yn dlawd tu hwnt, ac yr oedd mesurau arbennig gan y gymdeithas i'w 'hannog' i ddod i wrando ar eu negeseuon. Er enghraifft, byddai Iddewon yn cael dillad a bwyd am ddim am fynychu cyfarfodydd a dangos diddordeb yn Eglwys Crist. Sefydlwyd unedau diwydiannol i addysgu a hyfforddi Iddewon ym meysydd argraffu a chynhyrchu brethyn, er enghraifft.[14] Gwnaed unrhyw beth i ddenu'r Iddewon i mewn i gorlan Crist, gan geisio darbwyllo hefyd y nifer fawr o bobl a oedd yn bychanu'r gymdeithas eu bod yn wirioneddol yn cyflawni llawer mwy na dim ond proselytio'r Iddewon.

Roedd gwrthwynebwyr y gymdeithas yn uchel iawn eu cloch, gyda rhai yn awgrymu y byddai'r arian a wariwyd yn ceisio trosi'r Iddewon yn Gristnogion wedi'i wario'n well ar geisio perswadio 'defaid coll' Protestaniaeth yn ôl i'r gorlan. Cwynai nifer fod y gymdeithas yn trin yr Iddewon fel pobl 'araf'. Yn ôl nifer o aelodau'r gymdeithas, os oeddech yn trin y bobl yn gadarn, fel plant drwg, byddent ar eu hennill yn y pen draw. Yr oedd yr ing a weinyddwyd ar yr Iddewon yn anffodus ond yn gwbl angenrheidiol, yn eu tyb nhw.

Yn 1814 agorwyd pencadlys y gymdeithas, Palestine Place, yn Bethnal Green, Llundain. Yr eglwys yno oedd y man addoli cyntaf ym Mhrydain ar gyfer Cristnogion Iddewig. Byddai'n ganolfan i waith cenhadol y gymdeithas am y pedwar ugain mlynedd nesaf.[15] Tyfodd canghennau o'r gymdeithas ar draws Prydain ac Iwerddon, o Weymouth i Glasgow ac o Ddulyn i Norwich. Ac wrth i'r gymdeithas dyfu, tyfu hefyd a wnaeth y gwahaniaethau rhwng yr enwadau a redai'r mudiad. Er enghraifft, roedd aelodau Anghydffurfiol y gymdeithas yn methu gweinyddu'r cymun yn eglwys Palestine Place oherwydd ei bod wedi'i chysegru'n eglwys Anglicanaidd. Erbyn 1815, trodd y gymdeithas yn un gwbl Anglicanaidd.

5

Cyhoeddwyd Testament Newydd yn yr iaith Hebraeg yn 1817. Gwelwyd cylchrediad cyfyngedig ohono ym Mhrydain, ond yr oedd yn boblogaidd iawn ymysg Iddewon y cyfandir. Yn 1817/18 aeth aelod o'r gymdeithas, Lewis Way, ar daith i'r Iseldiroedd, yr Almaen a Rwsia, gan ddosbarthu Testamentau Newydd ar y ffordd. Cafodd groeso gwresog, a daeth Way i'r casgliad fod Iddewon Rwsiaidd Gwlad Pwyl yn barod ac yn aeddfed i'w hefengylu. Ym mis Gorffennaf 1818, sefydlwyd cangen o'r gymdeithas yng Ngwlad Pwyl. Er mwyn parhau â'r gwaith ar y cyfandir, sefydlwyd corff hyfforddi cenhadon o dramor yn 1821. Ac erbyn y 1830au gwelwyd ehangiad dramatig yng ngwaith y gymdeithas, nid yn unig ar gyfandir Ewrop ond hefyd yn y Lefant ac India.

Yn 1795, pan rannwyd Gwlad Pwyl rhwng Rwsia, Prwsia ac Awstria, amcangyfrifwyd bod pum miliwn o Iddewon yn byw yn y wlad. Mewn ardal arbennig o Wlad Pwyl a adwaenid fel y 'Pale of Jewish Settlement', roedd y boblogaeth Iddewig yn tyfu oddeutu 80,000 bob blwyddyn. Roedd y wlad wedi bod yn gartref i Iddewon ers canrifoedd, ac o ganlyniad yr oedd Iddewiaeth Uniongred a cheidwadol yn gryf iawn yno.

Cychwynnodd gwaith Cymdeithas Iddewon Llundain yng Ngwlad Pwyl yn 1821. Roedd tasg y cenhadon yn un anodd ar y cychwyn, ac un o'r rhesymau am hynny oedd ieithoedd llafar brodorol Iddewon y 'Pale': cymysgedd o Judeo-Pwyleg, Jüdisch-Almaeneg a Jüdisch-Yiddish. Yn syml, nid oedd y boblogaeth yn medru deall y Testament Newydd yn Hebraeg gan nad oeddynt yn defnyddio geiriau Hebraeg.

Arloeswyr y gwaith yng Ngwlad Pwyl oedd dynion lleol: y Parch. B N Solomon, y Parch. J F Nitschke a J C Moritz. Cyfieithodd Solomon y Testament Newydd i'r dafodiaith frodorol, a bu'r tri yn teithio'r wlad yn pregethu a dosbarthu'r Testament Newydd. Daeth dinas Warsaw yn ganolfan i'r gymdeithas, cyn i ganghennau gael eu sefydlu yn Posen a Krakow. Parhaodd gwaith y gymdeithas i ffynnu am ddegawdau: yn 1825, denwyd cynulleidfa o 200 o Iddewon i wylio Iddewes yn cael ei bedyddio.[16] Ac wrth gwrs, ymysg y rhai a ddenwyd gan Gymdeithas Iddewon Llundain yr oedd Elias Frankel. Ganed Elias Frankel yng Ngwlad Pwyl yn 1826, ac fe'i magwyd mewn teulu Iddewig cyn cael ei broselytio gan aelodau o'r gymdeithas. Ymhellach, fe'i perswadiwyd i barhau gwaith y sefydliad ei hun mewn canolfannau yn Ewrop, y Lefant a'r Affrig.

6

Erbyn Nadolig 1862, yr oedd y teulu Frankel a Margaret wedi setlo i mewn i'w cartref newydd ym Mharis. Tybed pa fath o feddyliau a redai trwy feddwl Margaret y Nadolig cyntaf hwnnw oddi cartref? Cyn gynted ag y troediai y tu allan i'r tŷ, yr oedd Margaret mewn anialwch ieithyddol. Roedd ei Saesneg yn gwella yn raddol, yn enwedig yn ddiweddar, gan fod rhaid iddi siarad yr iaith trwy'r amser, heb neb o'i chwmpas a feddai'r Gymraeg. Ond yn awr, rhaid oedd ymdopi ag iaith arall. Os danfonid Margaret allan ar neges, rhaid oedd iddi gyfathrebu mewn Ffrangeg gan nad oedd nemor ddim o siopwyr Paris yn deall Saesneg. Does ryfedd iddi ddyfod yn gystal ieithydd. Erbyn diwedd ei hoes, byddai Margaret wedi ymdrochi mewn sawl diwylliant gwahanol gydag ieithoedd amrywiol. Cafodd feithrinfa dda ym Mharis.

Ond er bod ei deulu wedi ymsefydlu ym Mharis, yr oedd Elias Frankel ar gerdded byth a hefyd. Roedd Ffrainc yn wlad fawr a theithiai Frankel o'i chwmpas yn aml. Yn ystod 1864, yr oedd wedi teithio i Nantes, Rouen, Amiens, Boulogne, Calais, Lille, Reims, Châlons, Dijon, Lyons ac Orleans yn Ffrainc ac i Ostend, Bruges, Ghent ac Antwerp yng Ngwlad Belg, lleoedd â phoblogaeth uchel a chryf o Babyddion. Roedd y sefyllfa yn Ffrainc yn wahanol i Brydain gan mai gwlad Babyddol ydoedd gan mwyaf. Mudiad Protestannaidd oedd Cymdeithas Iddewon Llundain, ac o ganlyniad yr oedd cymaint o wrthdaro rhwng y Protestaniaid a'r Pabyddion ag oedd rhwng y Protestaniaid a'r Iddewon. Mae adroddiad cyntaf Frankel o Baris yn sôn am 'Romish superstition'.[17] Yn ei ddwy flynedd yn Ffrainc, dosbarthodd Frankel 46 Beibl, 95 Pentateuch, 22 Sallwyr, 49 Testament Newydd (gwerthwyd 38 ohonynt) a rhwng 800 a 900 tract. Ac mae'n ymddangos ei fod yn bles iawn â'i lwyddiant.[18]

Roedd gan Margaret syniad da iawn o'r gwaith a wnâi ei meistr yn y maes gyda'r Iddewon, ei lwyddiannau a'i siomedigaethau. Dim ond un llythyr o'i hamser ym Mharis sydd wedi goroesi, ac fe'i cynhwyswyd ar ddechrau ei chyfrol *Llythyrau Cymraes o Wlad Canaan* (1869). Mae'r llythyr yn rhoi rhyw fath o syniad o'r hyn a oedd o ddiddordeb i Margaret yn ystod ei dwy flynedd ym Mharis.

Mae ei ffydd yn amlwg yn bwysig iawn ac yn gadernid cyfarwydd iddi ymysg popeth arall sydd i'w weld mor estron. Fel y byddai ei theulu a'i ffrindiau yn gwneud yn y Rhos, mae'n sôn am ddawn pregethwyr y Sul yn yr eglwys a fynycha, y nifer sy'n dod i gymun a'i gobeithion am ddyfodol y gynulleidfa. Mae'n ddigon di-flewyn-ar-dafod wrth gondemnio Ffrancwyr ifainc sydd ag ond ychydig o ddiddordeb mewn mynychu unrhyw fath o wasanaeth crefyddol; gwell ganddynt hwy'r theatrau a'r tafarndai.

Mae gwragedd ifainc yn dod o dan y lach hefyd am roi'r gorau i fagu eu babanod a'u 'ffermio' allan i hen wragedd yng nghefn gwlad. Mae ganddynt hwy fwy o ddiddordeb mewn gloddesta a chymdeithasu yn yr opera, ac mae hyn yn gadael argraff wael ar Margaret. Mae'n amlwg ei bod yn gadael y tŷ yn rheolaidd; disgrifia ambell orymdaith gŵyl, megis Gŵyl y Cigyddion a Gŵyl y Golchyddion. Cymer Margaret ei phrofiadau ym Mharis fel y dônt. Nid yw'n ymddangos ei bod yn hiraethu am ei chartref yng Nghymru. Mae ei llygaid craff a'i chwilfrydedd yn gweithio oriau ychwanegol ym Mharis!

Roedd y llythyr(au) o Baris yn gysur mawr i'w theulu yn y Rhos. Hwyrach eu bod yn disgwyl iddi ddod nôl i Gymru ryw ben. Ond ar ôl dwy flynedd, gyda Margaret yn dechrau cynefino â'r iaith ac 'annuwioldeb' y Ffrancwyr, cyhoeddodd Elias Frankel ei fod wedi cael cynnig swydd gyda Chymdeithas Iddewon Llundain yn y fam eglwys yn Jerwsalem, yng ngwlad Canaan.[19] Yr oedd am symud. Yr oedd yn gyfle na fyddai'n hawdd i unrhyw Gristion ei wrthod.

7

Tybed beth a aeth trwy feddwl Margaret pan glywodd y newyddion? A oedd ganddi'r dewis o wrthod mynd a dychwelyd i Gymru? Onid oedd y cyfle i fynd i Balestina yn ormod iddi gefnu arno? Byddai'r holl safleoedd y darllenodd gymaint amdanynt yn y Beibl yn dod yn fyw iddi. Ni wyddai Elias Frankel yn union faint o amser y byddai'n ei dreulio yn Jerwsalem. Ond yr oedd Margaret eisoes wedi dangos ei bod yn gymeriad anturiaethus, felly nid oedd hi'n anodd iddi wneud ei phenderfyniad.

Byddai amser Margaret ym Mhalestina yn cael ei ddogfennu'n fanwl trwy'r ohebiaeth a ddanfonodd nôl i'w theulu yn y Rhos. Ysgrifennai oddeutu unwaith y mis, gyda'r llythyrau yn cymryd mis i gyrraedd adref. Roedd y mwyafrif o'r llythyrau yn cael eu hysgrifennu dros gyfnod o sawl diwrnod, eraill yn gyflym tu hwnt, er mwyn dal y llong bost cyn iddi hwylio.

Cyn hir daeth Owen Jones i'r casgliad fod llythyrau ei ferch yn ddigon diddorol i gynulleidfa ehangach eu mwynhau. Er hyn, cymerodd bron i dair blynedd wedi i Margaret gyrraedd Jerwsalem i'r llythyrau gael eu cyhoeddi yn wythnosolyn yr Annibynwyr, sef *Y Tyst Cymreig*. Rhoddai Margaret ei hargraffiadau personol hi o sut deimlad oedd byw mewn dinas a oedd yn ganolfan grefyddol i ddwy ran o dair o'n dynoliaeth. Jerwsalem oedd prif ganolfan y crefyddau monotheistaidd, Cristnogaeth, Islam ac Iddewiaeth. Ac mae'n amlwg o'i llythyrau nad oedd Margaret wedi cael ei chysgodi oddi wrth draddodiadau unrhyw ffydd yn y ddinas fechan. Ysgrifennai yr un mor hamddenol a chysurus am ddefodau Iddewon a Mwslemiaid Jerwsalem ag y gwnâi am Gristnogion Jerwsalem. Cafodd brofiad ac amser anghyffredin yn y ddinas.

8

Mae hanes Jerwsalem yn dyddio nôl rhyw 3,000 o flynyddoedd. Mae'r ardal a adwaenir heddiw fel yr 'Hen Ddinas', ac sy'n llai na milltir sgwâr, wedi cael ei dinistrio a'i hailadeiladu nifer ddirifedi o weithiau. Dywedir yn aml y bu, a bod, mwy o ormesu dros y filltir sgwâr yma o dir na thros unrhyw ddarn o dir arall yng ngweddill y byd. Ac mewn hanes mae'r canlynol i gyd wedi brwydro dros Jerwsalem: Arabiaid, Asyriaid, Babyloniaid, Canaaniaid, Croesgadwyr, Eifftiaid, Israeliaid, Iddewon, Iorddoniaid, Khwarezmaniaid, Cwrdiaid, Macedoniaid, Mamlukiaid, Otomaniaid, Palesteiniaid, Persiaid, Prydeinwyr a Rhufeinwyr. Ymosodwyd ar y ddinas gan bobl megis Alecsander Fawr, Caliph Omar, Herod Fawr, Ibrahim Pasha a'r Brenin Nebuchadnezzar.[20]

Llwyth o Jebusiaid oedd y cyntaf i setlo yno, nid nepell o Ardal yr Iddewon heddiw, a hynny oddeutu ugain canrif cyn geni Crist. Ddeg canrif yn ddiweddarach gorchfygwyd y lle gan yr Israeliaid, o dan arweinyddiaeth y Brenin Dafydd, a ddaeth ag Arch y Cyfamod i Jerwsalem a gwneud y lle yn brifddinas iddo'i hun. Adeiladodd ei fab, Solomon, y Deml Gyntaf (ar safle Mynydd y Deml heddiw) oddeutu 950 CC. Pan fu yntau farw, daeth Jerwsalem yn brifddinas Jwdea a gwasgarwyd deuddeg llwyth Israel. Gorchfygwyd y ddinas gan frenin Babylon, Nebuchadnezzar, yn 586 CC, gan ddinistrio'r Deml Gyntaf a gweddill y ddinas. Alltudiwyd pobl Jerwsalem i Babylonia am hanner can mlynedd hyd nes i frenin Persia, Cyrus, ganiatáu iddynt ddychwelyd i'w cartrefi yn Jerwsalem.

Mae cyfnod hanes yr Ail Deml yn Jerwsalem yn cychwyn

adeg adeiladu'r deml honno oddeutu 520 CC. Ond ni oroesodd y Jerwsalem hon yn hir ychwaith gan i Alecsander Fawr orchfygu'r ddinas yn 331 CC. Yna bu'r Selewciaid, y Macabeaid a brenhinlin yr Hasmoneaid yn gyfrifol am Jerwsalem hyd nes y cyrhaeddodd y Rhufeiniaid oddeutu 63 CC.

Daeth Herod yn Llywodraethwr teyrnas Jwdea oddeutu 38 CC. A phan fu yntau farw, procuradur a weinyddai'r ddinas, gyda'r pumed ohonynt, Pontius Pilat, yn gorchymyn croeshoelio Iesu Grist oddeutu OC 30. Tua 36 mlynedd yn ddiweddarach, gwrthryfelodd yr Iddewon yn erbyn y Rhufeiniaid am y tro cyntaf, a chanlyniad hyn oedd dinistrio'r Ail Deml a llosgi Jerwsalem. Wrth i'r Iddewon ffoi o'r ddinas, cychwynnwyd gwasgariad yr Iddewon a barodd am bron i ugain canrif. Dinistriwyd Jerwsalem yn gyfan gwbl gan yr Ymerawdwr Hadrian yn y flwyddyn 135 gan ei fod yn ofni y byddai'r Iddewon am adnewyddu eu dyheadau cenedlaethol ac am ddychwelyd i'w cartref.

Yn y flwyddyn 331, cyfreithlonwyd Cristnogaeth gan yr Ymerawdwr Cystennin. A phan fu mam Cystennin ar daith i'r Wlad Sanctaidd i chwilio am safleoedd sanctaidd Cristnogol, enynnwyd brwdfrydedd am adeiladu eglwysi a basilicâu. Yn y seithfed ganrif, rheolwyd Jerwsalem gan yr Ymerodraeth Fysantaidd, ond erbyn canol y ganrif honno daeth newid a fyddai'n parhau am y canrifoedd i ddod. Daeth Caliph Omar a'i fyddin Arabaidd i mewn i'r ddinas o dan faner Islam. Dyma gychwyn 1,300 o flynyddoedd o reolaeth Fwslemaidd ar ddinas a oedd wedi bod yn Iddewig yn gyntaf, yna yn ddinas Gristnogol ac yn awr yn ddinas Islamaidd. Yn 688, adeiladwyd Cromen y Graig (Dome of the Rock) ar safle'r deml a ddinistriwyd. Caniatawyd i rai Iddewon a Christnogion deithio i Jerwsalem ar bererindodau hyd at y ddegfed ganrif. Ond bryd hynny, o dan Caliph Hakim, erlidiwyd y rhai nad oeddynt yn Fwslemiaid a dinistriwyd eglwysi a synagogau. Cythruddodd yr erchyllterau yma nifer fawr yng ngorllewin Ewrop a lansiwyd ymgyrchoedd y Croesgadwyr yn yr unfed ganrif ar ddeg.

O Fethlehem i Jerwsalem

Bu'r Croesgadwyr mewn grym yn Jerwsalem o oddeutu 1099 hyd 1187, pan ddaeth gweinyddiaeth fwy cymedrol i rym a adawai i Fwslemiaid ac Iddewon setlo yn y ddinas. Bu'r Mamalukiaid yn rheoli o'r 13eg ganrif i'r 16eg ganrif, ond fe'u trechwyd gan Dwrciaid Otoman yn 1517. Rheolwyd y ddinas gan y Twrciaid am bron i bedair canrif, a nhw a adeiladodd hen furiau trawiadol y ddinas. Ond wrth i'r blynyddoedd fynd yn eu blaen, dirywiodd llawer o isadeiledd y ddinas ac ni chynhaliwyd yr adeiladau a'r strydoedd. Daeth trobwynt pwysig yn nheyrnasiad y Twrciaid yn 1856. O ganlyniad i 'Orchymyn Goddefiad' y Swltan, caniatawyd i Iddewon a Christnogion drigo yn y ddinas unwaith eto. Daeth Jerwsalem yn fyw. Ond yr oedd heddwch i'w 14,000 o drigolion yn anoddach i'w sicrhau.

* * *

Yr oedd llywodraeth Prydain wedi cadw llygad manwl ar y sefyllfa ym Mhalestina a phryd bynnag y byddai trafodaethau ynglŷn â dyfodol Jerwsalem. Roedd Napoleon Bonaparte eisoes wedi meddiannu rhannau o'r Dwyrain Canol yn 1798/9, ac yr oedd hyn wedi cynhyrfu nifer yn y llywodraeth yn Llundain. Gwyddai'r Prydeinwyr y byddai'n rhaid iddynt fynd i mewn i'r Dwyrain Canol er mwyn cadw'r Ffrancwyr a'r Rwsiaid hyd braich a chadw eu llwybr masnach i'r India ar agor. Yn 1838, agorodd Prydain gonsyliaeth ar dir ger y safle lle adeiladwyd Eglwys yr Iesu gan Gymdeithas Iddewon Llundain ymhen blynyddoedd. Dilynodd nifer o bwerau Ewropeaidd esiampl Prydain, gan sefydlu eu consyliaethau eu hunain yn y ddinas. Yn 1840, gyda chymorth y Prwsiaid, gorchfygodd Prydain lywodraethiad yr Aifft (a oedd ynghynt wedi trawsfeddiannu rheolaeth y Twrciaid) ym Mhalestina. Gwelodd aelodau o Gymdeithas Iddewon Llundain gyfle yn awr i helpu'r Iddewon i ddychwelyd i'w mamwlad. Cychwynnwyd y broses gydag Esgobaeth Brotestannaidd efengylaidd yn cael ei sefydlu yn Jerwsalem; caed statws uwch i'r Eglwys Babyddol a'r Eglwys Uniongred Roegaidd yn ogystal. Yr esgob cyntaf oedd cyn-rabi o'r enw Michael Solomon Alexander, ac ef oedd y dyn cyntaf o dras Iddewig i wasanaethu fel esgob yn Jerwsalem ers i'r ddinas gael ei dinistrio gan y Rhufeiniaid yn y flwyddyn 135. Sedd yr Esgobaeth newydd oedd Eglwys yr Iesu.

9

Dechreuodd Cymdeithas Iddewon Llundain ddangos diddordeb mewn danfon cenhadon i Jerwsalem yn 1822. Joseph Wolff, mab rabi o Bafaria, oedd y cyntaf ohonynt. Ar y pryd, yr oedd 700 o deuluoedd Iddewig a phum synagog yn y ddinas. Cafodd dderbyniad digon calonnog wrth iddo ddosbarthu copïau o'r Testament Newydd Hebraeg. Gofynnwyd iddo gan rabi un tro ai Iddewon da ynteu Gristnogion da oedd orau; ei ymateb oedd ei bod hi'n amhosibl bod yn Iddew da heb gredu yn Iesu Grist. Roedd Wolff wedi rhoi'r sylfeini yn eu lle, a dilynai rhagor yn ôl ei droed.[21]

Y cam nesaf i Gymdeithas Iddewon Llundain oedd sefydlu cenhadaeth yn y ddinas, ond gwelwyd gwrthwynebiad ffyrnig o du'r Twrciaid ac Eglwys Rufain. Er hynny, gwireddwyd ei breuddwyd yn 1833. Rhagwelai'r gymdeithas y byddai miloedd o Iddewon yn dychwelyd i'w mamwlad fel y newidiai sefyllfa wleidyddol y ddinas. Yr oedd 1834 yn flwyddyn wael yn Jerwsalem, gyda daeargryn, rhyfel, pla a newyn yn effeithio ar y ddinas. Er hyn, ni rwystrodd digwyddiadau trychinebus y flwyddyn honno genhadon y gymdeithas rhag meddwl am safle ar gyfer addoldy Saesneg a lle i bregethu i'r Iddewon. Cychwynnwyd apêl i godi arian ar gyfer addoldy, ac erbyn diwedd 1835 casglwyd £540. Roedd cynlluniau adeiladu ar y gweill erbyn mis Ionawr 1837. Gofynnwyd i Pasha yr Aifft, yn enw llywodraeth Prydain, am ganiatâd i godi eglwys ac adeiladau cenhadol yn Jerwsalem ar ddarn o dir ar Fynydd Seion.

Wedi peth anghytuno, cychwynnwyd adeiladu yn 1841. Ond yr oedd anawsterau dyrys o'u blaen. Bu'n anodd gosod sylfeini oherwydd natur y ddaear a'r graig.[22]

Rhoddwyd y garreg gyntaf yn y sylfaen, a oedd wedi ei chloddio 35 troedfedd o dan lefel y ddaear, gan yr Esgob Alexander yn 1842. Cymerodd bum mlynedd arall i gwblhau'r gwaith. Cysegrwyd Eglwys yr Iesu Jerwsalem ar 21 Ionawr 1849, saith mlynedd yn union ar ôl i'r Esgob Alexander gychwyn ar ei waith yn Jerwsalem. Yn anffodus, roedd yr esgob cyntaf hwnnw wedi marw yn 1845. Ail esgob Anglicanaidd Jerwsalem oedd Samuel Gobat. Byddai Margaret Jones yn crybwyll ei enw yn aml wrth ohebu â'r teulu yn Rhosllannerchrugog.

Lleolwyd Eglwys yr Iesu ger un o brif fynedfeydd Jerwsalem, sef Porth Jaffa, nid nepell o bedair ardal benodol y ddinas, y rhai Iddewig, Arminaidd, Cristnogol a Mwslemaidd. Yr eglwys hon oedd adeilad modern a rhyngwladol cyntaf Jerwsalem. Fe'i hadeiladwyd gan seiri maen o ynys Malta.[23] Ar y pryd, roedd tu mewn yr eglwys yn ddigon plaen. Mewnforiwyd y to, y rheiliau cymun, y seddi a'r pulpud o Brydain. Ar ochr ddwyreiniol yr eglwys yr oedd ffenestr o wydr lliw ac arni'r geiriau Hebraeg am Dduw, Immanuel, Ysbryd Duw, a llun o Seren Dafydd uwchben golygfa o Jerwsalem. Roedd lluniau o wenith a grawnwin yn ogystal. Yn ddiweddarach, ychwanegwyd bwrdd cymun o bren olewydd a wnaed gan Gristnogion Hebraeg a fu'n gweithio yn y Tŷ Diwydiant a oedd yn gysylltiedig â'r eglwys. Ac er bod sawl arysgrif Groegaidd yn yr eglwys, yr oedd hefyd lawer o arysgrifau Hebraeg, a Seren a Choron Dafydd yn cael eu harddangos yn amlwg. Gyda chymaint o'r iaith Hebraeg i'w gweld, yr oedd nifer o ymwelwyr o'r farn eu bod wedi cerdded i mewn i synagog.[24]

Ond nid eglwys yn unig oedd ar y safle ym Mhorth Jaffa. Bu'r gymdeithas wrthi yn agor sefydliadau eraill, y gobeithient a fyddai o fudd i helpu'r Iddewon i 'ddychwelyd'. Fel y crybwyllwyd eisoes, yn y Tŷ Diwydiant yr oedd Iddewon gwrywaidd yn medru dysgu crefft ynghyd â derbyn cyfarwyddyd crefyddol. Dechreuodd y diwydiant trin pren olewydd, sydd mor enwog yn Jerwsalem erbyn hyn, yn y Tŷ Diwydiant. Anogwyd y dynion i wella safon eu crefftwaith. Ym mis Mai 1843, agorwyd Coleg Hebraeg ar gyfer hyfforddi cenhadon Cristnogol Hebraeg. Ar yr amserlen byddai gwersi diwinyddiaeth, Saesneg, Almaeneg, Hebraeg, cerddoriaeth a rhifyddeg. Agorwyd siop lyfrau a storfa Feiblau yn 1844 a hefyd ysbyty modern cyntaf Jerwsalem ym mis Rhagfyr 1844. Gwelwyd ysgolion i blant Iddewig yn agor eu drysau, a chryn weithgarwch dros y safle i gyd.

Ond nid oedd pawb yn hapus â gweithgareddau'r gymdeithas. Dechreuodd nifer o Iddewon adeiladu eu sefydliadau eu hunain, gan gynnwys ysbytai ac ysgolion. Danfonodd Syr Moses Montefiore (Iddew Prydeinig blaenllaw, a'r Iddew cyntaf i dderbyn urdd marchog) y meddyg Iddewig cyntaf i Jerwsalem cyn i'r ysbyty Iddewig cyntaf gael ei adeiladu yn 1854. Yr oedd Cymdeithas Iddewon Llundain wedi dangos y ffordd, ac yr oedd eraill yn ddigon bodlon i ddilyn ei thrywydd.

10

Yr oedd gwaith y gymdeithas yn ffynnu pan gyrhaeddodd Elias Frankel, ei deulu a Margaret ddinas Jerwsalem ym mis Ionawr 1865. Cyflogwyd Elias fel cennad yn Jerwsalem, ond byddai ei ddyletswyddau yn ei orfodi i deithio ar draws gwlad Canaan gan fod gan y gymdeithas ganghennau mewn sawl tref yn y wlad erbyn hynny.

Ceir darlun byw o gymeriad Margaret trwy'r llythyrau a ysgrifennodd o'r Dwyrain Canol. Mae'r ail lythyr yn ei llyfr *Llythyrau Cymraes o Wlad Canaan* yn disgrifio'i siwrnai ar longau o Farseilles i Jopa. Wrth ddarllen y llythyr mae'n gwbl amlwg fod y digwyddiadau a brofodd yn ystod yr wythnosau byr hynny o deithio rhwng Ffrainc a Chanaan wedi bod yn agoriad llygad enfawr i Margaret. Hwyrach mai dyna'r tro cyntaf iddi weld pobl Arabaidd; mae'n disgrifio eu gwisg a'u harferion yn fanwl tu hwnt. Mae'n cael braw anferthol yn Alexandria yn yr Aifft o weld bachgen, 'un o'r Eifftiaid (duach na'i frodyr) a'i ben trwy'r ffenestr yn gwenu arnaf yn bur hamddenol', a hithau'n ymlacio ym mhreifatrwydd ei chaban ar y llong ar ei phen ei hun. Mae'n teimlo'n bur annifyr pan gaiff hergwd wrth lanio o'r llong yn nhref Jopa: 'dyna lle yr oedd rhai yn ein llusgo gerfydd ein traed, a'r lleill gerfydd ein breichiau'. Ac mae'r daith o ryw 30 milltir ar draws y mynyddoedd o Jopa i Jerwsalem yn beryglus iawn: 'Maent yn fynyddoedd creigiog, serth, gyda llwybrau culion, caregog. Mae rhai ohonynt mor gul â chwech neu saith modfedd, a rhai yn ymyl creigiau dyfnion, fel y buasai terfyn ar ein bywyd pe digwyddasai i droed ceffyl lithro; roedd hyn yn ei gwneud yn bur arswydus.' Cymaint o gynnwrf, ac nid oedd Margaret wedi cyrraedd Jerwsalem eto!

Mae ei hamgylchiadau cartref yn cael eu disgrifio'n fanwl yn y llythyrau i'w theulu. Disgrifia ei hystafell wely a'r anifeiliaid megis madfallod a'r adar megis colomennod sy'n rhannu'r ystafell gyda hi. Mae Margaret yn berson balch iawn; mae'n enwedig o falch o'i hystafell, ac er mor anghyfforddus yw ei disgrifiad ohoni mae'n cysuro'i theulu trwy ddweud bod nifer wedi galw'r ystafell y *'room* fechan harddaf yn Jerwsalem'. Ei gwaith bob dydd yw gofalu am ferched y teulu. Yn aml mae amser yn brin iawn i ysgrifennu llythyrau adref gan fod y merched yn mynnu ei bod yn darllen iddynt bob nos. Mae'n forwyn i'r teulu yn ogystal, ac mae'n ymddangos bod y cyfrifoldeb am baratoi bwyd i'r teulu yn cwympo'n uniongyrchol ar ei hysgwyddau hi. Er ei bod yn mwynhau gwyliau'r Nadolig 1865, mae'n cwyno ei bod wedi gorfod paratoi cinio Nadolig i nifer fawr o bobl gan fod ei meistres 'wedi rhoddi i fyny pob gofal teuluaidd, heblaw am ddillad y plant'. Mae bwyd gwlad Canaan yn ei phoeni ar brydiau; cwyna am ddiffyg menyn, bod y caws yn rhy hallt, nad oes dim cig moch ac mai dim ond jam y gall hi ei oddef ar ei bara. Mae'r llygaid craff yn cymryd tipyn o sylw o ddillad trigolion Jerwsalem hefyd. Ceir stori hyfryd ganddi am un o weision y tŷ yn gwisgo ei hen ddillad budr uwchben crys glân a roddwyd iddo gan ei feistres.

Mae Margaret yn ferch boblogaidd tu hwnt, a phrofir hyn gan y nifer a ddaw i ymweld â hi wrth iddi dreulio misoedd lawer mewn ysbyty yn Jerwsalem yn 1868. Ei ffrind pennaf oedd matron o'r Alban a weithiai yn Ysbyty Saesneg Jerwsalem. Ffrind arall oedd meistres ysgol y genethod yn y ddinas. A ffrind go annisgwyl oedd bachgen pedair ar ddeg oed; roedd hwnnw yn gyfaill iddi pan âi ar ei theithiau i ymweld â mannau crefyddol, megis Bethlehem. Byddai Margaret yn estyn croeso mawr i unrhyw ymwelydd o Gymru a deithiai i Jerwsalem. Cyfarchodd Gymry oddi cartref yn 1867 a'r flwyddyn ganlynol.

Pan nad yw'n gweithio fel morwyn neu'n goruchwylio'r merched, mae Margaret yn ymwelydd chwilfrydig ac, yn wahanol iawn i heddiw, yn cael y cyfle i ymweld â mannau crefyddol pob ffydd yn Jerwsalem a'r cyffiniau. Mae'n ymweld ag eglwysi o bwys, synagog fwyaf Jerwsalem ac, yn fwy diddorol efallai, yn cael caniatâd i ymweld â Mosg Omar (Mosg al-Aqsa heddiw), gan ei ddisgrifio fel 'lle harddaf... Jerwsalem'. Braint yn wir. Disgrifia'r addoldai yma yn arbennig o fanwl ar gyfer cynulleidfa gartref na fyddent yn cael y pleser o ymweld â'r mannau hynny eu hunain.

Mae'n syndod gymaint o ddigwyddiadau brawychus a brofa Margaret yn y pedair blynedd a dreulia yn y Dwyrain Canol. Lai na blwyddyn ar ôl iddi gyrraedd Jerwsalem, mae haint colera yn gorchuddio'r ddinas. Mae'r colera yn lladd niferoedd mawr ym misoedd Tachwedd a Rhagfyr 1865, er, fel mae Margaret yn cysuro ei rhieni, nid yw'r pla wedi lladd llawer o Gristnogion. Chwe mis yn ddiweddarach, pla o locustiaid sy'n disgyn ar y ddinas, ac yn bwyta bron popeth yn eu ffordd. Nid yw 1 Mai yn ddiwrnod i'w anghofio i Margaret ac mae'n gwneud yn siŵr ei bod yn danfon rhai locustiaid marw i'w rhieni yn y llythyr nesaf. Mae'n rhannu'r newyddion erchyll yma i gyd gyda'i theulu nôl yn y Rhos heb boeni llawer, mae'n ymddangos, am faint mae ei theulu, filoedd o filltiroedd i ffwrdd, yn poeni am ei sefyllfa. Mae'n rhoi hyd yn oed mwy o loes iddynt wrth ddweud wrthynt ym mis Chwefror 1867 bod y Swltan wedi gorchymyn y Twrciaid i ladd pob Cristion yn Jerwsalem. Nid bygythiad gwag oedd hwn chwaith. Lladdwyd pum mil o Gristnogion yn Damascus yn 1861 gan y Twrciaid. Hwyrach y byddai ei rhieni yn synnu clywed oddi wrth eu merch fyth eto.

Yn aml, nid trychinebau allanol fel colera, locustiaid a bygythiadau o farwolaeth yn unig a wnâi fywyd Margaret yn 'ddiddorol' yng ngwlad Canaan. Roedd gan Margaret, mae'n ymddangos, yr arferiad o gerdded i mewn i drwbl, gan rannu'r profiad trwy ddweud y cyfan wrth ei theulu. Ar ei theithiau ar gefn mul neu geffyl i ryw fan o ddiddordeb crefyddol, mae'n dod ar draws nifer o gymeriadau amheus. Yn ffodus, mae ganddi gwmni bob amser, ond nid yw Margaret i'w gweld yn poeni pan 'amgylchynwyd fi gan bobl dduon o bob rhyw. Dechreuodd rhai ohonynt chwilio fy nillad i gael gweld pa fodd yr oedd y dillad wedi'u gwneud, ond nid oeddynt yn bwriadu gwneud dim niwed i mi, meddant hwy, yn enwedig os rhoddwn ychydig o *fackshish* iddynt.' Mae ei gwas yn chwipio ei cheffyl ac mae hwnnw'n carlamu oddi wrth y grŵp chwilfrydig. Yn yr un modd, wrth deithio ar y ffordd i Artas gyda ffrind, mae'n cyfarfod 'dyn hyll, hanner noeth, a'r ychydig ddillad oedd amdano yn garpiau gwylltion, a'i groen bron yn ddu gan boethder yr hin a'r budreddi oedd arno, a chyllell noeth yn ei law. Wrth ei weled, brawychodd fy nghyfeilles yn fawr, ond wn i ddim beth oedd yr achos, ni feddyliais i fawr o'r peth.' Margaret ddewr. Swyna'r cymeriad trwy siarad ag ef yn Arabeg, ac ymhen amser mae'r ddwy'n parhau â'u taith.

Does ryfedd a dweud y gwir fod Margaret yn dioddef ambell freuddwyd annifyr. Mae un ohonynt yn cael ei disgrifio'n fanwl mewn llythyr i'w rhieni. Ni chyhoeddwyd y llythyr hwn yn y llyfr. A hunllef barhaus, yn wir, yw cyflwr iechyd Margaret, yn enwedig ar ddiwedd ei hamser yn Jerwsalem. Mae cyflwr ei hiechyd yn ei blwyddyn gyntaf yn Jerwsalem yn gyfrinach rhyngddi hi a'i brawd John. Nid yw'n awyddus o gwbl i'w rhieni wybod ei bod yn dioddef o'r cryd (*ague*) ddeuddydd neu dri bob tair wythnos. Siarsia ei brawd, 'ond cofia di John, nad wyt ti ddim i ddeud i neb fy mod yn sâl bob tair wythnos, neu mi feddylith y bobol bod rhyw wedd dost arna i'. Dioddefa Margaret, fel nifer fawr o breswylwyr Jerwsalem, o'r cyflwr hwn o bryd i'w gilydd oherwydd yr hin a'r llwch.

Problem iechyd bennaf Margaret yw ei phen-glin. Wedi sawl blwyddyn o geisio cerdded ar hyd heolydd gwael, anwastad, creigiog, mae pen-glin Margaret wedi cael digon. Mewn sawl llythyr mae'n cyfaddef nad yw wedi ymweld â'r un lle ers ysgrifennu'r llythyr diwethaf. Erbyn mis Mehefin 1868 mae'r boen yn ei phen-glin cynddrwg fel bod yn rhaid iddi dreulio cyfnod yn yr ysbyty. Oddi yno y mae hi'n ysgrifennu'r llythyrau mwyaf torcalonnus. Mae'n sôn am 'oddef mwy o boen yn fy nghorff yn y tair wythnos ddiwethaf nag a ddarfu i mi erioed gael yn fy mywyd, a rhoddi'r cwbl at ei gilydd'. Mae'r opiwm sy'n lladd ei phoen er mwyn iddi gysgu rhywfaint gyda'r nos yn 'drysor penna'r llawr'. Nid yw ei sefyllfa yn gwella dim ac mae'r doctoriaid yn awgrymu y dylai fynd nôl i Brydain i dderbyn triniaeth. Rhaid iddi fynd i Beirut yn gyntaf, gan fod yr adnoddau yn well yno. Mae Margaret yn cael ei chario ar wely dros fryniau serth Jwdea yn ôl i long yn Jopa sy'n ei chludo i Beirut. Mae'n treulio rhai wythnosau yno, yn erfyn ar y meddygon i dorri ei choes i ffwrdd a rhoi iddi goes gorc yn ei lle: 'Gwell o lawer yn fy marn i fyddai ei thorri ymaith, gan nad yw o'r un defnydd i mi. Ond ni wnânt ei thorri, am y byddai yn beryglus i fy mywyd i wneud hynny yn y wlad boeth hon.' Mae ei rhieni, sy'n derbyn y llythyrau llawn anobaith hyn, yn dyheu am weld eu merch yn dychwelyd adref i Brydain.

Un tro soniodd Margaret am dreulio deng mlynedd yng ngwlad Canaan. O ganlyniad i gyflwr ei phen-glin, dim ond pedair blynedd go anhygoel a dreuliodd yn y wlad. Ac wrth iddi gyrraedd yn ôl i Lerpwl yn gynnar yn 1869, ei dymuniad pennaf oedd gwella yn fuan er mwyn dychwelyd i wlad y llaeth a'r mêl mor fuan â phosibl.

Rhan III

Llythyrau y Gymraes o Ganaan

Yr wyf yn deall hefyd ei bod yn meddu gryn raddau o allu i ysgrifennu a disgrifio yr hyn a welodd – llawer mwy nag a allesid ddisgwyl gan un yn ei sefyllfa ac o'i manteision hi. Rhwng pob peth, yr wyf yn credu ac yn gobeithio y try eich anturiaeth o gyhoeddi ei llythyrau yn fantais mewn mwy nag un ystyr.

(Thomas Lewis, Bangor; llythyr o gymeradwyaeth yn *Llythyrau Cymraes o Wlad Canaan*)

Llythyr I
Ysgrifennwyd ym Mharis yn 1864
Cyhoeddwyd 5 Mehefin 1868 yn Y Tyst Cymreig

Annwyl Rieni

Synnais fod eich llythyr wedi dyfod mor fuan, a llawen oedd gennyf ddeall eich bod oll yn fyw ac iach. Yr wyf innau yn gwella. Bûm yn y capel bob Sabbath er pan ysgrifennais ym mis Ionawr. Ni feddwn weinidog sefydlog, ond gobeithiwn gael un yn fuan. Mae yma ers tri Sabbath y pregethwr gorau a wrandewais arno er pan adewais Gymru. Wedi'r bregeth yr ydym yn cael cyfarfod gweddi. Mae hynny yn beth newydd yma, ac y mae pob arwyddion fod Duw yn ein plith, ac yn ein bendithio. Iddew fydd yma'r Sul nesaf.

Yr wyf wedi cynefino â'r Ffrancod yma, fel nad wyf yn gweled dim yn rhyfedd ynddynt; ond yr wyf yn gobeithio na ddeuaf byth yn gynefin â'u hannuwioldeb hwy. Taerant mai ynfydrwydd i un ieuanc fel myfi yw sôn am Feibl, crefydd, a byd arall, yn lle ymfwynhau gyda phleserau ynfyd. Ond hyd yn hyn, y mae eu pleserau yn fy ngolwg yn waelach na gwegi. Gobeithio yn nerth gras na newidiaf fyth fy marn amdanynt. Pe medrwn lwyddo i gael fy nghymdogion i brofi blas gwir grefydd, credwyf y byddent hwy yn fuan o'r un archwaeth â minnau. Dywed rhai ohonynt yn wawdus, os oes y fath beth â nefoedd, y byddwn ni fel teulu yn sicr o fod yno. Ond nid ganddynt hwy y byddwn yn cael ein barnu. Wrth ddyfod o'r capel ar nos Sul, y mae yn anodd ymwthio trwy gyrchwyr i'r chwaraedai a'n cyfarfyddant. Mae Paris wedi ymroddi i'w gwag-bleserau.

Mae'r gwragedd ieuanc yn ddiofal hyd yn oed am damaid. Wedi priodi, cymerant ystafell wely fechan, ac wrth fyned at eu gwaith yn y bore, galwant am deisen geiniog, neu rywbeth cyffelyb. O gylch 11 o'r gloch, byddant yn cael eu borefwyd, a'u cinio am chwech y nos, mewn tai mawrion pwrpasol. Pris y cinio rhataf yw saith a dimai, a'u bara eu hunain, ac wedi darfod, ymaith â hwy i'r Opera. Y mae'r rhan fwyaf yn anfon eu plant i'w magu at ryw hen wragedd yn y wlad, ac yn talu deg punt y flwyddyn am hynny. Ond os bydd y plant yn lluosog, a'r god yn ysgafn, rhaid, wrth gwrs, i'r mamau aros gartref i'w magu, ac ymgeisio am bleserau fel y gallant.

Er pan dderbyniais eich llythyr, bu yma Ŵyl y Cigyddion. Ymwisgai oddeutu cant ohonynt ar lun, mewn crwyn llewod ac eirth, ac aent o amgylch y ddinas am dri diwrnod. Yn eu canol, mewn cerbyd a dynnid gan chwech o geffylau, safai bustach wedi ei wisgo â blodau. Yr oedd Gŵyl y Golchyddion rhywbeth yn debyg, ond eu bod yno yn gwneud dynes yn frenhines yn lle bustach. Y mae arnaf ofn fy mod wedi troseddu trwy adael i'r Ffrancod yma gael gormod o le yn fy llythyr; ond maddeuwch imi. Druain ohonynt hwy a'u pleserau.

Gyda chofion anwylaf atoch, ydwyf, annwyl rieni eich merch,
Margaret

Llythyr II
Ysgrifennwyd ym mis Ionawr 1865
Cyhoeddwyd 5 Mehefin 1868 yn Y Tyst Cymreig

Annwyl Rieni

Yr wyf wedi ysgrifennu digwyddiadau pob diwrnod fel y deuent tra y buom ar ein taith i Jerwsalem, a'r pethau a welais ac a ddigwyddodd i mi ar y ffordd. Rhoddaf y cyfan i lawr mor fyrred ag y gallaf, a disgwyliwch am lythyr gwell y tro nesaf, oblegid y mae fy amser yn brin yn bresennol.

Mercher, 4 Ionawr 1865: Yr wyf wedi cyrraedd Dijon, ar ôl bod yn y *train* am un awr ar ddeg, ac wedi teithio oddeutu tri chant o filltiroedd. Y mae llawer o wahaniaeth yn yr hin yn Dijon; yr oedd eira dwfn ym Mharis, ond does yma ddim o'r fath beth. Y mae'r hin yn bur hynaws, a gwelais winwydd wedi eu plannu am rai milltiroedd ar ochr y rheilffordd.

Iau, 5 Ionawr: Yr ydym wedi cyrraedd Lyon. Y mae'r dref yma chwe chant o filltiroedd o Baris, ac yn dref fawr a hardd. Rydym yn lletya mewn *Hotel* fawr ac yn awr yr wyf newydd godi oddi wrth ginio ardderchog. Roedd deunaw ohonom wrth y bwrdd. Dyma'r *French dinner* cyntaf a gefais i erioed a'r cinio gorau a gefais erioed hefyd. Yr ydym yn bwriadu aros yma hyd nos yfory, pan fydd y *train* yn gadael Lyon i fyned i Marseilles.

Sadwrn, 7 Ionawr: Yr wyf yn teimlo yn bur swrth. Cyrhaeddom Marseilles am hanner awr wedi saith bore heddiw. Yr ydym wedi teithio yn agos i fil o filltiroedd ar hyd Ffrainc ac wedi ffarwelio â'r *train* am rai blynyddoedd, os nad am byth, yr Arglwydd yn unig a ŵyr, a gwnaed â ni fel y byddo dda yn ei olwg. Yr ydym mewn *Hotel* eto, i aros hyd ddydd Llun pan y gadawn i fyrddio'r llong. Un lle o addoliad Seisnig sydd yn y dref hon, a hwnnw'n perthyn i Eglwys Loegr. Ond hen le gwael ydyw; ni ddeil yr eglwys dros hanner cant, a hanner llawn yw'r eglwys bryd hynny. Mae preswylwyr y dref yn bur grefyddol yn eu ffordd eu hunain, sef yn broffeswyr y grefydd Babaidd.

Llun, 9 Ionawr: Dyma fi yn dechrau bywyd newydd erbyn hyn, sef byw ar long. Cychwynasom am dri o'r gloch prynhawn heddiw am y llong; mae'n bur fawr ac yn hardd iawn. Mae'r ystafell orau yn ugain llath o hyd a deg llath o led, ac wedi ei harddu yn ardderchog. Yr ydym yn ciniawa am chwech yn y prynhawn. Ond myfi o'r gwragedd a ddaeth at y bwrdd heno. Roedd y gwragedd eraill i gyd yn glaf yn eu gwelyau. Mae fy meistres druan bron yn methu codi ei phen oddi ar y gobennydd, ac yn gofidio na fyddai fel fi. Ond diolch am iechyd, yr wyf yn ei fwynhau i raddau helaeth iawn.

Mawrth, 10 Ionawr: Yr ydym yn yr Eidal, ac wedi myned heibio i'r ynys lle y ganwyd Napoleon Bonaparte.[1] Aethom heibio i dŷ Garibaldi[2] hefyd, yr hwn a welais trwy'r ysbienddrych ynghanol y môr. Mae'r dyfroedd yn lled dawel yn bresennol.

Mercher, 11 Ionawr: Arhosom am ddwy awr ar fin tref yn yr Eidal o'r enw Uissiaci; ond nid aeth neb ond fy meistr ar y lan. Wedi dyfod yn ôl, dywedodd mai'r dyn cyntaf a gyfarfyddodd oedd Cymro o'r Deheudir. Gellwch feddwl y fath syndod i mi oedd clywed hynny. Garibaldi ydyw pob peth yma yn yr Eidal; y mae ei lun ar bopeth – ar y poteli, a'r llestri, &c., ac ni chlywir dim gan y dynion sydd yn dyfod â'u cychod at ein llong ond 'Byw fyddo Garibaldi'. Nid oes dim sôn am y brenin, druan.

Iau, 12 Ionawr: Gadawsom yr Eidal am un ar ddeg neithiwr, ac nid oes dim i'w weled heddiw ond awyr a môr. Y mae'r tywydd yn bur braf. Y mae yma ddynion o bob llwyth, iaith, a chenedl, a chrefydd. Dyma'r bobl ryfeddaf a welais i erioed, nid yn unig o ran eu gwisgoedd, ond hefyd o ran eu dull o fyw. Y mae yma Arabiaid; maent yn byw ar y *deck* – yn bwyta, cysgu a gwneud popeth yno. Bûm yn gresynu wrth feddwl na allent dalu am le i gysgu, ond wedi hynny gwelais un ohonynt yn dangos i'r llall bwrs a oedd yn llawn aur. Nid ydynt yn bwyta nemor ddim ond bara gydag ychydig o olew a ffrwythau. Daeth un ohonynt fel bonheddwr mawr, a dau o weision yn ei ganlyn. Gwisgai'r bonheddwr hosanau ac esgidiau am ei draed, ac am ei gorff yr oedd pais sidan resog a gwyn, gyda slit bob ochr iddi. Fe'i gorchuddiwyd â chlog o frethyn du wedi ei thyrchu yn lwmp ar ei gefn, a pheth o'r un defnydd o amgylch ei ben, ond ei fod wedi ei gymysgu â rhywbeth melyn. Yr oeddwn yn disgwyl y buasai'r bonheddwr hwn yn myned yn *first class*; ond yn lle hynny aeth at y lleill, fel hwch i'r domen yn ôl ei helfen.

Gwener, 13 Ionawr: Gwelsom fynydd llosg Etna. Mae'r lafa wedi rhedeg i lawr bob ochr ac mae'r mynydd i gyd yn wyn, er bod tân a mwg yn dyrchafu o'i gopa. Fe'i hamgylchynir â mân fryniau o'r un natur.

Sadwrn, 14 Ionawr: Mae'r gwynt yn chwythu yn uchel, y tonnau yn rhuo, a'r gweision i gyd yn eu gwelyau, a minnau am y tro cyntaf yn ddigon claf i ddilyn eu hesiampl. Nid oes dim tir yn y golwg heddiw.

Sul, 15 Ionawr: Yr ydym wedi glanio ar dir yr Aifft, sef yn Alexandria, ac yr ydym yn bwriadu aros yma hyd ddydd Mercher.

Llun, 16 Ionawr: Yr ydym wedi newid ein llong, a byrddio llong o'r enw'r *Godavery*.[3] Fe awn i'r lan yn ystod y dydd, gan ddychwelyd i'r llong i fwyta a chysgu. Ond och a fi! Dyma le anwaraidd! Y mae'r Eifftiaid yma yn bloeddio o'n hamgylch nerth esgyrn eu pennau trwy'r dydd. Maent yn dadlwytho ein llong, a chyda pob *stroke* o waith a wnânt (sef gwthio barilau, neu godi sacheidiau o gnau) maent yn canu pump o nodau – y cyntaf yn isel, a'r pedwar arall yn uwch. Nid ydynt i gyd yn cyd-ddechrau, ond yn gwneud tôn gron ohoni; y mae un yn ei dechrau, a phan fydd ef ar y trydydd nodyn, mae'r lleill yn ei ddilyn, ac ymlaen ac ymlaen.

Yr oeddwn yn eistedd yn fy ystafell wely mewn cadair o dan y ffenestr fore heddiw, pan ddaeth rhyw gwmwl du disymwth i dywyllu'r ystafell. Erbyn i mi edrych, dyna lle'r oedd un o'r

Eifftiaid (duach na'i frodyr) â'i ben trwy'r ffenestr yn gwenu arnaf yn bur hamddenol. Ond pan welodd fi'n edrych mor frawychus, llithrodd i lawr y rhaff ar dipyn mwy o frys nag y daethai i fyny, at ei gyfeillion yn y cwch, a gallwn feddwl na chawsant y fath ddifyrrwch ers dyddiau. Saif y llong o flaen palas lle mae'r llywodraethwr yn cadw ei holl wragedd, yn gymaint eu rhif ag a fu gan Solomon erioed, meddant hwy. Mae dedfryd marwolaeth yn cael ei chyhoeddi ar y dyn hwnnw a feiddia sangu ar riniog drws y buarth, heb sôn am fyned ymhellach.

Mercher, 18 Ionawr: Dyma ni fel yr Israeliaid gynt, wedi cychwyn ar ein taith o'r Aifft i Ganaan, er ein bod ni mewn amgylchiadau mwy cysurus na hwynt-hwy, a heb yr un Pharo galon-galed yn ein herlid. Mae gennym y Duw trugarog i'n hamddiffyn, ac un mwy na Moses i siarad drosom. Nid oes dim tir yn y golwg heddiw, ac mae'r môr yn bur dawel. Yr ydym mor gysurus ag y mae'n bosibl i ni fod.

Iau, 19 Ionawr: Dyma ni wedi cyrraedd Jopa,[4] ac wedi ffarwelio â'r môr am ryw dymor. Wrth ddyfod, yr oeddwn yn sôn ddeuddydd yn ôl am anwareidd-dra'r Eifftiaid. Ond y mae pobl Jopa hefyd yn rhai pur anwaraidd. Pan ddaethom i'r fan lle safodd y llong, yr oedd yno oddeutu dau ddwsin o gychod yn barod i'n derbyn. Yr oedd y cychwyr, wrth weled y fath deulu ohonom, yn meddwl y caent swp go dda o *fackshish* (pres) rhyngom i gyd, a dyna lle yr oeddynt yn gweiddi ac yn ymladd am gael dyfod â'u cychod am yr agosaf at ein llong i'n derbyn. Ac wedi i ni fyned i lawr y grisiau, dyna lle yr oedd rhai yn ein llusgo gerfydd ein traed, a'r lleill gerfydd ein breichiau. Wedi i ni ddewis ein cwch ac eistedd ynddo, yr oedd y lleill yn tyngu ac yn rhegi, ac yn bygwth os nad aem i'w cychod hwy y suddent ein cwch ni i'r gwaelod, ac y boddent ni i gyd. Ond rywfodd neu'i gilydd, daethom oll i dir yn ddiogel, ac aethom i ben rhyw fur, ac yno safom i edrych arnynt yn dyfod â'n *boxes* ni i fyny. Ac wedi iddynt ddyfod â'r *box* i fyny'r allt, gafaelai eraill (oeddynt ar y mur yn segura) yn y *box* a'i gario i'r ystordy, er mwyn iddynt hwy gael tâl. Ond nid oedd hynny yn degwch â'r lleill, a dyna lle yr oedd hi yn rhyfel diddiwedd rhyngddynt.

O'r diwedd aethom gyda chyfaill i fy meistr a oedd wedi dyfod i'n cyfarfod, ac aethom i orffwys am ddwy awr yn ei dŷ ef. Y mae'r tŷ wedi ei amgylchynu â pherllannau oren, a'r rheiny i gyd yn aeddfed, ac felly y mae'r olwg arnynt yn brydferth dros ben. Y mae'r haul yn bur boeth yma, yr hin yn sych, a'r ddaear yn galed, sydd yn bur dda i draed ein ceffylau a'n hasynnod ni. Y mae hen adeiladau er amser Jona yn Jopa, mae'n debyg. Rhyw dref anhrefnus yw hi yn awr; y mae'r heolydd mor gulion a charegog fel y mae'n amhosibl i'r un cerbyd fyned trwyddynt. Digwyddodd i ni fyned i dŷ cyfaill caredig ein meistr ar ddiwrnod golchi, ac yn y buarth cefn yr oedd tair o wragedd yn golchi. Yr oedd eu pennau wedi eu lapio â chynfas, ac o ben eu trwynau hyd oddeutu dwy fodfedd yn is na'r ên, yr oedd darn o frethyn du tenau, wedi ei dorri, ar lun y pocedi sydd ar gotiau dynion, a chyda gwaelod y darn brethyn yr oedd llinyn wedi ei roddi trwy ddarnau o arian – ugeiniau os nad cannoedd ohonynt. Eisteddai'r gwragedd ar y llawr pridd ynghanol y gwlybaniaeth, ac yn lle padell, defnyddient noe bren ac ati. Yr oedd eu plant bychain yn chwarae o amgylch y buarth, a'u traed a'u pennau yn noethion, a dim ond rhyw hen garpiau o liain glas wedi eu lapio am eu cyrff. Wedi i mi syllu arnynt am ychydig o amser, wele ddyn yn dyfod i'r buarth a mat gwellt ganddo. Rhoddodd y mat ar lawr, ac yna tynnu ei fantell a'i dodi ar y mat, a thynnodd gadachau oddi am ei ben hefyd, a'u taenu yn yr un man. Wedi hynny, safodd arnynt, a chododd ei ddwylaw a'i wyneb tua'r nef, ac wedi bod yn yr ystum hynny am dri munud, ymgrymodd ar ei liniau, a'i wyneb ar y llawr, i addoli'r gau broffwyd.

Gadawsom am bedwar o'r gloch y prynhawn, a chyraeddasom Ramle, yr hwn a elwir hefyd yn Arimathea, hen gartref Joseff, y bonheddwr caredig a gladdodd ein Harglwydd yn ei fedd newydd ei hun. Erbyn hyn, yr oedd yn wyth o'r gloch yr hwyr, ac oherwydd bod marchogaeth yn beth anarferol i ni, gellwch feddwl mor dda oedd gennym gyrraedd lle i orffwyso.

Pan gyrhaeddom Ramle, yr oedd y *convent* wedi ei chloi (yr unig le, am wn i, y gall teithwyr gael llety), a'r mynachod i gyd wedi myned i dawelwch. Cawsom drafferth fawr i'w cael i agor y drysau, ond llwyddasom o'r diwedd i gael ein gollwng i mewn, a chawsom swper gweddol wrth ystyried yr amser o'r nos. Cyn hir gwnaed amnaid arnom i fyned i'n gwelyau, ac wedi i ni fyned trwy ddrws ar ôl drws, ac ar hyd *passage* hir i ryw fuarth mawr yn y cefn, safodd y gwas. Safasom ninnau i gyd yn ei ymyl, heb wybod dim beth oedd y rheswm, a dyna lle'r oeddem fel mudanod yn edrych ar ein gilydd, gan feddwl mai'r buarth oedd i fod yr orweddfa i ni. Ond modd bynnag, aethom i'n hystafelloedd o'r diwedd, y rhai â'u drysau yn agor o'r buarth am i mewn.

Gwener, 20 Ionawr: Dyma ni wedi cyrraedd Jerwsalem o'r diwedd, ac O! mor flinedig yr oeddem, ar ôl bod yn marchogaeth o saith y bore hyd chwech yr hwyr, ac wedi dioddef pwys a gwres y dydd. Yr oedd poethder yr haul yn taro yn angerddol ar ein pennau, a ninnau heb un lle i gysgodi rhagddo. Yr oedd y ddwy awr gyntaf yn y bore yn bur gysurus, nes dechreuom ddyfod dros y mynyddoedd, y rhai oedd yn dra anodd i'r anifeiliaid fyned ar hyd-ddynt. Y maent yn fynyddoedd creigiog, serth, gyda llwybrau culion, caregog. Mae rhai ohonynt mor gul â chwech neu saith modfedd, a rhai yn ymyl creigiau dyfnion, fel y buasai terfyn ar ein bywyd pe digwyddasai i droed ceffyl lithro; roedd hyn yn ei gwneud yn bur arswydus. Yr oedd ysgrechfeydd y plant wrth fyned ar hyd y mannau culion a pheryglus hynny yn tynnu sylw'r holl Arabiaid a oedd yn preswylio yn y tyllau sydd yn y mynyddoedd (rhai ydynt yn bur debyg i'r tyllau defaid sydd ym mynyddoedd Cymru). Daeth y gwragedd i enau'r tyllau yn hanner noeth, a'r rhan fwyaf ohonynt â babanod yn eu breichiau, y naill yn edrych mor ddi-drefn ac anwaraidd â'r llall.

Daeth un o'r cenhadon sydd yn Jerwsalem i'n cyfarfod, a thuag un o'r gloch daethom i lawr oddi ar ein hanifeiliaid, ac eisteddasom dan gysgod hen olewydden i fwyta cinio. O! mor hyfryd oedd llymaid o ddŵr i deithwyr sychedig yn y fath amgylchiadau. Pe buasem wedi gweled rhyw le yr oedd Crist wedi bod ynddo, buasai yn fawr fwynhad i ni, ond nid oedd gennym ond byw mewn gobaith am hynny. Y mae'n llawer mwy dymunol darllen am hanes y teithwyr sy'n ymweled â gwlad Canaan na'i brofi eich hunan, gyda'n holl anfanteision a'n lludded, ond y mae cael golwg ar y wlad, wedi'r cwbl, yn werth yr holl boen.

Ymhen awr, wedi gadael yr hen olewydden, daethom ar gyfer Ciriath-jearim, lle bu arch Duw yn aros am dri mis.[5] Daeth y Cristnogion o Jerwsalem allan i'n cyfarfod, rhai ar eu hasynnod, eraill ar eu ceffylau, a'r lleill ar eu traed. Yr oeddem yn eu gweled o bell, cyn iddynt ein cyrraedd, ac yn eu hadnabod wrth eu dillad duon. Wedi gadael Ciriath-jearim, daethom dros fynyddoedd Jwdea, y rhai oeddynt yn dra thebyg i'r mynyddoedd y soniais amdanynt o'r blaen. Ni welsom ddim neilltuol wedi hynny nes y daethom i Jerwsalem, ond ar ochr y ffordd yr oedd dau ddwsin neu dri o ryw bethau tebyg i'r tai tatws sydd gennych chwi yn yr ardd. Ond yn lle tatws, yr oedd pobl yn byw yn y rhain, a'r tyrau gyda'i gilydd yn cael eu galw yn bentrefi.

Margaret

Llythyr III

Ysgrifennwyd yng ngwanwyn 1865
Cyhoeddwyd 31 Gorffennaf 1868 yn Y Tyst Cymreig

Annwyl Rieni

Yr oeddech yn sôn yn y llythyr diwethaf a anfonasoch ataf eich bod wedi derbyn fy llythyr wedi hir ddisgwyl amdano. Rhaid felly fod y llythyr wedi bod yn hir ar y ffordd, oblegid i mi ei anfon mor fuan ag y gallwn wedi derbyn eich un chwi. Bu'r llythyr olaf a anfonodd John fis cyfan ar y ffordd. Y mae'n dda gennyf weled fod fy llythyrau i mor ddiddorol i chwi, ond eto yr wyf yn meddwl eu bod ymhell o fod yn ddigon diddorol i'w gwneud yn llyfr. Ond os yr ydych chwi mewn gwirionedd yn meddwl eu hargraffu, gobeithio, fy annwyl rieni, y bydd y darllenwyr mor barod i basio heibio'r gwallau a'r aml wendidau sydd ynddynt fel ag yr ydych chwi. Gobeithio nad anfonwch yr un llythyr i'w gyhoeddi os na fydd lles a budd i'w gael oddi wrtho. Yr ydych chwi, yn y Rhos, yn fwy galluog i farnu nag wyf i, felly gwnewch a fyddo dda yn eich golwg.

Wel, yn awr am ychydig o hanesion. Y mae heolydd Jerwsalem, fel sydd yn arferol yr amser yma o'r flwyddyn, wedi eu gadael yn anghyfannedd, wrth i'r torfeydd o bererinion adael y ddinas gan fod y Pasg wedi myned heibio. (Er bod y Groegiaid yn cadw'r Pasg wythnos ar ôl ein Pasg ni.) Dechreuodd y pererinion gyrraedd wythnos cyn dydd Nadolig. Bu yma gannoedd yn y pythefnos cyn dydd Gwener y Groglith er mwyn bod yn bresennol yn yr eglwys sydd wedi ei hadeiladu uwchben bedd yr Iesu. Mae'n anodd ymwthio drwy'r heolydd yr adeg yma. Mae ganddynt reswm arbennig am fod eisiau mynychu'r eglwys ar y diwrnod neilltuol hwnnw yn hytrach nag unrhyw ddiwrnod arall. Maent yn credu fod tân yn dyfod i waered o'r nef ar ddydd Gwener y Groglith.

Ar doriad y dydd, gwelir yr hen bobl, ynghyd â'r cloffion a phawb sydd yn analluog i wthio nac i oddef cael eu gwthio, yn ymgynnull yn y lle mwyaf cyfleus a diogel yn yr adeilad. Erbyn deg o'r gloch, mae pob man wedi ei orlenwi. Y mae pedair awr eto ganddynt i aros cyn y bydd y defodau yn cymryd lle. Am ddau o'r gloch, bydd pob llygad yn tremio ar yr un man, a phawb mor ddistaw â'r bedd (heblaw am ambell i ochenaid drom, wrth deimlo poen yn y cefn, neu rywun a fydd wedi ei daro gan benelin ei gymydog, yr hwn a fydd yn dwrdio yn ddistaw nad oes ganddo ddigon o le i symud yr aelod pwysig hwnnw). Yna, daw un o'r hen archoffeiriaid allan, gan sefyll yn nrws yr ystafell lle dywedir y claddwyd yr Arglwydd. Yna, bydd yn diosg pob dilledyn amdano oddigerdd un, yr hyn sy'n angenrheidiol ar gyfer moesgarwch (mae'n gwneud hyn er mwyn darbwyllo'r gynulleidfa nad oes dim twyll ynddo ac nad oes dim yn ei feddiant a all wneuthur y tân). Aiff yr archoffeiriad i mewn i'r ystafell a gweddïo hyd y daw'r tân i lawr. Mae disgwyliadau pryderus y gynulleidfa yn ofnadwy erbyn hyn. Pan ddaw'r tân allan o'r ystafell, mae pawb yn rhuthro â'u holl nerth, ac os clywir rhywun yn dweud am gymryd gofal, yr ymateb yw na losgodd y tân hwn neb erioed. Mae'r gynulleidfa wedi paratoi rhywbeth yn debyg i ddarn o raff, a rhuthrant at y tân sanctaidd, gan oleuo darn o'r rhaff â'r naill law ac ar y llaw arall, rhoddant gap nos ar ben llosgedig y rhaff. Bydd hyn yn gwneud y cap yn ddu gyda mwg yr huddygl. Bydd y pererinion yn pacio'r capiau mewn cist i'w cymryd yn ôl i'w gwlad eu hunain. Rhoddir gorchymyn pendant i'w cyfeillion i roi'r cap am ben y pererin yn eu harch pan fyddant yn marw. Oblegid pan ddaw dydd mawr yr atgyfodiad, byddant hwy (y rhai sydd wedi eu nodi gyda chap du) yn cael eu cyfrif fel y rhai cadwedig, oherwydd fydd y cap byth yn braenu.

O'r trueiniaid, yn goddef cael eu twyllo gan yr offeiriaid, a bydd eu cyfrif yn fawr am arfer y fath dwyll. Y rhain sydd wedi cael eu gosod gan ddynion o leiaf i ddwyn yr anwybodus i wybodaeth yr efengyl, yn lle llenwi eu pennau a'u calonnau â phethau di-sail ac anwireddus! Ond Duw yw'r Barnwr mawr; Efe biau'r dial.

Y mae'r tân yn dyfod allan o goffr o farmor, a phan welant y tân yn dyfod y mae ysgrechfeydd y gynulleidfa yn ofnadwy, ac y maent â'u rhaffau a'u canhwyllau ar hyd yr heolydd, fel pe byddai mater bywyd yn ymddibynnu ar iddynt gyrraedd y lle apwyntiedig.

Fe allai y byddai yn dda gennych glywed ar ba delerau y mae'r pererinion yn cychwyn ar eu pererindod. Cymerwn er enghraifft aelodau o Eglwys Roeg. Pan fydd un ohonynt yn penderfynu myned ar bererindod, mae'r dyn hwnnw yn amlygu ei feddwl i offeiriaid ac aelodau'r eglwys y perthyna efe iddi. Wedi hynny, gwneir casgliad, a'r rhai sy'n alluog i dalu rhyw gymaint o swm, maent yn cael eu cyfrif mor enwog â phe baent wedi bod ar bererindod eu hunain. Mae ganddynt yr hawl i orfodi pererin i roddi iddynt gap du ar ei ddychweliad.

Cyn i'r pererin gychwyn o'i wlad ei hun, fe'i harweinir i'r eglwys, lle y gweddïa'r offeiriad am i Dduw a'r holl saint gymryd gofal drosto ar hyd ei daith. Y mae rhan o'r arian yn myned i dalu ei ffordd ar y bererindod, a'r rhan arall i'r eglwys a'r *covenants*. Bydd ganddo lythyr o ganmoliaeth ar gyfer yr holl eglwysi.

Wedi cyrraedd Jopa, bydd y pererin yn myned yn syth i'r *Greek Convent* ac yn aros yno dros nos. Yn y bore, bydd yn talu 26 *piastres* (pum swllt) am ei lety a hefyd y noson ganlynol yn Ramle (Arimathea gynt). Drannoeth, bydd yn cyrraedd Jerwsalem, gan wylo a rhuthro drwy ganol pawb ar ei ffordd i'r eglwys lle mae bedd yr Arglwydd Iesu, a bydd yn cusanu pob modfedd o'r lle sanctaidd hwnnw. O na bai'r dosbarth hwn sydd â'r tueddiad a'r cariad diragrith hwn tuag at yr Arglwydd wedi eu geni a'u magu yn y man lle cawsent bregethu'r efengyl iddynt fel y mae yn yr Iesu, heb yr ofergoelion ofnadwy a wthir gan y rhai a gyfrifir yn well eu calonnau na'r trueiniaid anwybodus.

Mae nifer o'r pererinion, pan ddeuant yn agos i'r ddinas, yn sefyll ac yn syllu ar y porth am gryn amser cyn myned i mewn. Maent yn edrych ac yn teimlo pob carreg nodedig hyd nes y cyrhaeddant y *convent*. Wedi cael rhywbeth i'w fwyta, arweinir hwy i eglwys fechan sydd yn perthyn i'r lle, a bydd rhyw gymaint o'r offeiriaid yn barod i weddïo dros y pererinion. Wedi gorffen y defodau hyn, golchir traed y pererinion gan un o'r parchedigion. Yna fe aiff yr offeiriaid a'r pererinion i ystafell eang, ac wedi i bawb eistedd i lawr, cymer yr archoffeiriad lyfr yn ei law, gan ysgrifennu enwau'r holl bererinion ac enwau'r rhai a roddodd swm penodedig o arian iddynt cyn cychwyn y daith. Wedi hynny, gofynna'r archoffeiriad i bob un ar ei ben ei hun, pa nifer o'i deulu sydd yn fyw a pha nifer sydd wedi marw. Bydd y pererin yn talu 20 swllt am bob un sydd yn fyw a 10 swllt am bob un sydd wedi marw (dyma'r gyfran leiaf, bydd y cyfoethogion yn talu ychwaneg). Mae'r pererin wedi hynny yn derbyn tocyn ar gyfer pob un yn ei deulu.

Bydd yn gadael y *convent* drannoeth a bydd dyn yn disgwyl amdano y tu allan. Rhydd y pererin ei docynnau a rhagor o arian, tri swllt a chwe cheiniog, i'r gŵr hwn i'w dywys i afon yr Iorddonen. Ond mae yna nifer o fannau i ymweled â hwy cyn myned i'r afon. Ymwelir yn gyntaf â'r Eglwys Sanctaidd a adeiladwyd uwchben bedd yr Arglwydd. Yno, bydd y pererin yn ysgrifennu ei enw mewn llyfr, wedi iddo dalu pum swllt arall. Yna, bydd yn cysgu'r noson honno yn yr eglwys, rhywbeth a gyfrifir gan ei gyd-wladwyr yn rhinweddol. Ar y pumed diwrnod o'i bererindod yn Jerwsalem, arweinir ef i Ardd Gethsemane, ac oddi yno i'r eglwys sydd uwchben bedd Mair, lle y bydd yn talu pum swllt arall. Wedi hynny, fe aiff i Fethlehem, ac i'r holl eglwysi a *convents* o amgylch, gan wario pum swllt arall ym mhob lle.

Y mae dosbarth arall o bererinion yn ymweled â gwlad Canaan ac y byddai yn fendith fawr petaent yn aros adref. Eu hunig amcan wrth ddyfod i Jerwsalem yw cael yr enw da eu bod wedi bod yma. Nid oes yr un lle pwysig o ddiddordeb iddynt, heblaw am y tafarndai. Mae'n ddrwg gennyf ddweud bod y tafarndai wedi eu gorlenwi o fis Chwefror hyd fis Mai; nid yn unig tafarndai sefydlog Jerwsalem ond mae tafarnwyr o barthau eraill o'r byd yn dod i Jerwsalem i agor diotai am y ddau fis hynny. Y mae yn resyn na fyddai'r ddinas hon yn rhydd oddi wrth y fath felltith, yr hon a elwir yn ddinas y Duw byw.

Wel, ni feddyliais eich blino chwi â llythyr mor faith, ond gobeithio y gwnewch faddau i mi. Addewais i chwi hanes fy nhaith i afon Cedron, ond rhaid i mi wneud hynny yn fyr iawn. Wrth fyned yno, euthum trwy ddyffryn Mab Hinnon, yn y man lle gyrrodd Manasse ei feibion trwy'r tân (2 Cron. xxxiii). Gerllaw mae'r maes a brynwyd am y deg darn ar hugain o arian, pris y prisiedig. Nid yw ddim yn debyg i faes, yn bresennol. Craig uchel ydyw, oddeutu dau gant o droedfeddi yn uwch na'r llwybr, a'r graig honno yn llawn ogofâu. Ym mhob ogof, ceir bedd, a'r rhai a ddywedir a gladdwyd yno yw dieithriaid a laddwyd yn y rhyfel ychydig o flynyddoedd wedi i Grist esgyn i'r nef. Oddeutu hanner milltir ymhellach mae En-rogel (2 Sam. xvii) sydd yn agos i afon Cedron. Yno mae ffynnon ddofn.

Ychydig funudau wedi hynny daethom at afon Cedron, ond siomwyd fi yn fawr. Aethom yno yn tybio gweled yr afon yn llifo drosodd, wrth fod gymaint o sôn a thwrf yn ei chylch. Ond pe bai chwi yn cymryd dau alwyn o ddŵr ac yn ei dywallt lawr yr allt, byddai hynny'n gymaint â welsom ni yng ngwely y Cedron. Er hynny, yr oedd cannoedd o bobl o Jerwsalem a'r cylchoedd yno i'w gweled hi. Mae gweled ond ychydig o ddŵr yn yr afon yn nod pwysig iawn, gan ei fod yn arwydd y bydd digon o ddŵr yn yr haf. Nid yw'r dŵr yn loyw iawn, ond mae'n dda i'w yfed. Yfais beth ohono, ac wedi hynny yfais beth o ddŵr Llyn Siloam; mae hwnnw yn loyw ac yn dda. Gwelsom ddau neu dri o Iddewon ar ochr y ffordd yn gweddïo er cof am y Brenin Dafydd.

Rhaid terfynu yn bresennol. Hyn oddi wrth eich annwyl ferch, yn iach a chysurus,

Margaret

Llythyr IV
Ysgrifennwyd 16 Mai 1865
Cyhoeddwyd 19 Mehefin 1868 yn Y Tyst Cymreig

Annwyl Rieni

Cymerais daith un prynhawn i Fynydd yr Olewydd. Fy mhrif amcan oedd myned i weled Gardd Gethsemane, gan fy mod yn gallu gweled y mynydd pan af ar ben to'r tŷ. Aethom allan o'r ddinas trwy Borth Jopa, tu allan i'r hwn mae amryw wahangleifion bob ochr i'r ffordd, yn estyn eu dwylaw clwyfedig am elusen yn y modd mwyaf gresynus, gan ddymuno pob bendith arnom os rhoddwn rywbeth iddynt. Yr oll o ddillad sydd ganddynt ydyw rhyw fath o hen fantell wedi rhwygo, a chap coch am eu pennau, a chalico neu liain wedi ei rolio o amgylch hwnnw. Wedi i ni fyned oddeutu chwarter milltir ar hyd y ffordd hon, troesom i'r dde a thros un o fryniau Jwdea ar hyd y llwybr sydd yn arwain heibio i Borth Damascus, i Fynydd yr Olewydd. Oddeutu canllath oddi wrth y porth hwn, mae hen ogof Jeremeia, sydd mewn craig isel, a gardd fechan o'i blaen. Wedi i ni gyrraedd godre Mynydd yr Olewydd, lle mae Gardd Gethsemane, yr oeddwn yn teimlo yn rhy flin i fyned ymhellach, a heblaw am hynny, nid oedd arnaf awydd gweled un lle arall y pryd hwnnw. Eisteddais yno ar garreg wrth ochr yr ardd, nes y deuai'r teulu yn ôl o ben y mynydd. O! fy annwyl rieni, nis gallwn beidio ag wylo dagrau wrth feddwl am y Gwaredwr a'i ddioddefiadau ac:

Wrth gofio'i riddfannau'n yr ardd,
   A'i chwŷs fel defnynnau o waed,
Aredig ar gefn oedd mor hardd,
   A'i daro â chleddyf ei Dad.[6]

Y mae y rhan honno o'r ardd lle y tybir i'r Iesu fod yn dioddef wedi ei hardduno â'r coed a'r blodau prydferthaf a ellir cael. Does dim ond coed olewydd yn y rhan arall, lle y bu'r disgyblion yn cysgu. Rhaid talu am fyned i mewn i'r rhan a enwais yn gyntaf, i'r dyn sydd yn cadw'r ardd mewn trefn.

Yr oedd yr hin yn bur deg y diwrnod yr aethom i Gethsemane, heb gwmwl ar yr wybren, ond un yn unig uwchben yr ardd. Yr oedd hwnnw yn wir mor ddued ag y gallai fod, ac yr oeddwn i, wrth edrych ar hwnnw, yn meddwl am gwmwl digofaint y Duw cyfiawn, pan lawiodd ar ben ei unig-anedig a'i annwyl Fab, er mwyn agor y ffordd i bechaduriaid euog.

Wedi i'r teulu ddychwelyd yn ôl, aethom ar hyd y ffordd y tybir i'n Harglwydd gael ei arwain ar hyd-ddi i lys yr Archoffeiriad. Yn bresennol mae clafdy wedi ei adeiladu ar adfeilion yr hen Ddadleudy. Mae hefyd hen bont yn ei ymyl, a dywedir i Grist fyned tani pan arweiniwyd ef i'w groeshoelio.

Ar ein ffordd adref, aethom heibio i Lyn Bethesda, sydd yn

bresennol mewn gardd berthynol i deulu o Fahometaniaid. Y mae mur o amgylch yr ardd, a drysau ynddo yma ac acw, a thrwy'r rheiny yr oeddem yn gallu gweled y llyn. Yr ydoedd yn sych ar y pryd, ac felly y mae dros dri chwarter o bob blwyddyn, meddir. Dyna'r peth diwethaf o bwys a welais ar y daith hon.

Crefydd yw prif bwnc siarad preswylwyr Jerwsalem y dyddiau hyn. Mae gan y Protestaniaid gyfarfod gweddi bob bore am chwech, a hefyd am hanner awr wedi pedwar bob prynhawn dydd Mawrth a dydd Gwener, ac un drachefn bob nos Sadwrn, a phedwar ar y Sabath. Nid oes ond dau o'r cyfarfodydd hyn yn Saesneg.

Y mae yma ddyn o'r enw Mr Saphira,[7] yn traethu'r efengyl mor hyf ag y bu Paul erioed, mi feddyliwn. Nid ydyw yn genhadwr wrth ei swydd, ond y mae'n cyflawni gwaith cenhadwr i raddau helaeth iawn. Gwerthu llyfrau y mae dros y Gymdeithas yn Llundain, a phan fydd ganddo hamdden, mae'n chwilio am adnodau o'r Beibl i ddangos i'r Iddewon mai yr Iesu yw y Crist.

Mae rhai o'r Mahometaniaid yn myned i bennau'r pinaclau am bedwar o'r gloch bob bore, ac yn gweiddi 'Duw sydd Fawr'. Y maent yn cael eu galw i weddïo dair gwaith y dydd, ac ni cheir dim ar werth gan y Tyrciaid yn ystod yr awr weddi. Mor fuan ag y clywant yr alwad i weddïo, gwelir cannoedd ohonynt ar bennau'r tai yn gweddïo. Y mae'r Arminiaid hefyd yn selog iawn yn eu ffordd eu hunain. Gwelir llawer o'r hen bobl ar fachlud haul yn myned â'u bwndeli yn eu dwylaw i gysgu ar fedd yr Arglwydd, oherwydd iddynt hwy y mae'r bedd yn perthyn.

Ychydig iawn o law sydd yn Jerwsalem y flwyddyn hon, ac ofnir y bydd yma brinder dŵr. Mae'r locustiaid hefyd yn difetha'r pethau sydd wedi eu hau. Disgynnant i lawr yn gawodydd am ddwy awr neu dair bob dydd, ac wrth edrych i fyny, ymddangosant fel cawod fawr o eira, nes tywyllu'r awyr a britho ein llygaid.

Bu yma lawer o deithwyr y flwyddyn hon. Deuant yma o

bob parth o'r byd. Daw rhai i mewn i'r ddinas â choron ddrain ar eu pennau, er coffadwriaeth am ein Harglwydd. Mae yn debyg eich bod wedi darllen yn y papurau newyddion fod y Tywysog Arthur[8] wedi bod ar ymweliad â'r wlad hon. Cawsom yr hyfrydwch o'i weled agos yn ddyddiol tra bu yn aros yn Jerwsalem. Bu yn yr eglwys y Sabath a dreuliodd yma. Y mae yn edrych yn bur ifanc, ac yn ymddangos yn fachgen annwyl a hynaws; gwenai yn siriol ar bawb.

Rhaid i mi derfynu yn bresennol, gan obeithio eich bod oll yn iach,

Margaret

Llythyr V
Ysgrifennwyd 15 Gorffennaf 1865
Cyhoeddwyd 26 Mehefin 1868 yn Y Tyst Cymreig

Annwyl Rieni

Yr wyf wedi derbyn eich llythyr ers yr 20fed o'r mis diwethaf, a llawen iawn oedd gennyf oherwydd geni i mi frawd. Mae'r merched bach yma yn cytuno â mi i ofyn am ei ddarlun mor fuan ag y bydd y cariad yn gwybod sut i fod yn llonydd i sefyll y fath driniaeth. Yr oedd yn dda gennyf hefyd fod fy mam yn gwella mor dda a gobeithio ei bod yn holliach erbyn hyn.

Ond O, mor drwm ydyw clywed sôn am angau, yn enwedig wrth dorri ei ysglyfaeth i lawr ym mlodau ei ddyddiau, sef ein cyfaill Joseph Jones. O mor drwm oedd gennyf glywed y newydd. Gobeithio y bydd symudiad y brawd ieuanc yn foddion i droi ei gyfeillion i ymofyn am drugaredd drwy werthfawr waed ein Iesu bendigedig. Pan ddes at y rhan honno o'r llythyr lle hysbysebwyd genedigaeth efeilliaid i Mrs Williams, rhyfeddais yn fawr. Gobeithio y tyfant er clod a chysur iddi.

Yn awr, gan nad wyf wedi bod yn alluog i fyned i un man neilltuol er pan ysgrifennais atoch ddiwethaf, ceisiaf roddi i chwi ychydig o newyddion cartrefol. Felly, dechreuaf yn gyntaf gan ddarlunio i chwi, mor gywir ag y gallaf, y tŷ yr wyf yn byw ynddo. Y tŷ tebycaf i hwn a wn i amdano ydyw tŷ Mr Owen, Aberderfyn. Mae gardd fechan o flaen y tŷ, yn 20 llath o hyd a 7 o led. Mae tair o ystafelloedd yn wynebu'r ardd, ond ni wnaf sylwadau ar un ohonynt ond am y canol, a'r achos fy mod i yn sôn am honno yw fy mod yn ei chyffelybu i'r ystafell honno lle gollyngwyd y claf o'r parlys i lawr iddi i'w iacháu gan yr Iesu. Mae lle agored yng nghanol y to, a hwnnw yn codi i fyny fel clochdy bychan, gyda'i dop wedi ei wneud o wydr. Ac ond tynnu'r gwydr (sy'n bur hawdd i'w wneud), gellir gollwng gwely bychan drwy'r gwacter heb ryw lawer o drafferth. Mae'r ystafell hon yn wyth llath o hyd a chymaint â hynny o led. Mae muriau yn gogwyddo yn y canol, rhai ohonynt yn dair i bedair llath o dewder, a'r teneuaf ohonynt dros lathen. Mae iddi bedwar o ffenestri a dyna lle'r oedd lle addoliad y Protestaniaid cyn i'r eglwys gael ei hadeiladu.

Mae gennyf ystafell arall i'w dwyn i'ch sylw; hon yr wyf yn cysgu ynddi. Ond yn gyntaf, rhaid i mi ddweud fod yr ystafelloedd i gyd ar yr un llawr. Nid oes grisiau yn perthyn i'r tŷ, ond mae un, sydd tu allan ac yn arwain i fyny at y to, hwn sydd yn wastad ac a wnaed i'r pwrpas o gerdded arno. Ond nid yw'r ystafell hon ond llathen a thri chwarter o led a dwy a hanner o hyd. Mewn ystafell arall, wrth draed y gwely, lle nad oes ond papur yn gwneud rhan uchaf y wal rhyngof i a hwythau, mae dau asyn yn byw. Maent yn ymddwyn eu hunain ar hyd y nos yn fwy *respectable* na llawer o'u brodyr, diolch iddynt am hynny.

Ar ddeau fy ystafell, mae wal gadarn rhyngof i ac ugain o golomennod. Wythnosau yn ôl yr oedd 25 ohonynt, ac yr oedd y pumed ar hugain yn cael ei alw yn Frenin y Colomennod, oherwydd ei fod llawer yn fwy hardd na'r lleill. Yn wir yr oedd pob un o'r lleill yn talu cryn barch i'w fawrhydi. Ond daeth rhyw gi mawr du i droseddu a llusgo'r truan oddi ar ei orsedd nes ei ladd, a phedwar o'i ddeiliaid.

Tu ôl fy mhen, mewn math o seler, sydd â'i tho o *gratings* haearn er mwyn gollwng i mewn ychydig o oleuni, mae 21 o ieir. Hefyd, mae ceiliog ieuanc, sydd wrth ganu yn gwneud yr oernadau mwyaf aflafar a glywais i erioed a hynny, debygwn i, am ei fod wedi ei gymryd o wlad ei dadau cyn iddo ddysgu canu.

Ar y chwith i mi mae'r ystafell lle mae'r ddwy ferch hynaf yn cysgu. Felly chwi welwch fy mod wedi fy amgylchynu â chymdogion o bob math. Mae ffenestr fechan i fy ystafell, yn cynnwys gwydr, yn gymaint â phedair o'ch paenau chwi. Mae'r ffenestr dros lathen yn uwch na phen y gwely. Bu yn agos i mi anghofio creadur arall sydd yn gwneud ei gartref yn fy ystafell, a hwnnw yw'r *lizard*, neu'r fadfall, o bedair i bum modfedd o hyd. Yn wir nid un, ond llawer ohonynt. Maent yn syrthio o'r coed yn eu cwsg. Yr wyf yn dweud weithiau y byddai yn dda gennyf pe baent yn rhywle arall o fy ffordd i.

Wel, yr ydwyf wedi rhoddi rhyw ddisgrifiad anfarchnadol o'r ystafell, ond peidiwch chwi â meddwl mai rhyw gut o le yr ydwyf yn cysgu ynddo, ychwaith, ond i'r gwrthwyneb. Mae'r rhai sydd wedi bod yn gweled y tu mewn yn dywedyd mai hi yw'r *room* fechan harddaf yn Jerwsalem.

Yn awr yr ydwyf yn gweled fy mod yn dyfod i ddiwedd fy llythyr cyn rhoddi i lawr hanner yr hyn yr oeddwn wedi ei fwriadu ysgrifennu. Ond os bydd newyddion cartrefol fel yma yn eich bodloni, dywedwch, a chewch yr hanner arall o hanes ein cymdogaeth a'n cymdogion yn y llythyr nesaf.

Hyn oddi wrth eich annwyl ferch,
Margaret

Llythyr VI

Ysgrifennwyd 3 Hydref 1865
Cyhoeddwyd 3 Gorffennaf 1868 yn Y Tyst Cymreig

Annwyl Rieni

Y mae yn hawddach i chwi ddychmygu nag ydyw i mi ddarlunio'r llawenydd y mae golwg ar lythyr yn rhoddi drwy bob *nerve* yn fy nghyfansoddiad, yn enwedig y rhai agosaf at fy nghalon. Cyn y byddaf wedi ei ddarllen hanner dwsin o weithiau (yr hyn wyf yn ei wneud o leiaf y diwrnod cyntaf) y mae yn fy adnewyddu gorff ac enaid – wrth ddarllen am yr hen gapel a'r cyfarfodydd, a'r hen weinidogion parchedig sydd yn cynnal y cyfarfodydd hyn, a phawb a phob peth yn yr hen wlad, yr hon ynghyd â'i thrigolion sydd yn wir annwyl gennyf.

Dydd Llun diwethaf, cefais yr un fraint ag a gafodd Mair Magdalen, a Mair, mam Iago, pan ddywedwyd wrthynt, 'Deuwch, gwelwch y fan lle y gorweddodd yr Arglwydd.' O! mor annheilwng yr wyf yn teimlo fy hun wrth feddwl fy mod wedi cael yr un fraint â'r gwragedd duwiol hynny. Mae eglwys wedi ei hadeiladu ers rhai cannoedd o flynyddoedd yn ôl dros y bedd, ac yr wyf wedi dyfod i ddeall yn ddiweddar fod pedair plaid neu sect o grefyddwyr yn addoli ynddi. Mae'r eglwys wedi ei rhannu yn bedair rhan o dan un to, ac nid oes ond pont (a honno yn bedair neu bump o lathenni o drwch) rhwng y rhannau a'i gilydd. Mae'r rhan orau a'r fwyaf costfawr yn perthyn i'r Rwsiaid. Mae *front* yr oriel (sy'n saith i wyth o lathenni o'i thop i'r gwaelod) wedi ei gwneuthur o haearn neu bres ac wedi ei gildio mewn aur cywrain. Uwchben canol yr oriel, mae llun Crist a'i ddisgyblion. Yn union o dan hynny, mae drws, sy'n arwain i'r cysegr nesaf i mewn. Wrth gael cipolwg i fewn yno, gwelais mai dyna lle'r oedd yr offeiriaid a'r archoffeiriaid a'r hen batriarchiaid yn eistedd.

Yn y lle cysegredig hwn, yr oedd allor wedi ei gorlwytho â llestri aur ac arian; ar y rhain, yr oedd goleuni ugeiniau o ganhwyllau yn pelydru. Ni chefais amser i edrych rhyw lawer cyn y daeth dau fachgen i mewn, o 12 i 14 oed, yn cario canhwyllau oddeutu llathen o hyd, ac yn bedair i bum modfedd o led, a'u rhoi ar waelod tair o risiau. Wedi hynny, daeth yr archoffeiriad neu'r patriarch, fel y galwasant ef, i mewn a safodd ar ben y grisiau. Yn ei law ef oedd ugain o gadwynau aur a chwpan o'r un defnydd yn grogedig. Ysgwydai'r patriarch y cwpan uwchben y gynulleidfa. Roedd ei wisg yn ysgarlad, gydag edau aur wedi ei weithio trwyddi. Gwisgai goron o aur ac arian ar ei ben. Yr oedd ei wallt yn wyn, a'i farf yn cyrraedd gryn ffordd i lawr ei frest. Yr oeddwn yn ei gyffelybu i Aaron yr hen ddyddiau gynt. Wedi i'r gŵr mawr gyflawni ei ddyletswydd yn y man hwn, ciliodd i mewn i'r cysegr ac ymhen munud, daeth rhes o offeiriaid allan o'r cysegr. Roedd *basin* gan y cyntaf, tebyg i'r fowlen siwgr sydd gennych chwi, ond fod hon yn ddwbl y maint ac wedi ei gwneuthur o aur. Roedd yr ail offeiriad yn cario math o gist yn ei ddwylaw; maint hon oedd yn agos i droedfedd o hyd, a thri chwarter o led, wedi ei gwneud o arian a'i hardduno ag aur. Cariai'r trydydd offeiriad lestr o'r un defnydd, ond ei fod yn llai na chist yr ail, ac felly hyd y diwethaf, y pedwerydd offeiriad ar bymtheg.

Ar eu hymddangosiad cyntaf tu allan i ddrws y cysegr, rhannodd y gynulleidfa o ganol yr eglwys, a chiliasant i'r ochrau. Wedi hynny, gwelais yng nghanol yr eglwys rhywbeth yn debyg i *basin* bedyddio yn Eglwys Loegr. Daeth yr offeiriaid i lawr un ochr yr eglwys, ac o amgylch y cawg carreg, ac i fyny'r ochr arall a nôl i mewn i'r cysegr, wedi eu bendithio ar y ffordd gan yr hen batriarch a'i gwpan. Bu holl wragedd y gynulleidfa yn sefyll o gylch y *basin* bedyddio, er mwyn cusanu gwisgoedd y parchedigion a'r llestri cysegredig a garient. Ac wedi i'r offeiriaid gilio, aeth y gwragedd ar eu gliniau i gusanu ôl traed y dynion.

Wedi gweled yr holl ddefodau hyn, gofynnais i'm harweinydd a oedd bedd yr Iesu yn y cysegr y soniais amdano. Ofnais, gan ei fod yn lle mor sanctaidd, na chawn ei weled. Ond er fy llawenydd, dywedodd fod y bedd oddeutu tair llath o'r tu ôl i'r man lle roeddwn yn sefyll, a bod trwydded i ni fyned i'w weled pan fynnwn. Gallwch feddwl na chollais i ddim amser cyn myned er bodloni'r hiraeth mawr oedd arnaf am ei weled.

Y mae rhyw fath o fuarth tu allan i'r ystafell lle mae'r bedd. Yr oedd hwn yn llawn o bobl yn tynnu ac yn rhoi eu hesgidiau am ac oddi ar eu traed, oblegid eu bod yn ystyried fod myned â'u hesgidiau i mewn at y bedd yn halogi'r lle. Y mae'r ystafell oddeutu dwy lath a hanner o hyd a dwy o led, ac ar y dde, o dan goffr o farmor, y dywedir y gorweddodd yr Arglwydd. Uwchben y bedd, croga pob math o bethau gwerthfawr, wedi eu rhoddi yno gan deithwyr a phererinion. Mae dwsinau o ganhwyllau, o bob maint a lliw, yn goleuo'r ystafell. Nid ydwyf yn meddwl fod cymaint â modfedd ar y coffr, nac ar y llawr, nad yw wedi ei gusanu filiynau o weithiau, oblegid nid oes braidd neb yn myned i mewn nad ydynt yn cusanu pob un o'r ddau.

Wedi hynny arweiniwyd fi i'r man lle y dodwyd yr Iesu wedi ei dynnu i lawr oddi ar y groes. Y mae'r fan honno wedi ei goleuo â lanterni o wahanol liwiau. Nid oes ystafell yno, ond marmor, yn dair llath o hyd wrth dri chwarter o led, a phost wrth bob pen.

Wedi hynny, aethom i Galfaria, lle'r croeshoeliad. Mae ei ddarlun ar y groes yn bresennol. O! fy annwyl rieni, yr oeddwn yn teimlo fy aelodau yn dinerthu wrth feddwl fy mod yn sefyll yn y man lle bu ein Ceidwad bendigedig pan y'i harweiniwyd fel oen i'r lladdfa, a'i hoelio ar groesbren, lle y dioddefodd y poeri a'r gwatwar ac aberthodd ei fywyd gwerthfawr er prynu eneidiau pechaduriaid annheilwng fel nyni, a goddef y gwarth ar y groes er mwyn i ni gael y goron.

> Dyma gariad! Pwy a'i traetha?
>   Anchwiliadwy ydyw ef;
> Dyma gariad byth nad ellir
>   Treiddio i'w ddyfnderoedd ef.[9]

Er fy mod yn teimlo rhyw barchedig ofn wrth droedio ar le mor sanctaidd, eto yr oeddwn yn dymuno byw ac aros yno, fel y gallwn barhau i fyfyrio ar ddioddefiadau ein Harglwydd, heb halogi fy meddwl gyda gwag bethau'r byd hwn. Ond gweddïwch drosof, fel y'm galluogir i gadw'r myfyrdod hwnnw trwy rwystrau.

Wedi myned oddi wrth y groes arweiniwyd fi i'r fan lle y fflangellwyd ef. Mae'r fan honno wedi ei hesgeuluso i raddau mawr. Nid oes yno allor na chanhwyllau, na dim o'r fath beth, ond rhyw ddelw sy'n ymddangos fel petai'r gwynt a'r glaw a llwch oesoedd wedi gwneud eu gorau i'w anffurfio. Y mae'n debyg ei fod wedi ei wneud i arddangos Crist ryw dro, ond y mae yn bur annheilwng o'r enw yn bresennol.

Wedi hynny euthum i lawr 25 o risiau i ryw fath o seler, ond mai awyr las yw ei hunig do. Meddyliais fod fy arweinydd wedi fy arwain i lawr ond i weled plant yn chwarae *marbles*, oblegid dyna'r oll a welais am gryn amser, ond wedi myned dipyn o ffordd, dangoswyd i mi rywbeth tebyg i fedd, lle y claddwyd y groesbren wedi croeshoelio Crist, a ddarganfuwyd ugeiniau os nad cannoedd o flynyddoedd wedi hynny.

Ar gyfer bedd y groesbren, mae hen ddrws, hen iawn hefyd, o leiaf dyna mae ei wyneb yn ei ddweud. Trwy'r hen ddrws hwn, mae hen graig a chrac ynddi, yr hon, yn ôl tystiolaeth preswylwyr Jerwsalem, sydd yn un o'r creigiau hynny a holltwyd ar ddydd marwolaeth yr Arglwydd. Nid ydyw pawb yn credu hyn. Y mae rhai o'r anghredinwyr yn dywedyd mai dynwaredol yw hi.

Wel, mae fy amser yn terfynu yn awr ar y pwnc yma, ac oni bai ei fod yn destun yr wyf yn gwybod eich bod oll yn caru clywed amdano, buaswn yn rhoddi llai yn ei gylch, ond gobeithio na flinwch yn ei ddarllen, os byddwch yn alluog i'w ddarllen.

Er pan ysgrifennais atoch ddiwethaf, yr ydwyf wedi bod yn gweled beddau brenhinoedd Israel. Y maent hanner milltir tu allan i furiau Jerwsalem, wrth waelod un o fynyddoedd Jwdea. Wedi myned tipyn o ffordd oddi ar dop y tir i lawr rhyw hen risiau (y rhai, yn ôl fy marn i, sydd yno ers dechreuad y byd) gorfu arnaf blygu yn ddwbl i fyned dan yr hen bont sydd yn ochr y graig. Oddeutu ugain llath ymhellach, mae genau'r ogof; o flaen hon mae rhyw fath o borth, ac uwch ei ben, y tu allan, mae hen gerfiadau, ond fod henaint, a'i gyfeillion, sef y gwynt a'r glaw, wedi eu gwisgo i ffwrdd, a'r hyn sydd yn adawedig o'r hen gerfiadau yw swp o rawnwin.

Y mae drws yr ogof, yr hwn sydd o fewn y porth, wedi hanner ei gau i fyny gan faw a cherrig wedi caledu yn ei gilydd. Felly cawsom lawer mwy o drafferth i fyned trwy hwn na thrwy'r porth yn ochr y graig. Ond wedi codi fy mhen ar ôl ymlusgo drwy enau'r ogof, cefais fy hun mewn ystafell ysgwâr, pump i chwe llath o'r gwaelod i fyny. O'i chwmpas, yr oedd meinciau cerrig, ac yr oedd tyllau wedi eu gwneud fel drysau, a oedd yn arwain i ystafelloedd bychain eraill. Yno, yr oedd cyrff wedi eu gosod o dan garreg ar ganol y llawr a phe buaswn wedi myned i mewn, byddwn wedi eu sathru.

Uwchben y coffrau, yr oedd lle i gannwyll mewn twll yn y mur, a phan ofynnais beth oedd ei ddiben, yr ateb oedd bod yr Iddewon yn myned yno yn y nos i gysgu ar y beddau. Y mae'r ogof yn myned ugeiniau o lathenni dan y ddaear, ond nid euthum ond i dair neu bedair o ystafelloedd mawrion. Er hynny, gwelais ugeiniau o feddau.

Wel, yr ydwyf yn gweled fod rhaid terfynu, gyda fy nghofion caredicaf at fy holl gyfeillion a'm holl berthnasau, gan obeithio eu bod yn holliach fel yr wyf innau.

Hyn yn amherffaith, oddi wrth eich merch,

Margaret

Llythyr VII

Ysgrifennwyd 3 Hydref 1865
Cyhoeddwyd 7 Awst 1868 yn Y Tyst Cymreig

Fy Annwyl Frawd

Mae arnaf bron gywilydd ysgrifennu atat wedi oedi cyhyd o amser yn cyflawni'r ddyletswydd honno. Yr wyf yn bur edifeiriol, ac yn erfyn maddeuant, yr hyn yn ddiamau a ganiatei, er mwyn dangos y cariad sydd gennyt tuag at dy chwaer, heblaw am ei fod yn dy natur i wneud hynny.

Nid oes gennyf ond esgus gwael i roddi dros fy oediad, a hynny yw, wyt ti'n cofio sôn yn y llythyr diwethaf am Fethania? Yr oeddet yn ewyllysio gwybod pa faint o ffordd oedd rhwng Bethania a Jerwsalem. Ceisiais gymaint ag oedd yn fy ngallu i gael rhywun i ddyfod gyda mi (oherwydd bod perygl myned i unlle yn y gymdogaeth hon ar eich pen eich hun). Llwyddais i gael addewid (a dyna'r cwbl) meistres ysgol y genethod yn y ddinas hon i ddod gyda mi. Yr ydwyf wedi gofyn iddi hi dair gwaith wedi ei haddewid, a'r esgus cyntaf oedd ei bod hi wedi addo myned i ryw le arall. Yr ail esgus oedd bod yr hin yn rhy boeth a'r trydydd a'r olaf oedd nad oedd hi'n teimlo yn ddigon iach i farchogaeth. Felly, annwyl frawd, gwêl fy mod wedi methu yn fy anturiaeth.

Yr wyf yn gorfod ysgrifennu atat o'r diwedd heb ond ychydig iawn o newyddion, mwy na dywedyd fy mod yn sâl am ddeuddydd neu dri bob tair wythnos, o'r clefyd hwnnw a elwir yn Saesneg *ague*;[10] yn Gymraeg, yn ôl y geiriadur, cryd y druthion y wrach. Mae'r rhan fwyaf o breswylwyr Jerwsalem yn wrthrychau o'r un pla (ond cofia di John, nad wyt ti ddim i ddeud i neb fy mod yn sâl bob tair wythnos, neu mi feddylith y bobol bod rhyw wedd dost arna i). Ond, fy annwyl frawd, drwy drugaredd yr ydwyf yn hollol iach, calonnog a chysurus ac ond diwrnod neu ddau yn unig y byddaf yn dioddef oddi wrth y clefyd. Ond am fy ngwedd, yr ydwyf yn meddwl fy mod yn edrych gystal ag y bûm erioed. Pe digwyddai i ti ddyfod i Jerwsalem ar un o'r diwrnodau ag y byddaf i yn marchogaeth, byddet tithau o'r un farn. Wrth fy ngweled yn carlamu ar gefn mul fy meistres dros fynyddoedd Jwdea, nes bod cantel fy het wedi troi tu chwith allan, a'm gwallt wedi gwrthod cynorthwyo pob pin sy'n ei gynnal i fyny, a'r canlyniad ei fod yn dawnsio ar fy nghefn yn y modd mwyaf dedwydd, mewn llawenydd am ei ryddhad o'r fath gaethiwed. O John, byddai'n dda gennyf pe bai tithau yma hefyd i farchog ceffyl fy meistr, fel y gallem ein dau fyned i weled pob man sydd annwyl gennyf fi a thithau.

Hefyd yr wyf yn gobeithio dy fod wedi dyfod i weled a theimlo gwerth y gwaed a dywalltwyd er prynu ein heneidiau. Ie fy annwyl frawd, cofia fod dy enaid yn werth gwaed, a'r bywyd gwerthfawr a aberthwyd er cael y gwaed hwnnw. O mor dda fyddai gennyf glywed dy fod wedi dyfod i gofleidio crefydd yr Iesu, a'i garu i'r fath raddau nes y byddai yn annwyl gennyt am y tir a sancteiddiwyd gan ei bresenoldeb.

Yr ydwyf wedi bod yn gweled Calfaria a lle y claddwyd Crist. Yr ydwyf hefyd wedi bod yn gweled beddau brenhinoedd Israel, ac oni bai dy fod yn Rhos, buaswn yn ysgrifennu tipyn o'u hanes atat. Ond gan dy fod mor agos i gartref, dos yno mor fuan ag y cei gyfle a gofyn am weled y llythyr a anfonais ar yr un pryd ag ydwyf yn anfon hwn i dithau, a chei'r oll a welais ym mhob lle.

Mae'r hin yn sych yn y wlad hon. Nid oes un diferyn o law wedi disgyn ers dros bum mis, ac nid oes dim arwydd amdano chwaith. Mae'n ymddangos fod yr ymenyn wedi myned yr un ffordd â'r glaw, oherwydd nid ydym wedi gweled dim, heb sôn am ei brofi, ers dros dri mis. Mae'r caws y fath nas gallwn ei fwyta, oblegid ei fod yn rhy wyn, sychlyd a hallt. Am gig moch, nid oes yma gymaint â sôn amdano, a *beef*, yr un modd. Felly amrywiaethau o jam ydyw bron yr unig beth a allwn gael ar ein bara.

Rhaid terfynu yn awr gyda fy serch anwylaf atat a chofia fi yn garedig at bawb o'm cyfeillion.

Hyn yn fyr oddi wrth dy annwyl chwaer,
Margaret

Llythyr VIII
Ysgrifennwyd 13 Rhagfyr 1865
Cyhoeddwyd 10 Gorffennaf 1868 yn Y Tyst Cymreig

Annwyl Rieni

Derbyniais eich llythyr gyda'r nodau eraill o'r caredigrwydd ar y trydydd o'r mis hwn. O! mor falch yr oeddwn i weled yr holl wynebau Cymreig annwyl, a adnabûm ar yr olwg gyntaf, heb orfod edrych ar yr enwau ar y cefn.

Cofiwch fi yn y modd mwyaf caredig at Mr E Lettsome[11] a dywedwch wrtho fod fy niolchgarwch yn fwy na allaf ei ddarlunio ar bapur. Mae arnaf ofn na fydd y rhodd fechan hon, sef y blodau, ond ad-daliad gwael i'w chyffelybu â'i rodd ef. Gan ei fod mor ewyllysgar a charedig, dymunwn arno gymryd llun o fy ewythr Phillips, Stryt-y-gof a fy modryb a'i anfon i mi, os nad wyf yn gofyn gormod. Cofiwch fi at Ellen, gwraig Lettsome, a'i mam. Rhedodd y plant yma at fy meistres gan weiddi a dywedyd fod gan Margaret Jones fwy o gyfeillion a pherthnasau na neb a wyddent hwy amdanynt. Cofiwch fi at Mr Evans, yr hen weinidog, os ydyw yn y gymdogaeth; y mae'n ddrwg gennyf glywed am ei afiechyd. Cofiwch fi yn garedig at bawb sydd wedi addo i mi gael eu darluniadau.

Nid ydwyf wedi bod yn un lle yn y gymdogaeth er pan ysgrifennais atoch o'r blaen, nid am fy mod yn dioddef oddi wrth afiechyd, ond am fod y pla dinistriol hwnnw wedi bod yn ein plith, sef y colera, nes oedd ofn yn argraffedig ar bob gwedd. Yr oedd yr Iddewon yn ffoi am eu heinioes wrth y cannoedd, ond ni allent gael anifeiliaid drwy'r holl ddinas i'w cludo ymaith. Ceisiodd llawer ohonynt ffoi yn eu nerth eu hunain, ond syrthiasant i lawr ar y mynyddoedd, a buont farw o ofn a blinder o'r angen am anifeiliaid i'w cynorthwyo i fyned ymhellach.

Ffodd yr holl filwyr o'r ddinas, nes oedd pob man yn bendramwnwgl. Nid oeddynt yn fodlon ar y drwg a allent wneud eu hunain, felly agorasant ddrysau pob carchar, ac allan ar ffrwst yr aeth yr holl garcharorion, drwg a da, os oedd y fath beth â'r diwethaf yn bod, ac os oedd, nid yw'n ymddangos i ddim o'r daioni hwnnw ddyfod allan.

Ond och a fi! Yr oedd y sŵn a'r twrf mawr, ynghyd â'r ysgrechfeydd ac wylofain yr amddifaid a'r gweddwon bron ymhob tŷ, ddydd a nos. Yr oedd yn ddigon i wneud i ni feddwl fod dinistr Jerwsalem yn dyfod yr ail waith. Yr oedd un o'n cymdogion Twrcaidd a'i deulu yn eu gardd am wyth o'r gloch y bore yn bwyta eu brecwast. Cyn pedwar o'r gloch y prynhawn hwnnw, yr oeddynt i gyd, nid yn unig wedi marw ond wedi eu claddu. Ac eto, fy annwyl rieni, dyma ni fel teulu yn fyw, ac nid yn unig nyni, ond fel pe bai arwydd y gwaed ar ddrws anheddle pob Protestaniad yn Jerwsalem, un gŵr yn unig a fu farw o'r clefyd. Bu pawb arall farw gan adael eu portreadau o drugaredd ac amynedd yr Arglwydd, a'r rhai hynny yn bortreadau wedi eu gadael i'w foliannu a'i glodfori tra byddom fyw. Gobeithio y gwnewch ein cofio wrth orsedd gras, a diolch i'r Arglwydd am ein gwaredigaeth.

Yn awr, ceisiaf ddarlunio claddedigaeth ein cymydog agosaf, a fu farw gan adael pedair o wragedd, a wn i ddim pa sawl pedwar o blant i alaru ar ei ôl. Un bore, cyn toriad dydd, pan oeddwn eisoes wedi cynefino ag ysgrechfeydd dipyn o ffordd oddi wrthym, daeth wylofain i ymyl ffenestri ein hystafelloedd. O mor ddychrynllyd y cododd y plant; yr oeddynt bron â gwylltio o ofn a dychryn, a minnau hefyd. Aethom i nen y tŷ, oherwydd bod y ffenestri yn rhy uchel i edrych trwyddynt yn yr ystafelloedd eraill. Cyn gynted ag y gwelodd y gwragedd ni, daethant tuag atom, gan afael yn eu dannedd blaen gyda'u bysedd, fel pe buasent am eu tynnu allan o'u safnau. Wedi iddynt geisio cyflawni'r gorchwyl hwn, eisteddasant ar y llawr, a chan gymryd cadach, codasant eu dwylaw uwchben eu pennau a rhwygo'r cadachau yn ddarnau mân. (Yr wyf wedi myned ymhell o'r gladdedigaeth.) Wedi iddynt sgrechian am hanner awr, distawasant, ac aethant i mewn i'r tŷ ar ôl iddynt weiddi nes oeddynt yn methu gweiddi mwy.

Ymhen ychydig amser, daeth rhyw ddynes allan nad oedd yn perthyn i'r dyn ymadawedig, ond ei bod wedi ei chyflogi i wneud pob math o ysgrechfeydd ac oernadau. Erbyn hyn, yr oedd y *music* wedi cyrraedd, rhyw fath o wiail haearn wedi ei pheintio â phob math o liwiau, oddeutu pedair llath o hyd a chanddi olwynion a oedd yn cynhyrchu'r sŵn. (Hefyd, rhywbeth tebyg i ograu crynion, a phlant yn cnocio'r rheiny gyda'u dwylaw.) Wedi i'r cerddorion hyn chwarae am ychydig amser, gwelsom ddynion yn dyfod â'r corff allan o'r ystafell. Nid oedd yr un arch amdano, ond yr oedd y corff mewn rhywbeth yn debyg i *gover* gobennydd, ac wedi ei glymu â llinyn ym mhob pen. Yna cariwyd ef ar fwrdd i eglwys y Mahometaniaid, gyda'r band yn chwarae, a dyn yn cario palmwydden o chwech i saith llath o hyd yn ei ddwylaw. Pan ddaethant â'r corff yn ôl i'w gladdu yn ei ardd ei hun, rhannodd y gynulleidfa (a oedd oddeutu 120 o nifer) ac aeth un hanner i un rhan o'r ardd a'r hanner arall i'r lle yr oedd y bedd wedi ei gloddio. Siaradodd rhyw ddyn am bum munud, yna aeth y corff i lawr i'r bedd, gyda phawb yn bloeddio 'Hwre!'. Dyna'r hanner arall o'r gynulleidfa yn ysgwyd ar eu gliniau yn ddiddarfod, ac yna dechreuodd pawb floeddio 'Hah, hwh! Hah, hwh!' a neidio i fyny ac i lawr. Enw'r campau hyn yw *The Derby's Dance*.

Buasai yn dda gennyf fod yn alluog i roddi hanes mwy diddorol i chwi, ond nid ydwyf wedi bod yn yr un lle wedi hynny.

Hyn yn amherffaith, oddi wrth eich merch,
Margaret

Llythyr IX
Ysgrifennwyd 23 Ionawr 1866
Cyhoeddwyd 14 Awst 1868 yn Y Tyst Cymreig

Fy Annwyl Frawd

Dylaswn fod wedi ateb dy lythyr caredig cyn hyn, ond paid â meddwl mai diffyg cof neu feddwl amdanat ydyw achos y gohiriad. Nage yn wir, i'r gwrthwyneb. Yr ydwyf mor barod i amlygu fy serch tuag atat ti ag yr wyt ti tuag ataf finnau, ac eto nid oes gennyf esgus i roddi dros fy esgeulustra, mwy na dywedyd fod prinder amser i ysgrifennu yn deillio oddi wrth i mi gynnig darllen i'r merched bach yma yn yr hwyr. Erbyn hyn, mae wedi dyfod yn arferiad mor gryf fel y mae yn rhaid i mi wneud hynny yn bresennol *as a matter of course*. Mor gynted ag y bydd y gwas wedi clirio'r bwrdd ar ôl te, mae'r plant yn rhes o'i gwmpas, a minnau ar y pen gyda llyfr o'm blaen, ac nid gwiw i mi geisio'i osgoi.

Wel John, mae'r gwyliau cyntaf yn Jerwsalem wedi bod yn amser pur ddifyr gyda ni. (Rhywbeth yn debyg i'r cyfarfod o'r gweithwyr a ddisgrifiaist tithau yn dy lythyr.) Gwnaeth fy meistr a meistres de parti i'r holl broselytiaid, oddeutu trigain ohonynt. Wedi gorffen y te (a gymerodd le'r dydd canlynol i'r

Nadolig), yr oedd yma *magic lantern* yn dangos pethau mor ddigrif nes bod y plant bron â gwirioni o falchder a llawenydd. Wedi hynny, chwaraewyd y piano gan *organist* yr eglwys, a chanodd y gynulleidfa Salm 111 a'r 'Hallelujah Chorus' yn Hebraeg, yn y modd mwyaf soniarus. Yr oeddwn yn meddwl na chlywais erioed sŵn mor nefolaidd. Wedi hynny, gweddi fer yn yr un iaith. Aeth yr holl blant i ystafell arall, lle'r oedd coeden wedi ei pharatoi yn llwythog o bob math o deganau; ambell frat ymhlith pethau eraill i'r merched bach. Yr oedd cerdyn ar bob tegan ac enw'r meddiannydd arno, a phan alwai fy meistr yr enw, atebai'r plant gan weiddi 'Dyma fi, dyma fi!' ynghyd â chlapio eu dwylo a gweiddi 'Hwre!', nes bu'n rhaid gweiddi distawrwydd, er gofid mawr i'r plant, druain, a oedd yn meddwl mai dyna oedd rhan orau'r sbort. Dyna fu swm a sylwedd ein te parti ni, heblaw am araith fer gan fy meistr, ac ymadawodd pawb wedi eu llwyr bodloni.

Ar ddydd Nadolig, yr oedd pregeth yn yr eglwys am ddeg y bore ac am dri y prynhawn. Wedi hynny, cawsom ginio go wych, a gwahoddwyd amryw o gyfeillion fy meistr a meistres. Ond dyna'r gwaethaf, mai fi oedd yn paratoi'r cinio. Mae fy meistres wedi rhoddi i fyny pob gofal teuluaidd, heblaw am ddillad y plant. Er hynny, rwyf yn meddwl mai'r chwe mis diwethaf fu misoedd dedwyddaf fy mywyd. Y mae gennyf fwy o gyfeillion nag a fu gennyf er pan ddechreuais wasanaethu. Mae'r rheiny, pan af i ymweled â hwy, yn gorchymyn i'w gweision a'u morynion i wasanaethu arnaf fel pe bawn yn ben boneddiges y tir, nes y mae arnaf bron gywilydd i dderbyn y fath garedigrwydd. Fy nghyfeilles orau ac anwylaf yw *matron* sydd yn yr *Hospital* Seisnig yn Jerwsalem. Y mae hi yn dyfod o Scotland, ac wedi priodi Iddew dychweledig, a chanddynt dri o blant, yr hynaf sydd yn saith mlwydd oed, ac os byddaf fyw hyd brynhawn yfory, rwyf yn myned yno i gael te.

Y mae gennyf gyfaill bychan arall, mab i genhadwr yma. Bu mam y bachgen farw pan oedd ef ond pum mlwydd oed. Mae yn bedair ar ddeg yn bresennol, a'i dad yw'r unig berthynas sydd ganddo yn y byd. Felly pan ddaw allan o'r ysgol bob dydd, daw draw atom yma. Mae yn meddwl y bydd ei dad yn ei ddanfon i'r coleg yr haf nesaf. Y mae yn bur ddrwg gennyf i ac yntau os bydd hyn yn digwydd, oherwydd ef yw fy nghydymaith i fyned i bob man.

Aethom ein dau ar gefn mulod i Fethlehem dydd Sadwrn diwethaf y flwyddyn, a phwy a welais a pheth a welais gei ddarllen yn y llythyr yr anfonaf gartref, os byddaf fyw i'w ysgrifennu. Yr ydwyf yn gweled fy mod yn myned yn rhy bell yn y llythyr hwn i gael lle i roi llawer o hanesion.

Y mae'r hin yn bur wlyb ers chwe wythnos, a phan fydd yn glawio yma, mae yn dyfod i lawr yn genllif. Nid oes yma ddim sôn am law mân, ond glaw taranau yw'r cyfan.

Un diwrnod daeth yr eneth sydd yn gwerthu llefrith yma tua chanol y dydd. Gofynnais iddi beth yr oedd hi yn ei geisio, a'i hatebiad oedd 'Llawenhewch'. 'Paham?' ebe finnau. 'Oherwydd bod afon Cedron yn rhedeg drosodd.' Y mae hyn yn arwydd i'r Arabiaid y cânt ddigon o ddŵr ar hyd yr haf, ac y mae pawb a allant yn myned i weled yr afon pan fydd hi'n llifo drosodd. Yr ydym ni fel teulu yn meddwl myned y diwrnod braf cyntaf a gawn.

Ond dywedaf dipyn o hanes yr eneth. Wedi iddi ddweud ei newydd, safodd ar y buarth, gan edrych ar fy ôl a chwerthin, ac ni wyddwn paham. Dangosais y drws iddi gan ddweud *'Masalame'*, hynny yw, 'Dos mewn heddwch.' Ond heddwch ai peidio, nid oedd yr eneth eisiau myned, a phan ofynnais beth oedd arni eisiau, *'Backshish'*, ebe hi, gan chwerthin mwy nag o'r blaen. Wel, rhoddais iddi bwdin yn syth o'r ddysgl, ond gan ei fod mor boeth, ni wyddai ddim pa beth i'w wneud, a phan roddais lwy yn ei llaw, edrychodd mor wirion ar y llwy nes yr oedd arnaf bron ei hofn, ond bwytaodd y pwdin â'i llaw yn y diwedd.

Hyn oddi wrth dy chwaer,
Margaret

Llythyr X
Ysgrifennwyd 18 Mawrth 1866
Cyhoeddwyd 21 Awst 1868 yn Y Tyst Cymreig

Fy Annwyl Rieni

Derbyniais eich llythyr wedi hir ddisgwyl amdano ar 20 Chwefror, ac yr oedd yn bur dda gennyf ei weled. Ond, yr wyf yn gobeithio y gwnewch ysgrifennu yn gynt y tro nesaf.

Yr oeddech yn gofyn yn y llythyr diwethaf beth oedd fy nheimlad ynghylch aros yn Jerwsalem am y naw mlynedd nesaf. Mi ddywedaf yn gyntaf beth ydyw fy marn am yr un sydd wedi myned heibio. Rwyf yn ei chyfrif yn un o'r blynyddoedd dedwyddaf (yn enwedig y rhan olaf ohoni) a dreuliais yn fy mywyd. Pe bai'r fath beth ag i mi wybod ymlaen llaw y cawn weled pawb sydd yn annwyl gennyf yng Nghymru ymhen y naw mlynedd hynny, ni fyddai'r un gwrthwynebiad gennyf i aros yma, yn enwedig os deil fy nghyfeillion yn y wlad hon i fod mor garedig tuag ataf yn y dyfodol ag ydynt yn bresennol. Felly gwelwch wrth hyn fy mod yn bur bell oddi wrth fflatio.

Y mae'n debyg y byddwch yn disgwyl ychydig o hanes Bethlehem yn y llythyr hwn, os gweloch y llythyr y danfonais at John. Er na allaf ysgrifennu a disgrifio mannau gystal ag y dymunwn, eto gwnaf y gorau gallaf.

Y peth cyntaf o hynodrwydd a welais wedi gadael Jerwsalem oedd y man lle porthwyd Elias gan y gigfran. Y mae *convent* mawr wedi ei adeiladu ar y fan honno ers rhai canrifoedd, ac adeiladwyd ef i'r diben o letya pererinion. Mae'r *convent* ar ben bryn hanner ffordd rhwng Jerwsalem a Bethlehem ac y mae'r ddwy ddinas i'w gweled o gopa'r bryn. Nid oedd amser yn caniatáu i ni fyned i mewn i'r adeilad; yn wir yr oedd cŵn mawr o flaen y drws, a'r rheiny i gyd yn rhyddion, yn ddigon i yrru ymaith bob awydd i ymweled â'r lle.

Wedi marchogaeth am oddeutu hanner awr ymhellach, daethom at fedd Rachel. Mae colofn gron fawr ar y bedd ac o amgylch hon yr oedd tri neu bedwar o Arabiaid yn cusanu'r bedd ac yn gweddïo. Y mae pob Arab yn ei chyfrif yn ddyletswydd i wneud yr un peth.

Cyraeddasom Bethlehem tua ugain munud wedi gadael bedd Rachel. Nid oeddem yn gwybod ymhle'r oedd yr eglwys sydd wedi ei hadeiladu ar y man lle ganwyd yr Iesu. Gorfu i ni dderbyn gwasanaeth rhyw fachgen a oedd, yn fy marn i, oddeutu deuddeg oed. Yr unig beth oedd ganddo i guddio ei noethni ydoedd carp o grys, a oedd yn dyfod i lawr i hanner ei liniau. Yr oedd y bachgen wedi bod yn carlamu wrth ochr ein hanifeiliaid am gryn amser i gynnig ei wasanaeth. Buasai yn well pe baem wedi peidio â'i dderbyn, oherwydd cyn i ni gyrraedd drws yr eglwys, cawsom y fath gynulleidfa o fechgyn nas gwyddom pa fodd i gael gwared ohonynt. Ni adawodd ceidwad yr eglwys i ragor na thri i fyned i mewn i'r eglwys. Ond yr oedd y rhai a oedd wedi ein dilyn yn tybied fod ganddynt yr hawl i wneud beth bynnag a fynnent yn ein henwau ni. Felly aethant at bob drws (oblegid y mae llawer o rannau yn yr eglwys, a cheidwad ar bob rhan), a chyda'r *knocker* haearn, curasant y drysau yn ofnadwy, gan weiddi yn Arabaidd fod gŵr bonheddig a'i wraig eisiau gweled yr eglwys (ac nid oedd fy nghydymaith ond tair ar ddeg oed). Wedi dyfod allan a gweled mai gennyf i oedd y pwrs, daethant y tu ôl i fy asyn i, gan droi eu tafodau yn eu safnau, a gwneud y sŵn mwyaf dychrynllyd, nes iddynt bron â fy syfrdanu.

Y mae'r preseb, lle y dodwyd Iesu pan yn faban, mewn math o *cellar* gyda 15 i 20 o risiau yn arwain i lawr iddi. Nid oes lle i feddwl mai'r un preseb sydd yno yn awr ag oedd yno 1,866 o flynyddoedd yn ôl, oherwydd defnydd yr un presennol yw *marble*. Tu fewn i'r preseb mae rhyw fath o grud, ac ynddo gerflun o fachgen bach wedi ei wneud o gŵyr, ac wedi ei addurno ag arian, aur a pherlau. Gwelir yr un defnyddiau gwerthfawr yn crogi ar y mur o amgylch y crud, gyda phopeth y tu ôl i wydr. Nid yw'r crud yn cael ei dynnu o'r preseb ond unwaith y flwyddyn, a hyn ar gyfer defodau'r Nadolig. Bydd torf fawr o bobl yn bresennol o bob parth o'r byd. Bydd rhai pererinion yn credu fod bywyd yn dyfod i'r ddelw hon am ryw ysbaid o amser bob dydd Nadolig. Maent yno ar gyfer addoli'r ddelw a chusanu gwisg y gŵr sydd wedi ei gyfrif yn ddigon sanctaidd i'w chario. Yn wir, wrth sefyll ar y man lle ganwyd ein Ceidwad bendigedig, mae yn ddigon i roddi ysbryd addoli'r gwir Grist yn y man lle mae, a gadael llonydd i bob delw. Y mae carreg wen yn agos i'r preseb; dywedir i Fair eistedd yno a rhoi ei bron i'r Plentyn. Mae'r garreg hon yn bur rinweddol hyd yn hyn, oherwydd pan na fydd gan wragedd ddigon o laeth i'w babanod, maent yn myned yno, ac yn rhoddi eu dwylaw ar y garreg, gan ddywedyd rhywbeth. Wedi hynny, dywedir fod ganddyn nhw gyflawnder o laeth i'w plant.

Yr eglwys yw'r unig le prydferth ym Methlehem. Y mae pob man arall yn y modd mwyaf anhrefnus. Y mae'r heolydd yn serth, cul a budr gydag ysgerbwd cath neu gi bob dwy lath neu dair ar hyd y ffordd. Mae'r cryddion yn eistedd ar y llawr o flaen y drws, a thrwy hwn mae'r unig olau yn dyfod i mewn. Mae'r llawr pridd yn rhy anwastad ar gyfer cadair neu ystôl, nac unrhyw erthygl arall sydd â thraed iddo, i sefyll arno. Felly mae'r crydd yn gorfod rhoddi *block* o'i flaen i ddal ei arfau, yn yr un modd â'r teilwriaid.

Ar ochr ddwyreiniol yr eglwys, dangoswyd i ni'r maes lle yr oedd y bugeiliaid pan ymddangosodd yr angel i'w hysbysu am enedigaeth yr Iesu. Pa fodd y galwyd hwynt yn feysydd nis gwn, ond yr wyf yn gwybod nad ydynt ddim byd yn debyg i feysydd yn bresennol. Nid ydynt ond un mynydd creigiog, heb bridd, heb na gwrych na gwal i'w gwahanu. Nid oes yno rug, brwyn a llus fel sydd ar fynyddoedd Cymru, ond gwyn a moel ydynt, heblaw eu bod wedi eu hulio â cherrig. Mae'n eglur fod y tir o dan felltith fel ei bobl.

Wrth ddyfod adref, aethom at Lyn Gihon, lle yr eneiniwyd Solomon yn frenin. Mae'r llyn wedi ei walio o'i amgylch ac nid oes ond ychydig o fodfeddi o ddŵr ynddo. Ar hyd y ffordd oddi wrth y llyn i Borth Jopa, mae ffos sy'n cario dŵr o'r llyn i ddyfrhau'r ddinas. Mae'r Tyrciaid yn claddu eu meirw yn y tir o amgylch y llyn.

Yr ydwyf yn gweled nad oes lle i ysgrifennu ychwaneg.

Cofiwch fi yn garedig at fy holl gyfeillion a'm perthnasau.
Hyn yn amherffaith oddi wrth eich merch,
Margaret

Llythyr XI
Ysgrifennwyd 13 Awst 1866
Cyhoeddwyd 18/25 Medi 1868 yn Y Tyst Cymreig

Fy Annwyl Rieni

Wedi disgwyl mewn llawn obaith bob deg diwrnod ers chwe wythnos, a chymaint â hynny o weithiau gael fy siomi, ac wedi hanner ysgrifennu'r llythyr mwyaf truenus a ysgrifennodd neb erioed yn y fath amgylchiadau, oherwydd fy mod yn meddwl fod rhywbeth annymunol wedi digwydd i'ch analluogi i ysgrifennu, derbyniais eich llythyr ar y 30ain o Orffennaf. Ac os tywelltais ddagrau o hiraeth amdano o'r blaen, ni allwn eu hatal yn awr o lawenydd am dderbyn y llythyr. Yr oedd yn ddiddorol gennyf ddarllen yn eich llythyr hanes y cyfarfod blynyddol a'r eisteddfod. Byddai yn dda gennyf pe bai rhywun mor garedig â chyfodi'r fath gyfarfodydd yn Jerwsalem.

Yn awr am ychydig o hanesion. Gwelwch fy mod wedi danfon locustiaid i chwi. Yr oedd y creaduriaid difrodus hyn wedi bod yn ehedeg rai ugeiniau o lathenni i fyny yn yr awyr drwy y rhan ddiwethaf o fis Ebrill, a minnau yn myned gyda'r Misses Frankels ar hyd y mynyddoedd i chwilio am un i'w danfon i chwi, yn anwybodus o'r hyn oedd ar fin digwydd.

Ar y dydd cyntaf o Fai, dydd bythgofiadwy i holl drigolion gwlad Asyria o leiaf, deffrowyd ni yn y bore gan sŵn y locustiaid. Ni allaf gyffelybu eu sŵn i ddim mwy cywir na fel y'u darlunnir hwy yn Dat. vii.7 [ix.9], 'Llais eu hadenydd oedd fel llais cerbydau llawer o feirch yn rhedeg i ryfel.' Gwelwyd rhai, ond nid llawer, yn ateb i'r darluniad a roddir ohonynt yn y ddwy adnod flaenorol a'r un ganlynol hefyd.

Gallwn ddywedyd gyda Joel, 'Och i'r diwrnod, canys dydd yr Arglwydd sydd yn agos ac fel difrod oddi wrth yr Hollalluog y daw.' Yr oedd y dydd cyntaf o Fai 1866 yn wir ym mhob tebygolrwydd yn gyflawniad cywir o broffwydoliaeth Joel.

Parhaodd sŵn y locustiaid felly o bump o'r gloch y bore hyd saith yr hwyr, heb ei gymysgu gan ddim heblaw am ysgrechfeydd y gwragedd a eisteddent ar y ddaear gydag ond un dilledyn amdanynt, a hwnnw'n garpiau. Yno roeddynt yn curo eu dwyfronnau a siglo eu hunain yn ôl ac ymlaen, hyd nes iddynt ddistewi o lwyr flinder. Wedi bod yn llonydd am ychydig o amser, roeddynt wedi eu gorchuddio gan y locustiaid eto, ac yna codent fel pe baent yn deffro o freuddwyd ofnadwy, gan ysgwyd y coed olewydd i'r diben o'u rhyddhau oddi wrth y locustiaid. Ond ofer oedd hyn, gan fod pob cangen wedi ei phwyso i lawr gan y locustiaid ac yr oeddynt yn cydio mor dynn â phe baent wedi eu *gymio* i'r coed, gyda'r gwragedd yn teimlo yn anobeithiol wrth weled eu holl lafur yn myned yn ofer. Rhwygent eu dillad, gan daflu pridd dros eu pennau a gweiddi fod dyddiau newyn wrth law, ac yna eistedd ar y ddaear i wylo fel o'r blaen.

Chwaraeai'r milwyr eu hofferynnau bob diwrnod, ond nid y dydd hwn. Yr oedd sain llawenydd a cherdd wedi darfod o'r tir, ac yn lle hynny, edrychai'r naill ar y llall mewn dwfn ddistawrwydd, fel pe bai pawb yn ystyried ac yn teimlo presenoldeb Duw yn ei gyfiawn ddigllonrwydd, a thrwy hynny yn ofni agor eu genau. Fel y dywed Joel yn yr ail bennod a'r chweched adnod, 'O'u blaen yr ofna'r bobl; pob wyneb a gasgl barddu; tra oedd y locustiaid yn rhedeg fel glewion, yn dringo'r muriau fel rhyfelwyr, a phob un yn cerdded ei ffordd ei hun.' Felly yr oedd hi yma.

Yr oedd pob mur wedi ei hulio ganddynt; roeddynt hyd yn oed tu fewn i'r tai, ac yn neidio ar y byrddau ymhlith y bwyd. Yr oeddem, wrth weled pob man yn llawn locustiaid, yn meddwl ac yn ofni y byddai'n amhosibl i ni gael eu gwared fyth. Ond, fore trannoeth, 'yr Arglwydd a drodd wynt gorllewinol cryf iawn, ac Efe a gymerodd ymaith y locustiaid, ac a'u bwriodd hwynt i'r môr; ni adawyd un locust o fewn holl derfynau gwlad Canaan,' Exodus xii [x.19]. Ymhen tri diwrnod, nid oedd un o fewn y tir, ac yn wir, nid oedd ond ychydig iawn ohonynt fore trannoeth. Ond O! y fath anghyfanedd-dra! Nid oedd deilen o fewn yr holl dir. 'Gosododd fy ngwinwydden yn ddifrod, a'm ffigysbren a ddirisglodd; gan ddinoethi dinoethodd hi, a'i changhennau a wynasant.'[12] Darllenwch lyfr Joel a chewch eu holl hanes.

Yr wyf wedi bod ym Methania ers cryn amser yn ôl, ond ni chefais y cyfleustra o'i ddarlunio i chwi hyd y tro hwn. Gadewais Jerwsalem drwy Borth Jopa a heibio i Borth Damascus, ond pan gyrhaeddais y fan honno, amgylchynwyd fi gan bobl dduon o bob rhyw. Dechreuodd rhai ohonynt chwilio fy nillad i gael gweled pa fodd yr oedd y dillad wedi eu gwneud, ond nid oeddynt yn bwriadu gwneud dim niwed i mi, meddant hwy, yn enwedig os rhoddwn ychydig o *fackshish* iddynt. Er hynny, nid oeddwn yn siŵr pryd y buasent wedi fy rhyddhau oni bai i'r gwas a oedd gennym wneud i'm ceffyl deimlo blas ei chwip, a wnaeth i'r ceffyl garlamu trwy ganol fy nhormentwyr, heb adael dim iddynt weled mewn ychydig eiliadau ond ôl ein traed yn unig. Cefais lonydd wedi hynny, hyd nes y cyrhaeddais odre Mynydd yr Olewydd, lle, wrth ochr mur Gardd Gethsemane, yr oedd fy nghyfeillion yn aros amdanaf.

Wedi dyfod i lawr oddi ar ein hanifeiliaid (oherwydd bod Mynydd yr Olewydd yn rhy serth i farchog i fyny), cychwynasom ar ein taith, ac wedi dod yn agos i'r top, eisteddom i lawr ac wynebu Jerwsalem, yn yr un fan lle safodd yr Iesu pan wylodd dros y ddinas hon a'i phreswylwyr.

Y mae golwg hardd ar Jerwsalem o gopa Mynydd yr Olewydd. Gwelir y caerau cedyrn a'r tyrau, ynghyd â'r *Monastery* lle saif y Twrciaid i weiddi 'Gwell gweddïo na chysgu' am bedwar o'r gloch bob bore, ac yn yr un modd dair gwaith wedi hynny yn ystod y dydd, ond eu bod yn newid un gair sef bwyta yn lle cysgu. Y peth harddaf a welir o'r Mynydd yw'r *Mosque of Omar*, sydd wedi ei adeiladu ar sylfaen yr hen deml a adeiladodd Solomon. Mae yna esgynlawr (*platform*) am lawer o lathenni o'i amgylch, a rhaid talu punt am fyned i mewn iddo, os na cheir *ticket* gan y Pasha.

Ar ben y mynydd yr oeddwn yn meddwl mai dim ond un adeilad oedd yno, sef Eglwys y Dyrchafiad. Ond cefais fy siomi. Gwelais yno bentref bychan, ac mae'n amlwg na chymerodd neb y drafferth i'w lanhau ers canrifoedd, ac o bob lle budr y bûm i ynddo, dyma'r gwaethaf. Yr oedd y preswylwyr yn yr un cyflwr, os nad gwaeth na'r pentref. Yr oedd rhai o'r dynion yn ymdreiglo yn y llwch, ac yn eistedd fel teilwriaid a chanddynt bibellau o bedair i bum llath o hyd yn eu safnau. Yr oedd y gwragedd yn eistedd yn rhes ar ochr y ffordd, yng nghanol y baw wrth gwrs. Yr oedd y plant yn chwilio pennau eu mamau ac yn ddiamau, ni chwiliasant yn ofer. Pan aethom i'w plith, tynnodd y dynion y pibellau o'u safnau, a gadawodd y plant bennau eu mamau, a dechreuodd rhai siarad, ac eraill chwerthin, a phawb yn rhythu, nes ei bod yn bur dda gennym ddyfod allan o'u plith. Canlynodd llawer o'r plant ni am gryn bellter o ffordd, gan wthio piniau a phriciau i mewn i'n ceffylau a'n mulod.

Pan oeddem ar ddisgyn oddi ar Fynydd yr Olewydd i lawr i Fethania, cawsom olwg dda ar afon yr Iorddonen a'r Môr Marw, a'r mynyddoedd bach o swnd a luchiodd y môr i fyny. Mae Bethania mewn pant ynghanol y mynyddoedd ac mae'n anodd ei weled hyd nes yr ydych wrth ei ymyl. Mae'n edrych yn bentref bychan, distadl yn bresennol, heb fod mwy na deg ar hugain i ddeugain o dai yno. Mae llawer o'r rhain mor isel yn y ddaear fel y cerdda llawer o deithwyr drostynt heb gymaint â dychmygu eu bônt yn aneddleoedd. Ar ein mynediad â'r pentref, cyfarfyddodd hen ŵr â ni, gan roddi ei law ar ei dalcen, sy'n dynodi parch; yna rhoddodd ei law ar ei galon, sy'n dynodi cariad, a thrachefn ar ei wefusau, i ddynodi cusan sanctaidd. Wedi hynny, arweiniodd ef ni i lawr grisiau cerrig, culion i fath o ystafell neu ogof, a elwir yn fedd Lasarus. Mae yno ddarn o wal fechan, a dyma lle gorweddodd Lasarus pan gyfododd ein Harglwydd ef o'r meirw. O! mor dda ydoedd gennyf weled yr holl fannau hyn.

Rhaid terfynu yn awr. Ydwyf eich annwyl ferch,
Margaret

Llythyr XII
Ysgrifennwyd 13 Hydref 1866
Cyhoeddwyd 2 Hydref 1868 yn Y Tyst Cymreig

Fy Annwyl Rieni

Yr oedd yn bur llawen gennyf dderbyn eich llythyr ar y 30ain o Fedi, wythnos o leiaf ynghynt nag oeddwn yn ei ddisgwyl, a oedd yn llawenydd annisgwyliadwy.

Yr oedd yn dda gennyf glywed fod Mr Thomas, Bangor[13] wedi cael y fath wobr. Yn wir, mae cadair o dderw oddi ar do tŷ Twm o'r Nant yn rhyw beth rhyfedd, os nad mwy felly na dŵr o'r Iorddonen. Gobeithio y caiff ef oes hir ac iechyd da i'w mwynhau hi.

Yn awr am ychydig o hanesion, ac ychydig ydynt am nad wyf wedi bod yn un lle i'w cael, a rhaid i chwi fod yn fodlon y tro hwn gyda newyddion cartrefol. Cyn belled ag yr wyf yn cofio, darluniais i chwi'r tŷ yr ydym yn byw ynddo, a'r ardd hefyd. Y mae drws ein gardd yn agor i fuarth yr eglwys, hon a elwir yn Eglwys Crist, Mynydd Seion. Dyma i chwi enw annwyl onid e, ac nid ond enw yn unig. Mae'r eglwys ar hen Fynydd Seion y Beibl. Hiraethu yr ydym am yr amser pan fydd Mynydd Seion a Jerwsalem yr hyn mae Gair Duw yn addo yn Sechareia viii.3, sef, 'Fel hyn y dywed yr Arglwydd: Dychwelais at Seion, a thrigaf yng nghanol Jerwsalem, a Jerwsalem a elwir Dinas y Gwirionedd; a Mynydd Arglwydd y lluoedd, y Mynydd Sanctaidd.' Trwy'r bennod hon, mae addewidion gwerthfawr i'r ddinas hon, a'r Arglwydd a brysuro'r amser y daw pob cnawd i weled ei ogoniant Ef.

Mae'r buarth hwn oddeutu trigain troedfedd o hyd, ac ychydig mwy na hanner hynny o led. Mae ychydig o goed o'i amgylch i'w addurno, ond nid oes beddau na lle iddynt yn y buarth hwn, fel ag sydd yn y rhan fwyaf o fuarthau Eglwys Loegr. Math o ffordd i ddyfod at yr eglwys a'n tŷ ni yw'r buarth.

Mae math o *lodge* yn perthyn iddo hefyd, ac yn hwn mae teulu o broselytiaid yn byw. Ym mhen y buarth, mae porth mawr, sy'n agor i heol, y fath heol na sydd ei chymar yng Nghymru. Os sefwch yn ei chanol, gallwch roddi eich dwy law un ar bob ochr i'r wal, sy'n rhan o dalcen tŷ neu'n amgylchynu gardd rhywun. Mae'r ffordd ei hun mor llawn o gerrig nes rhaid bod yn ofalus iawn i beidio â syrthio. Os bydd gennych yr amynedd i'w cherdded, deuwch i'r pen ar y chwith ychydig o lathenni o'r porth y soniais amdano. Ambell waith bydd un garreg yn yr heol mor dal ac uchel, nes bydd yn rhaid i chwi gysidro llawer cyn y gellwch sicrhau dod i lawr yr ochr arall i'r ffordd heb niweidio eich coesau, os nad eich corff hefyd. Yr wyf yn dweud hyn er mwyn i chwi gael drychfeddwl o gyflwr yr heolydd yn Jerwsalem yn y dyddiau presennol.

Wedi dod i ddiwedd yr heol yma ar y chwith, cewch eich hun mewn lle agored, rhywbeth yn debyg i groesffordd fawr, yn ymyl Tŵr Dafydd. Ar y groesffordd hon mae'r farchnad, ond peidiwch â disgwyl i mi ddarlunio adeilad marchnad gwych, wedi ei lenwi â *standings* yn tuchan o dan bob math o bethau da, a'r rheiny wedi eu gosod yn y modd mwyaf marchnadol. O, na. Nid oes yn Jerwsalem ddim o'r fath beth. Mae llawr y farchnad yn nifer o stepiau cerrig, nid am eu bônt wedi eu gosod yno i'r pwrpas o fod yn stepiau. Fy marn i yw, yn ystod dinistr Jerwsalem, syrthiodd tai a muriau i lawr, a thaflwyd llawer o faw drostynt. Mae'r baw a'r cerrig wedi sincio i lawr, a'r glaw wedi golchi llawer o'r baw i ffwrdd a gadael ychydig o gerrig mawrion ar ei ôl. Mae'r holl farchnatwyr yn eistedd ar y llawr drwy'r haf a'r gaeaf, gwres a glaw. Mae eu nwyddau mewn basgedi, eraill wedi eu taenu ar fath o hen gadachau budron, neu hen gynfasau o'r un lliw. Yn wir, mae pob peth yn ymddangos yn hen, ac nid ydynt yn ymddangos fel pe baent erioed wedi bod yn newydd. Mae gan y gwragedd rywbeth tebyg i gown cul, cwta amdanynt; mae'r llewys yn fawr, a llydain ac agored ac yn crogi i lawr i gornel. Pan fyddant yn dod i'r farchnad, neu yn myned adref, maent yn llenwi'r llewys â'r nwyddau. Y mae lliain pedwar cornel, a fu unwaith yn wyn, wedi ei daflu dros eu pennau. (Anghofiais ddweud fod y gownau hyn wedi eu gwau o ddarn o wlanen las, a darnau o resi cochion oddi wrth dop crothau eu coesau tu ôl am oddeutu hanner llath i fyny; mae'n agor o'r ysgwyddau lawr i'r canol yn y *front*.) Tu ôl i'r rhan fwyaf o'r gwragedd, gwelir darn pedwar ysgwâr o ddefnydd sach, a chortyn wedi ei roddi drwy ddwy gornel ym mhob pen, sy'n ei dynnu at ei gilydd, rhywbeth tebyg y byddwch yn lapio cadach poced. Mae'r cortyn yn dyfod o amgylch pen y wraig ac yn crogi i lawr ei chefn hi.

Ond beth sydd yn y sach hwn? Wel, pe baech yn gwasgu ei gynhwysiad, mae'n debyg y dychrynech o weled baban bychan, wedi ei rwymo o'i gorun i'w sawdl gyda rhwymyn mor dynn nes gallech chwi ei osod fel polyn ag un pen yn pwyso ar y wal.

Nid oes gan y dynion ond crys amdanynt, a gwregys o amgylch eu lwynau, a chap coch am eu pennau a chalico coch wedi ei rolio o amgylch. Nid oes ganddynt na hosanau na dim byd arall amdanynt, ond y crys hwn, sydd yn agos i bennau eu gliniau.

Ni chlywsoch y fath dwrf erioed ag sydd yn y farchnad yma, rhwng sŵn y mulod a'r plant yn nadu, y camelod (ugeiniau ohonynt) a'r dynion yn rhuo, a'r prynwyr a'r gwerthwyr yn cweryla â'i gilydd. Y mae lleisiau'r merched yn debycach i wylofain na dim arall. Mae eu sŵn hwy yn uwch na neb arall. Felly, gellwch feddwl nad yw marchnad Jerwsalem yn un o'r llefydd mwyaf difyrrus yn y byd.

Rhaid terfynu yn awr. Hyn oddi wrth eich annwyl ferch,
Margaret

Llythyr XIII
Dyddiad ysgrifennu yn anhysbys (tybir 1866)
Cyhoeddwyd 17 Gorffennaf 1868 yn Y Tyst Cymreig

Fy Annwyl Rieni

Yr wyf wedi cael y breuddwyd mwyaf ofnadwy, ac y mae wedi cael effaith fawr ar fy meddwl, ac efallai na fyddwch yn ddig wrthyf i am ei ysgrifennu.

Breuddwydiais fy mod yn sefyll ar ryw fath o ystyllen wedi hanner braenu. Yr oedd wedi ei gosod i fyny rhwng y ddaear a'r nefoedd. Yr Iesu a fy arweiniodd i yno, ac yno y bûm yn gweiddi tua'r nef am i rywun ddyfod i'm cynorthwyo ymhellach. Ond y cwbl yn ofer, ac yr oeddwn yn disgwyl mai colli fy ngafael a syrthio y buaswn. Yr oeddwn yn gwybod os disgynnwn o'r fath uchder, mai chwilfriw y buaswn yn cyrraedd y gwaelod. Tra yn y sefyllfa yma, bron wedi rhoddi pob gobaith i fyny o fod yn gadwedig, yn gorff ac enaid, gwelais fy Mhrynwr yn dyfod tuag ataf dan wenu yn siriol a graslawn. Ond fel yr oedd yn nesu tuag ataf, newidiodd ei wedd, ac aeth i edrych mor drist a thosturiol arnaf, fel yr ofnais iddo ddywedyd gair, rhag mai drwg y byddai. Ond pan gyrhaeddodd ataf, gofynnodd ai yno yr oeddwn i eto? Atebais innau, 'Ie, Arglwydd.' 'Aha,' ebe fe, 'nid wyt ti yn un o'r plant, onid e buasai rhywun wedi dod i dy gyrchu oddi yma ers llawer o amser.' O, fy annwyl rieni, i ba le yr oeddwn i fyned? Pe buaswn yn taflu fy hun yn bendramwnwgl i lawr, yr un fuasai fy enaid o hyd. O, na fuasai yn caniatáu i mi daflu fy hun i'w freichiau bendigedig, lle buaswn yn ddiogel. Ond nid oedd felly i fod. Nid oedd fy nghwpan eto ond pell oddi wrth fod yn llawn.

Y lle cyntaf yr wyf yn cofio fy hun wedi hynny yw yn cerdded drwy'r nefoedd, ond nid oeddwn i yn gweled dim nefoedd ohoni. Llawr pridd oedd iddi, ac ychydig o gadeiriau ac o 35 i 40 o ferched a rhyw ddilledyn wedi ei daflu dros eu pennau, yn penlinio ar eu gliniau yn bur ddistaw. Euthum heibio i'r rhai hyn, ac i lawr un gris i ryw ystafell eang arall pur annifyr, ac mor dywyll nes prin yr oeddwn yn gweled pa fath le ydoedd a beth oedd yno. Pan godais fy llygaid i fyny, canfyddais lygaid fy Marnwr Mawr, a'r Duw cyfiawn, sanctaidd hwnnw, yr hwn na all edrych yn ddrwg. A hynny o olau oedd yn y lle, ohono Ef yr oedd yn tarddu a hynny ond ychydig iawn. Fel y dywed y Salmydd, 'Cymylau a thywyllwch sydd o'i amgylch ef; cyfiawnder a barn yw trigfa ei orseddfainc ef. Tân a â allan o'i flaen ef, ac a lysg ei elynion o'i amgylch.'

Cyn gynted ag yr edrychais arno, gwelais lid a dicllonedd ofnadwy yn ei wedd. Pan edrychodd arnaf, yr oedd y fath nerth yn ei olwg, nes bron â fy llethu i'r llawr. Ni ddywedodd Efe un gair wrthyf am ryw ennyd fach, ac yn yr ychydig amser poenus hwn, tra oeddwn yn sefyll yn fud o'i flaen, teimlais wres angerddol yn dyfod i fyny at ochr fy ngwyneb. Yna edrychais i'r cyfeiriad hwnnw, ond och a fi, gwelais fy mod ar fin uffern. Yr oedd yno arogl afiachus yn dyrchafu oddi yno, a sŵn rhuadau fel nas gallaswn ond prin glywed yr atsain. Hefyd yr oedd maint y lle yn anferthol, ac o amgylch ei dop wedi ei blastro â chlai, ond un twll bychan yn y canol a chaead ar hwnnw, nad oedd byth yn agored ond tra byddai pechadur yn cael ei daflu i mewn.

Prin yr oedd fy meddwl yn rhedeg dros y pethau hyn na theimlais yr un nerth anweledig eto yn fy ngorfodi i edrych i wyneb yr Hwn y buaswn yn rhoddi'r bydoedd am gael fy niddymu o'i ŵydd (os yw yn briodol dweud felly). Rhaid oedd sefyll, ie a sefyll ar ben fy hunan yn unig, heb neb i eiriol drosof. Pa le oedd fy Ngheidwad yn awr, yr hwn yr oeddwn yn teimlo fy mod wedi ymddiried fy enaid gwerthfawr iddo ers talm? Nid oedd ef ar gael, a chyn gynted ag y codais fy mhen a'm llygaid trymion gan ddagrau, pasiodd y *sentence* ofnadwy honno arnaf i. Dywedodd fy Marnwr wrthyf, gan ysgwyd ei ben a thaflu ei law ac yn llawn dicllonedd, 'Dos oddi wrthyf, yr wyt ti yn waeth na'r diafol.'

O, fy annwyl rieni, dyma lle'r oedd y gwae, dyma lle'r oedd gwasgfa, ing a loes enaid. Mae yn haws i chwi ddychmygu nag ydyw i mi gael iaith ddigon cryf i ddarlunio, ac ni all yr un cnawd fyned i'r fath raddau o drueni, heb fod rhyw fath o obaith gwan ganddo; ond gyda mi, yr oedd dim. Ond ni ufuddheais i'm tynged, ond teflais fy hun wrth ei draed, gan lefain, 'Trugaredd! Trugaredd!' Ond yna cofiais ei bod yn rhy ddiweddar a dywedais, 'O na fuaswn yn cael gweled fy Eiriolwr.' Gallwn ddweud mewn ysbryd a gwirionedd mai, 'Golwg arno wnâi i mi ganu yn yr afon ddofn hon.'[14]

A phan oeddwn eto yn para i lefain am drugaredd ac wedi digalonni gymaint nes yr oeddwn bron yn ddibris o fy mywyd ac yn ymresymu ynof fy hun beth a wnawn; ai tybed a oeddwn i ufuddhau i'r dynged, a goddef fy nhaflu i'r tân tragwyddol! 'Na ato Duw.' Yr oedd yr iau yn rhy drom ac yn rhy ofnadwy i mi allu ei dwyn na'i goddef.

Yna, codais fy llygaid i fyny i edrych am rywun i ddyfod i eiriol drosof, ac ni chefais y boen o edrych yn hir, cyn y gwelais rywun yn dyfod, a phwy ydoedd? O, diolch iddo, nid oedd ef neb llai na fy Ngheidwad a'm Hiachawdwr bendigedig. Dywedodd rywbeth yn ddistaw wrth ei Dad (ie, a fy Nhad innau erbyn hynny) a newidiodd ei wynepryd ac edrychai arnaf mor drugarog a thosturiol. Fel y dywed Dafydd yn Salm 103, 13, 'Fel y tosturia tad wrth ei blant, felly y tosturia'r Arglwydd wrth y rhai a'i hofnant ef.'

Ond yr oedd blinder a thrallod wedi bwyta mor ddwfn yn fy nghalon, nes yr oeddwn yn methu â mwynhau hyd yn oed Nefoedd y gogoniant, yr hwn yr oeddwn wedi hiraethu cymaint amdano. Yr unig bechod oedd yn poeni fy nghydwybod oedd fy mod wedi derbyn fy ngwynfyd yn fy mywyd, ac nad oeddwn wedi gwneuthur dim dros enw'r Arglwydd. Yr oeddwn yn teimlo mai fy niogi gyda'i waith oedd achos fy ngholledigaeth. Pan godais ar fy nhraed, edrychais i lawr i'r ddaear, a gwelais yno dair o wragedd yn eistedd i lawr â'u breichiau yn groes ac yn siarad â'i gilydd. Pan welais i hwynt mor ddidaro, gwaeddais nes yr oedd y lle yr oeddwn yn sefyll arno yn crynu. Yr oedd fy llais fel taranau yn rhwygo'r cymylau, 'Gweithiwch waith yr Arglwydd, cyn iddi fyned yn rhy hwyr.' Ond nid ystyrient, ac wrth i mi amcanu gwneud iddynt glywed, deffrois.

Bûm yn wylo drwy'r dydd drannoeth, a fy meistres yn methu peidio ag wylo gyda mi. Rhaid i mi derfynu, gan weddïo a gobeithio na fyddaf byth felly mewn gwirionedd.

Hyn oddi wrth eich merch,

Margaret

Llythyr XIV
Ysgrifennwyd yn gynnar yn 1867
Cyhoeddwyd 28 Awst 1868 yn Y Tyst Cymreig

Fy Annwyl Rieni

Derbyniais eich llythyr caredig ar y 10fed o Ragfyr, ac yr oedd ei gynhwysiad yn peri syndod a llawenydd mawr i mi, oherwydd nad oeddwn eto wedi dechrau meddwl am faban arall. Ambell waith, byddwn yn ofni na ddeuai dŵr yr Iorddonen byth i ddefnydd; mae yn dda gennyf glywed ei fod wedi peri cymaint o fwynhad i chwi oll. Byddai'n dda gennyf glywed Mr Rees annwyl yn pregethu a'i farn am y dŵr. Os gwelwch ef yn fuan eto, cofiwch fi yn garedig iawn ato, a dywedwch wrtho os oes rhyw bethau bychain o amgylch Jerwsalem y byddai yn dewis eu cael, anfonaf hwy iddo gyda'r pleser mwyaf.

Yr oedd yn dda gennyf glywed fod fy nghyfnither wedi bod yn ymweled. Cofiwch fi yn dda at ewythr Edward. Danfonwch rai stampiau ceiniog yn y llythyr nesaf. Nid ydynt ar gael yn y wlad hon.

Wel yn awr, af ymlaen gyda fy narluniad o Jerwsalem, oherwydd nad wyf wedi bod yn yr un man i gael unrhyw newyddion i chwi. Y mae'r ffordd ar y chwith o waelod y farchnad (a elwir yn Arabeg *sook*) yn arwain am oddeutu can llath heibio i ochr caerau at Borth Jopa, y porth gorllewinol sydd yn arwain i Fethlehem, Hebron, Gasa a Jopa. Gelwir y porth hwn yn yr iaith Arabeg, *Bab Alchaleel*. Mae'r porth yn bum llath o uchder a phedair o led, ac wedi ei wneud o haearn. Mae milwr bob ochr iddo yn gwylio nos a dydd, a chleddyf noeth yn ei ddeheulaw bob amser. Tu fewn i'r porth, ar hyd y mur y pen pellaf, mae gynnau a mathau eraill o arfau rhyfel. Mae caerau Jerwsalem yn ddeugain llath o uchder a phedair o led. Fe'u hadeiladwyd yn 1542 gan yr Ymerawdwr Sulyma. Mae'r caerau wedi eu gwneud fel y gellir rhodio yn ddiogel ar y nen. Gellir cerdded ar ben y mur o amgylch y ddinas mewn awr. Felly, gellwch feddwl mai bychan yw Jerwsalem yn y dyddiau presennol o'i chyffelybu â dinasoedd Ewrop.

Nid oes ond pedwar porth i'r ddinas hon yn bresennol. Gelwir y porth gogleddol yn *Bab el Sham* yn Arabeg; Damascus Gate yn Saesneg. Mae'n arwain i Damascus, Nablous a'r gwledydd gogleddol. Gelwir y porth dwyreiniol yn St Stephen's Gate yn Saesneg, *Bab Sadna Miriam* yn Arabeg, hynny yw yn Gymraeg, Porth ein Boneddiges Mair, oherwydd ei fod gyferbyn â'r eglwys lle y dywedir y claddwyd Mair, mam yr Iesu. Mae gyferbyn â Gardd Gethsemane a Mynydd yr Olewydd ac yn arwain i Fethlehem, yr Iorddonen a'r Môr Marw. Mae'r Ewropeaid yn galw'r porth wrth yr enw hwn gan fod St Stephen wedi ei ladd yn y man hwn. Gelwir y porth deheuol yn Zion's Gate, oherwydd ei fod fwy ar Fynydd Seion nag yr un o'r pyrth eraill. Fe'i gelwir yn *Bab Seedna Dawed* yn Arabeg, hynny yw, Porth ein Harglwydd Dafydd, oherwydd mae bedd Dafydd gerllaw. Tu draw i hwn mae llyn a phentref Siloam a gwelir mynyddoedd uchel Moab o'r man hyn fel pe baent bron yn ymyl. Er bod Jerwsalem 2,000 o droedfeddi uwchben y môr, mae'r mynyddoedd o amgylch yn ei gwneud i edrych yn isel iawn, oherwydd eu bônt 700 o droedfeddi yn uwch na hi.

Cyn disgrifio tu allan y ddinas, gwell i mi yn gyntaf orffen disgrifio y tu mewn iddi. Dywedais fod Porth Jopa ar chwith y *sook*; mae'r heol sy'n myned i'r dde o'r *sook* yn ddwy lath a hanner o led ac yn rhedeg drwy ganol y ddinas. Pob ochr i'r heol mae yna siopau – y fath ag ydynt. Mae un siop yn gwerthu pob peth yn drifflith drafflith. Er enghraifft, uwchben un siop mae'r *sign* canlynol, ond yn yr iaith Arabeg: 'Beiblau a phadelli ffrio, *saucepans* a llyfrau gweddi'. Yr hyn yr wyf i yn barnu sydd yn bur anweddus i'w henwi felly ar y *sign*. Y peth tebycaf ag y gallaf i gyffelybu'r masnachdai yma i yw'r efail sydd gan y gof i bedoli ceffylau adref, – yn agored felly yn y *front*. Ond mae'r siopau hyn ond hanner maint yr efail a'r to yn bur isel. Mae ceidwaid y siopau yn eistedd ar riniog y drysau, a'u coesau yn groes fel teilwriaid. Ym mhen arall y siop, os byddwch mor ofalus ag edrych, gwelwch botel a bol mawr iddi, yn llawn dŵr yn byrlymu â'i holl nerth. O'r botel daw peipen debyg i gortyn coch, pedair neu pum llath o hyd. Ym mhen hon mae darn o *ivory*, yr hwn mae'r siopwr yn rhoi yn ei enau i'w dynnu, a dyna yw achos y dŵr yn byrlymu. Mae gan yr holl fasnachwyr bibell fel hon. Mae'r rhan fwyaf ohonynt yn gosod eu hunain o flaen y drws fel pe baent wedi dyfod allan i'r pwrpas o fwynhau *fresh air* (er mor lleied ohono sydd i'w gael mewn lle mor gyfyng). Os cynigia rhyw Ewropead fyned i mewn i'r siop i brynu rhywbeth, mae'r siopwr yn cynnig y bibell iddynt, pa un ai dyn neu ferch yw'r cwsmer. Mae pawb, yn wŷr, gwragedd a phlant yn smocio yn y wlad hon, mor fuan ag y bydd eu gwynt yn ddigon cryf i dynnu trwy'r bibell hir honno.

Mae'r newidwyr arian yn sefyll ar ochr y ffordd, gyda'u *box* o'u blaen, a gwydr ar y top, trwy hwn y gwelir yr arian mân a mawr. Nid yw'r newidwyr arian hyn yn cadw bob amser ar ochr y ffordd, ac maent y dyddiau hyn hyd yn oed yn sefyll wrth ddrysau'r temlau. Nid wyf wedi eu defnyddio. Maent yn marchnata trwy ofyn am swllt am bob punt.

Heol y Cristion yw heol orau Jerwsalem. Mae'n ffordd lydan iawn, yn bedair llath o led. Byddaf yn meddwl yn aml wrth ei throedio am ffordd ysbrydol y Cristion, fel mae profedigaethau a blinderau yn gwneud iddi ymddangos mor dywyll fel nas gellir myned ymlaen ond trwy faglu a llithro, ond mae goleuni gogoniant yn y pen yn ein calonogi i fyned ymlaen. Felly yr heol hon. Mae pont dros ei hanner hi, sy'n ei gwneud yn bur dywyll ac yn llithrig dan draed, sy'n ei gwneud yn anodd ei cherdded. Ond mae goleuni yn y pen yn ein calonogi i fyned ymlaen.

Ar hyd yr heol hon mae yna lawer o dai barbwyr; fe'u

dynodir wrth y rhes o lieiniau o flaen y drysau. Mae dynion yn cael eu barbio yn yr agored, a gellir eu gweled gan bawb fydd yn pasio. Bydd y barbwr, nid yn unig yn torri barf ei gwsmeriaid, ond yn golchi pennau dynion, ac wedi hynny, ysgwyda bob cymal ohonynt nes y byddant yn clecio. Bydd yr ysgwydwr a'r ysgwydedig yn diferu o chwys, gan mor galed yw'r gwaith.

Ynghanol y ffordd hon, cyn myned o dan y bont, mae tro ar y dde sy'n arwain i fedd yr Arglwydd. Mae mwy o gerdded ar y man hwn nag ar yr un lle arall yn Jerwsalem. Yma mae colofn uchel, ac ar ei thop bydd y Twrciaid yn gweiddi bob bore, hwyr a chanol dydd, *'Alah al acbar la il Alah sidna Mahomed alica i Salam a Mahomed il resal Alah'*, hynny yw, 'Yn y bore, gwell gweddïo na chysgu, deuwch i weddïo ar Dduw, nid oes Duw arall ond efe, a Mahomed yw ei broffwyd'. Clywir hyn am bedwar o'r gloch y bore.

Wedi myned i ben y bont, mae'r heol yn arwain i'r dde, ac ar hyd hon y dywedir y cariodd Crist y groes, a lle y dangoswyd hefyd dŷ Pilat a llys yr archoffeiriaid, tŷ'r gŵr goludog a Lasarus, a'r man lle canodd y ceiliog pan wadodd Pedr yr Iesu.

Rhaid terfynu yn awr, gan obeithio eich bod chwi oll yn iach fel ag yr wyf fi yn bresennol. Cofiwch fi yn garedig iawn at bawb o'm cyfeillion a'm perthnasau, a derbyniwch yr unrhyw yn garedig iawn atoch eich hunain.

Oddi wrth eich annwyl ferch,
Margaret

Llythyr XV
Ysgrifennwyd 3 Mawrth 1867
Cyhoeddwyd 9/16 Hydref 1868 yn Y Tyst Cymreig

Annwyl Rieni

Yr oedd yn llawen iawn gennyf, fel arfer, i dderbyn eich llythyr caredig, ynghyd â'r cardiau a anfonasoch.

Yn awr am ychydig o hanesion. Y peth cyntaf y dymunwn i chwi ei wybod yw'r bygythion trymion sydd wedi bod yn crogi uwch ein pennau ers dechrau'r mis diwethaf (Chwefror). Hynny yw, mae'r Twrciaid wedi cael gorchymyn gan y Swltan i ladd yr holl Gristnogion. Ond nid oes perygl o hynny ym mis Ionawr, oherwydd dyna fis ympryd y Twrciaid, yr hwn a elwir yn Fis Sanctaidd. Mae pawb o dan Lywodraeth Dwrcaidd yn byw mewn perffaith ddiogelwch, ac ystyria pob addolwr Mahomet y byddai niweidio unrhyw berchen enaid yng nghorff y mis hwnnw yn bechod tragwyddol arnynt.

Goddefir i ni fyned allan yn yr hwyr heb yr un *lantern* yn y mis hwn, ond os gwnawn ni hynny ar unrhyw amser arall, cymerir ni i'r carchar yn hollol ddirodres. Mae'r magnelau yn cael eu tanio am 6 y bore ac ar yr un amser yn yr hwyr. Yn y cyfamser, ni oddefir i'r Mahometaniaid brofi na thamaid na llymaid. Ie, ni oddefir iddynt gymaint â chytied o faco (fel y byddech chwi yn dweud), ond gallant wneud fel y mynnont â'r bwyd ar hyd y nos, os nad ymyrrant hwy ar oriau gweddïo. Ond gallech feddwl, y rhuthro at y bwyd sydd gyn gynted ag y clywir y fagnel yn tanio yn yr hwyr, fel pe byddent bron â llewygu, ac nid oes amheuaeth nad ydynt felly.

Wedi darfod yr ympryd, yr oedd gwledd, a hynny o ddydd Mawrth hyd ganol dydd Iau, pan ddaeth gair o amgylch y syrthient arnom ganol nos. Yr oeddem yn meddwl ar hyd y prynhawn mai anwiredd oedd y cwbl, hyd nes y daeth rhai o'n cyfeillion yma a dywedyd hanes y galanastra a wnaeth y Twrciaid ar Gristnogion Damascus 5 neu 6 mlynedd yn ôl. Dangosasant blant amddifaid llawer o rieni a laddwyd ar y pryd. Cymerodd yr Esgob y plant hynny a achubwyd o'r dinistr o dan ei ofal.

Tra oeddem yn siarad ynghylch y pethau hyn (oddeutu hanner awr wedi naw'r hwyr), clywsom amryw ergydion o wn. Gallwch feddwl y braw ofnadwy a barodd hynny i ni oll, fel nas gallem siarad na symud. Yr oedd pob un yn gweddïo â'i holl galon i fod yn barod i wynebu ein Barnwr mawr cyfiawn, yn y byd arall, i'r hwn yr oeddem yn disgwyl myned ymhen ychydig oriau. Ond y mae Ef, trwy ei fab Iesu Grist, wedi cymryd trugaredd arnom a throi calonnau ein gelynion oddi wrth y fath alanastra, hyd yma, beth bynnag. Ond yr Arglwydd a roddo i ni ffydd a duwioldeb, fel nad ofnwn y rhai a laddant y corff yn unig, ond yn hytrach yr Hwn sydd yn abl i'n lladd, gorff ac enaid, a'n taflu i uffern.

Felly, annwyl rieni, gwelwch gymaint ein bod yn sefyll mewn angen am eich gweddïau mwyaf difrifol chwi. Nis clywsom eto beth oedd achos y saethu hynny, oddigerdd fod y Twrciaid, wrth wybod meddwl ansefydlog y bobl, wedi ceisio eu dychrynu. Ond dywedir na fydd y perygl wedi myned heibio hyd fis Mai. Ni wn i ddim beth ydyw achos yr oediad.

Yr oedd yn bur ddrwg gennyf ddarllen yn eich llythyr hanes mab y Parch. R Thomas, Hanover, yr hwn y mae lle cryf i ofni ei fod wedi ei lofruddio.[15] Myned i China a ddarfu'r gŵr ieuanc, gobeithiol hwn yn genhadwr, ond collodd ei fywyd yn fuan wedi ei fynediad yno. Ond mae ef wedi marw mewn achos anrhydeddus ac ardderchog, a'r meddwl sydd gennyf i yn bresennol yw pe gelwid arnaf i i farw oherwydd fy nghred yn yr Arglwydd, yr ufuddhawn i hynny dan ganu, wrth feddwl fod yr Hwn a roddodd ei fywyd dros ei elynion yn fy nghyfrif i yn deilwng o ddioddef amarch ac angau er ei fwyn Ef. Mae yn wir na all teulu Mr Thomas beidio â galaru am un mor annwyl, ond gan mai annwyl iawn gan Dduw yw marwolaeth ei saint, felly nid oes gwir achos galar i'w berthnasau. Maddeuwch i mi, fy annwyl rieni, am ddweud fy marn mor fyr ac amlwg, ac os gwelwch chwi rywbeth allan o'i le, gwyddoch fy mod yn bur anwybodus.

Af ymlaen yn bresennol i orffen fy nisgrifiad o Jerwsalem. Mae'r ddinas wedi ei rhannu yn bedwar chwarter, nid fod dim gweledig yn eu gwahanu, ond fod gwahanol genhedloedd yn byw ynddynt. Yn y rhan orllewinol y mae'r Cristnogion; mae'r Twrciaid yn y rhan ogleddol, yr Iddewon yn y dwyrain a'r Arminiaid yn y deau.

Bûm yn y rhan Iddewig yr wythnos ddiwethaf. Mae eu tai, neu yn wir eu cabanau, canys dyna'r enw gorau arnynt, o'r bath mwyaf truenus. Nid oes dim drws drwy'r hwn y mae goleuni yn myned i mewn, a llawer heb ond lle drws, heb ddim i gadw'r gwynt, y glaw a'r oerni allan. Mae llawr o bridd a hwnnw ymhell o fod yn wastad, ac yn aml yn llaith ac afiachus. Mae'r rhan fwyaf o'r Iddewon yn dlodion a thruenus.

Euthum hefyd i weled y lle a elwir yn Saesneg 'The Wailing Place', sydd yn ymyl yr ychydig sydd yn adawedig o'r hen gaerau. Mae'r cerrig yn y fan hyn yn anferthol, rhai ohonynt yn bedair llath o hyd a dwy o led, ac yn edrych yn gadarn. Maent rywbeth yn debyg i *farble*. Mae twll yng nghornel y mur (gan fod rhan ohono yn ymyl hen deml Solomon), yn arwain i'r cysegr sancteiddiolaf. Mae'r Iddewon yn meddwl mai dyma'r unig fan y gall Duw eu clywed. Felly maent yn myned i wylo a gweddïo ar i Dduw eu hen dadau, Abraham, Isaac a Jacob, i adfer eu hen wlad a'r ddinas sanctaidd iddynt eto. Yn wir, yr oedd rhai o'r hen bobl yn wylo fel pe buasai eu calonnau bron â thorri.

O! fel yr oeddwn yn hiraethu am ddeall eu hiaith fel y gallwn ddwued wrthynt am y Jerwsalem newydd, a'r Brenin sydd yn barod i'w derbyn hwy yno, ond iddynt gredu fod eu Meseia wedi dyfod, a hwnnw ym mherson Iesu Grist. Ond pan ystyriais, a meddwl pwy oeddwn i i fyned i ddysgu henaduriaid Israel, yr oedd bron yn gywilydd gennyf fod y fath feddwl wedi dyfod i fy mhen. Nid oeddwn i yn gymwys i'w dysgu, a'r lleiaf a allaswn wneud oedd gweddïo drostynt, yr hyn a wneuthum â'm holl galon. Yn wir, byddai yn rhaid cael calon bur galed i beidio, wrth edrych ar y fath olygfa. Yr oedd yno ugeiniau o Iddewon, y rhan fwyaf ohonynt â'r Hen Destament yn eu dwylo, ynghyd â'r Talmwd – hynny yw, esboniad o'r Hen Destament. Yr oedd rhai o'r gwragedd nad oedd yn medru darllen, yn eistedd ar y llawr, gyda hen ŵr â gwallt gwyn yn eistedd ar garreg gyferbyn â'r mur yn darllen iddynt.

Gwelais ddau neu dri o'r Twrciaid, rhai sydd gas ganddynt yr Iddewon, yn dyfod i'w mysg i'r diben o'u gwatwar, a phan oeddynt yn myned allan o'r lle, dechreuodd un o'r hen wragedd oedd yn nosbarth yr hen ŵr, weiddi yn ofnadwy. Pan edrychais, gwelais fod ei dillad ar dân, hyn yn waith un o'r Twrciaid. Ond gan fod ei dillad wedi eu gwneuthur o frethyn, rhoddwyd y tân allan yn fuan. O mor resynus oedd gennyf weled y rhai oedd yn yr amser gynt yn arglwyddi'r tir, wedi eu gostwng trwy bechod i raddau mor isel nes y maent megis y cerbyd o dan draed paganiaid.

Y Twrciaid ydyw arglwyddi pawb a phob peth yn y wlad hon. Mae ganddynt fasnachdai a elwir yn *Basus el Chawigha* (masnachdai'r boneddigion). Maent yn gweiddi ar bawb sydd yn myned heibio, gan ddweud, 'Pawb sydd ganddynt arian, deuwch, prynwch, ie, deuwch, prynwch a bwytewch o'r nwyddau gorau i'w cael.' Mae y rhan fwyaf o'r Arabiaid yma yn siarad yn iaith yr Ysgrythur.

Rhaid terfynu yn awr, gan obeithio eich bod oll yn iach a chysurus, fel mae eich annwyl ferch,

Margaret

Llythyr XVI
Ysgrifennwyd Ebrill 1867
Cyhoeddwyd 30 Hydref 1868 yn Y Tyst Cymreig

Annwyl Rieni

Yr wyf wedi cael y fraint o weled dau Gymro o Gaernarfon, rhai a fu mor garedig â chynnig cario rhywbeth a fyddwn i yn dewis anfon i Gymru. Felly, yr wyf yn anfon i chwi botelaid o ddŵr o afon yr Iorddonen, gyda hwn yr wyf yn dymuno i chwi fedyddio'r plentyn nesaf a gaiff fy mam. Ond os na chymer hynny byth le, sef genedigaeth brawd neu chwaer, cadwch y dŵr i fedyddio eich ŵyr neu wyres gyntaf. Fe geidw'r dŵr yn beraidd am lawer o flynyddoedd, ond cofiwch beidio ag agor y botel nes byddwch chwi yn barod i ddefnyddio'r dŵr.

Ni chefais i lawer o amser i baratoi anrhegion, oherwydd mai ar ddydd Sul, y bore, y deuais i gymdeithas â'r gwŷr caredig hyn, ac ar y bore Mercher canlynol y cychwynasant o Jerwsalem. Felly nid oedd gennyf ond prynhawn dydd Mawrth i baratoi, oherwydd bod dydd Llun yn ddiwrnod golchi.

Fy meistr a welodd y gwŷr hyn gyntaf, a gofynnodd iddynt ddyfod i ymweled â mi, gan ddweud y rhoddai ei forwyn ef bunt am glywed rhywun yn dweud 'bara chaws'. Dywedodd fy meistr hyn oherwydd mai dyma'r unig ddau air y mae efe yn adnabyddus ohonynt hwy yn yr iaith Gymraeg.

Wel, rhaid i mi derfynu yn bresennol, gan obeithio eich bod chwi oll yn iach a chysurus, fel ag yr wyf finnau yn bresennol, drwy drugaredd. Anfonwch lythyr ataf cyn gynted ag y derbyniwch yr anrheg fechan hon.

Hyn oddi wrth eich annwyl ferch,
Margaret

Llythyr XVII
Ysgrifennwyd 3 Mai 1867
Cyhoeddwyd 28 Rhagfyr 1868 yn Y Tyst Cymreig

Annwyl Rieni

Mae yn ddrwg gennyf fod y llythyr diwethaf [sic] wedi peri cymaint o bryder i chwi. Nid wyf yn meddwl fod un achos am hynny yn bresennol. Er pan ysgrifennais atoch o'r blaen, mae penaethiaid y Protestaniaid yma wedi ymgasglu ynghyd i ymgynghori ar y pwnc, a phenderfynasant fyned at y Pasha, llywydd y ddinas, i ofyn iddo ein hamddiffyn, ac am iddo arwyddo hynny ar bapur, ac os na wnâi, eu bônt yn myned i Constantinople i siarad â'r Swltan. Mae'n ymddangos oddi wrth ei agwedd allanol, beth bynnag, nad oedd cydsynio â'r cais yn anodd, oblegid pan aethant at y Pasha, nid oedd ganddo'r un gwrthwynebiad i arwyddo'r papur a fynnent o'u bron. Gallaf ddweud yn bresennol fy mod yn berffaith ddiogel, o leiaf yr wyf yn hollol ddi-ofn, gan ymddiried yn fy Nuw, fel os daw'r fath beth y gwna Efe ffordd i ni ddianc fel Lot o Sodom. Mae'n debyg y byddwch wedi gweled teulu'r Esgob cyn derbyn y llythyr hwn, a'u bod hwy wedi rhoddi eich meddwl ar esmwythder.

Wel, mae'n debyg eich bod yn disgwyl rhyw gymaint o newyddion. Nis gwn pa le i ddechrau, os na ddywedaf air yn gyntaf am hanes fy nhaith fer i Artas, fel y gelwir y lle yn bresennol, ond a elwid yn yr hen amser yn Gerddi Solomon. Mae oddeutu milltir a hanner o Fethlehem, a thua chwe milltir oddi yma. Yr oedd gennyf *holiday*, ac euthum yno gydag wyth o'm cyfeillion; rhai ar geffylau, ac eraill ar asynnod. Cefais fenthyg asyn fy meistres, ond trodd allan yn wyllt iawn, nes y dechreuais ofni'r canlyniadau, a newidiais ag un o'm cyfeillion llai ofnus. Ond mul ydyw; y mae mul yn ful ym mhob gwlad, ac yr oedd yr un a gefais yn un o'r rhai mwyaf *stubborn* o'r mulod. Gadawyd fi ar ôl gan y cwmni, gyda merch ieuanc arall oedd yn cerdded. Pan oeddem tua hanner ffordd rhwng Jerwsalem a Bethlehem, neidiodd i'n cyfarfod ddyn hyll, hanner noeth, a'r ychydig ddillad oedd amdano yn garpiau gwylltion, a'i groen bron yn ddu gan boethder yr hin a'r budreddi oedd arno, a chyllell noeth yn ei law. Wrth ei weled, brawychodd fy nghyfeilles yn fawr, ond wn i ddim beth oedd yr achos, ni feddyliais i fawr o'r peth. Pan ddaeth atom, dechreusom siarad (yr wyf wedi dysgu eu dull o siarad, a'u hiaith yn o lew). Edrychodd yn bur graff arnaf pan ddywedais, 'Heddwch i chwi, O feistr.' 'Y mae eich asyn yn nacáu myned, O ferch,' ebe yntau. 'Yr wyf yn disgwyl rhywun ar fy ôl,' ebe finnau, ac edrychais yn ôl a gwelwn rywun yn dyfod. Ar hynny, gwaeddodd, 'Rhowch i mi *fackshish*, O ferch.' Edrychais innau yn fwy llym arno a dywedais, 'Ewch mewn heddwch, O feistr, nid oes gennyf yr un *paras*,' hynny yw, yr ugeinfed ran o geiniog. Ar hynny, neidiodd y mul, a charlamodd â'i holl egni, ac wedi iddo aros gofynnais i'm cyfeilles a wthiodd hi bin ynddo. 'Naddo,' ebe hithau, 'ac nis gwn beth a achosodd iddo neidio.' Ond edrychasom y tu ôl i'r anifail, a dyna lle'r oedd gwaed yn rhedeg o'r truan. Felly bodlonodd y dyn drwg ei hun drwy archolli'r mul yn lle ein harcholli ni, a diolch am y fath ddihangfa.

Wedi ychydig o amser, deuthum o hyd i'm cyfeillion, ac yr oeddynt wedi dyfod i lawr oddi ar eu hanifeiliaid i aros amdanom. Cymerais fy mul fy hun, er gwyllted ydoedd ac ymhen dwy awr cyrhaeddom Artas yn ddiogel, heb fyned heibio i ddim neilltuol, oddigerdd Bedd Rachel a Bethlehem, a ddarluniais i chwi o'r blaen. Mae Artas mewn dyffryn hir rhwng dau fynydd, ac yn y dyddiau hyn, yn bur flodeuog. Euthum am filltir i ben y dyffryn, lle'r oedd tri llyn a elwid yn Llynnoedd Solomon. Mae'r llyn isaf yn un hardd iawn. Meddyliaf ei fod yn 100 llath o hyd a 60 llath o led. Mae grisiau i fyned lawr iddo, ond eu bod bron wedi eu treulio'n gyfan gwbl. Ychydig o ddŵr oedd ynddo. Yr oedd y llyn nesaf yn hanner llawn. Tu draw i'r llyn uchaf, yr oedd ffynnon o ddŵr (*spring*) yn byrlymu allan ac o hon y rhed y dyfroedd sydd yn llenwi'r llynnoedd. Onid at y rhai hyn y cyfeiria Solomon yn Preg. ii.5,6? 'Mi a wnaethom erddi a pherllannau; mi a blennais ynddynt brennau o bob ffrwyth; mi a wneuthum lynau dŵr i ddyfrhau â hwynt y llwyni sydd yn dwyn coed.' Ac onid at y ffynnon hon y cyfeiria yng Nghaniadau iv.12? 'Ffynnon gloëdig, ffynnon seiliedig yw.' Mae math o golofn ar y ffynnon hon, a drws haearn bychan yn yr ochr, ac mae'n debyg fod hwn ynghlo yn amser Solomon.

Wrth ddyfod yn ôl o'r lle hwn, aeth ein harweinydd anwybodus â ni ymhell allan o'r ffordd, a bu gorfod i ni ddyfod oddi ar ein hanifeiliaid a cherdded, – nage, nid cerdded chwaith, ond llithro, oblegid yr oedd y lle mor serth fel nad oedd gennym ond ymafael mewn darnau o'r creigiau wrth ymollwng i lawr. Anogwyd ni i fyned ymlaen gan y croeso oedd yn ein haros yn y gwaelod gan dad a mam a theulu un o'm cyfeillesau. Erbyn cyrraedd y gwaelod, llonnwyd ni yn fawr i glywed fod cinio yn barod – oen rhost, pys gleision a gwenith wedi ei ferwi. Mae ein cyfeillion yn y dyffryn hwn yn deulu o Iddewon dychweledig, a ddioddefasant erledigaethau mawrion ar ddechrau eu taith grefyddol oblegid eu ffydd yng Nghrist. Gadawodd y wraig, pan yn ferch bur ieuanc, dad a mam, brodyr a chwiorydd, tai a thiroedd, er mwyn yr Hwn a wnaeth gymaint drosti hi.

Nid oes gennyf ragor i'w ysgrifennu ynghylch y daith

fechan hon, a gobeithio na flinwch yn darllen yr hyn a ysgrifennais. Yr oeddwn wedi meddwl ysgrifennu ynghylch dull y brodorion o fyw yn Jerwsalem, ond gwelaf nad oes gennyf le i hynny. Y tro nesaf ceisiaf eu darlunio. Yn awr rhaid i mi derfynu. Cofiwch fi yn garedig at bawb o bobl y capel.

Gyda chofion caredicaf atoch oll, ydwyf eich annwyl ferch,

Margaret

Mae yn bur dda gennyf fod John fy mrawd wedi ymuno â phobl Dduw. Cofiwch fi yn garedig ato.

Llythyr XVIII
Ysgrifennwyd 2 Gorffennaf 1867
Cyhoeddwyd 18 Ionawr 1868 yn Y Tyst Cymreig

Annwyl Rieni

Derbyniais eich llythyr o ddiolchgarwch, ac y mae yn bur dda gennyf fod fy anrhegion wedi peri cymaint o bleser i chwi oll. Ond er cymaint oedd o bleser i chwi wrth eu derbyn, yr wyf yn meddwl fod fy llawenydd i yn fwy, gan fy mod mor alluog i anfon rhywbeth sydd wedi peri cymaint o fodlonrwydd a phleser i rai sydd mor annwyl a hoff gennyf.

Yr wyf yn teimlo braidd yn unig yn bresennol, oherwydd bod y ddwy ferch yma wedi ein gadael i fyned i'r ysgol yn Beirut. Nis gallant ddyfod adref, hyd yn oed i ymweled â ni, am bymtheg mis. Yr oeddem wedi dyfod mor annwyl o'n gilydd, nes y mae yn bur anodd i ni fyw ar wahân. Yr oedd cymaint o dywallt dagrau ar bob ochr ar ein hymadawiad â phe na fuasai byth obaith i ni gael gweled ein gilydd drachefn. Dywedent, gan wylo, 'O, Jones! Pe baech chwi ond yn dyfod gyda ni, byddem yn berffaith ddedwydd.' Pwy na charent blant mor annwyl? Yr wyf yn anfon y ddau lythyr cyntaf a gefais oddi wrth yr ieuengaf, gan fod lle yn y llythyr hwn i wneud

Capel Bethlehem, Rhosllannerchrugog, ar ddiwedd y bedwaredd ganrif ar bymtheg (trwy ganiatâd ymddiriedolwyr capel Bethlehem)

Capel Bethlehem heddiw

Y Parch. Elias Frankel, meistr Margaret (Llyfrgell Conrad Schick, Jerwsalem)

Eglwys yr Iesu, Jerwsalem tua'r 1860au (Llyfrgell Conrad Schick, Jerwsalem)

Eglwys yr Iesu, Jerwsalem heddiw

Allor Eglwys yr Iesu (Stacy Klodz)

Eglwys yr Iesu, Jerwsalem heddiw

Rhai o'r mannau y bu Margaret yn ymweld â hwy yn Jerwsalem a Bethlehem:

Mosg al-Aqsa yng nghanol hen ddinas Jerwsalem (Eric Rufa)

Eglwys y Beddrod Sanctaidd, Jerwsalem (Eric Rufa)

Y man lle credir y bu'r Iesu farw, tu mewn i Eglwys y Beddrod Sanctaidd (Eric Rufa)

Gardd Gethsemane (Eric Rufa)

Via Dolorosa, un o'r prif ffyrdd i deithio o gwmpas Jerwsalem arni (Stacy Klodz)

Mynydd yr Olewydd (Eric Rufa)

Beddau Iddewon ar Fynydd yr Olewydd (Stacy Klodz)

Iddewon yn gweddïo ger Mur yr Wylofain (Stacy Klodz)

Golygfa o dirlun Bethlehem (Stacy Klodz)

Sgwâr y Preseb, Bethlehem

Y TYST CYMREIG,—DYDD GWENER, GORPHENAF 17, 1868.

LLYTHYRAU CYMRAES YN NGHANAAN.

LLYTHYR VII.

Anwyl Rieni,—Yr ydwyf wedi cael y breuddwyd mwyaf ofnadwy, ac y mae wedi cael effaith mawr ar fy meddwl; ac fe all'ai na fyddwch yn ddig wrthyf am i mi ei ysgrifenu.

Breuddwydiais fy mod yn sefyll ar ryw fath o ystyllen wedi hanner braenu. Yr oedd wedi ei gosod i fynu rhwng y ddaiar a'r nefoedd. Yr Iesu a fy arweiniodd i yno, ac yno y bum yn gwaeddi tua'r nef am i rywun dyfod i'm cynnorthwyo yn mhellach, ond y cwbl yn ofer, ac yr oeddwn yn disgwyl mai colli fy ngafael a syrthio y buaswn. Yr oeddwn yn gwybod os disgynwn o'r fath uchelder mai yn chwilfriw y buaswn cyn cyrhaedd y gwaelod. Tra yn y sefyllfa yma, bron wedi rhoddi pob gobaith i fynu o fod yn gadwedig, yn gorph ac enaid, gwelais fy Mhrynwr yn dyfod tuag ataf dan wenu yn siriol a graslawn; ond fel yr oedd yn nesu tuag ataf newidiodd ei wedd, ac aeth i edrych mor drist a thosturiol arnaf fel yr ofnais iddo ddywedyd gair, rhag mai o'r drwg y byddai; ond pan gyrhaeddodd ataf, gofynodd ai yno yr oeddwn i eto? Atebais inau, 'Ie, Arglwydd.' 'Ah,' ebe fe, 'nid wyt ti yn un o'r plant, onide buasai rhywun wedi dod i dy gyrchu oddiyna er's llawer o amser.' O! fy anwyl rieni, i ba le yr oeddwn i fyn'd! Pe buaswn yn taflu fy hun yn bendramwnwgl i lawr, yr un fuasai fy enaid o hyd. Oh! na fuasai yn caniatau i mi daflu fy hun i'w freichiau bendigedig, lle y buaswn byth yn ddyogel; ond nid felly yr oedd i fod—nid oedd fy nghwpan eto ond pell oddiwrth fod yn llawn.

Y lle cyntaf yr wyf yn cofio fy hun wedi hyny yw yn cerdded drwy'r nefoedd, ond nid oeddwn i yn gweled dim nefoedd o honi. Llawr pridd oedd iddi, ac ychydig o gadeiriau, ac o 35 i 40 o ferched a rhyw ddilledyn wedi ei daflu dros eu penau, a'u peniloedd ar eu gliniau, ac yn bur ddistaw; ond aethum heibio i'r rhai hyn, ac i lawr un gris i ryw ystafell eang arall, ond pur annifyr, ac mor dywyll nes prin yr oeddwn yn gweled pa fath le oedd, a pheth oedd yno; ond pan godais fy llygaid i fynu, canfyddais lygaid fy Mharnwr Mawr, a'r Duw cyfiawn, santaidd hwnw, yr hwn nas gall edrych ar ddrwg, a hyny o oleuni oedd yn y lle, o hono Ef yr oedd yn tarddu, a hyny ond ychydig iawn, fel ag y dywed y Psalmydd,—'Cymylau a thywyllwch sydd o'i amgylch ef; cyfiawnder a barn yw trigfa ei orseddfainc ef. Tân a â allan o'i flaen ef, ac a lysg ei elynion o'i amgylch.' Cyn gynted ag yr edrychais arno, gwelais lid a digllonedd ofnadwy yn ei wedd; a phan edrychodd arnaf, yr oedd y fath nerth yn ei olwg nes bron a fy llethu i'r llawr. Ni ddywedodd Efe un gair wrthyf am ryw enyd fechan, ac yn yr ychydig amser poenus hwn, tra yr oeddwn yn sefyll yn fud o'i flaen, teimlais wres angherddol yn dyfod i fynu at ochr fy wyneb. Yna edrychais i'r cyfeiriad hwnw; ond Och fi! gwelais fy mod ar fin uffern. Yr oedd yno arogl afiachus yn dyrchafu oddiyno, a swn rhuadau fel yn mhell iawn, fel nas gallaswn ond prin glywed yr adsain *(echo)*. Hefyd yr oedd maint y lle yn anferthol, ac o amgylch ei *dop* wedi ei *blastro* a chlai, ond un twll bychan ar y canol; a chauad ar hwnw, ac nid oedd byth yn agored ond tra byddai pechadur yn cael ei daflu i mewn.

Un o lythyrau Margaret a gyhoeddwyd yn *Y Tyst Cymreig*

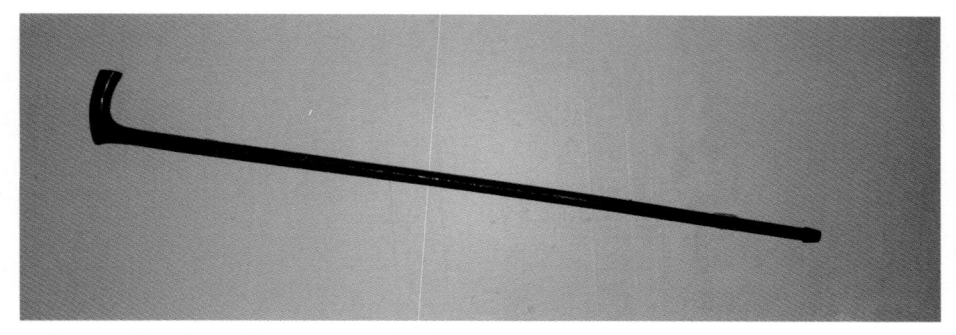

Y ffon a ddanfonodd Margaret i'w thad o Jerwsalem ym mis Medi 1867 (Gwynne Williams)

Cyfres o dri ffotograff o Margaret a dynnwyd gan John Thomas tua 1875 (trwy ganiatâd Llyfrgell Genedlaethol Cymru)

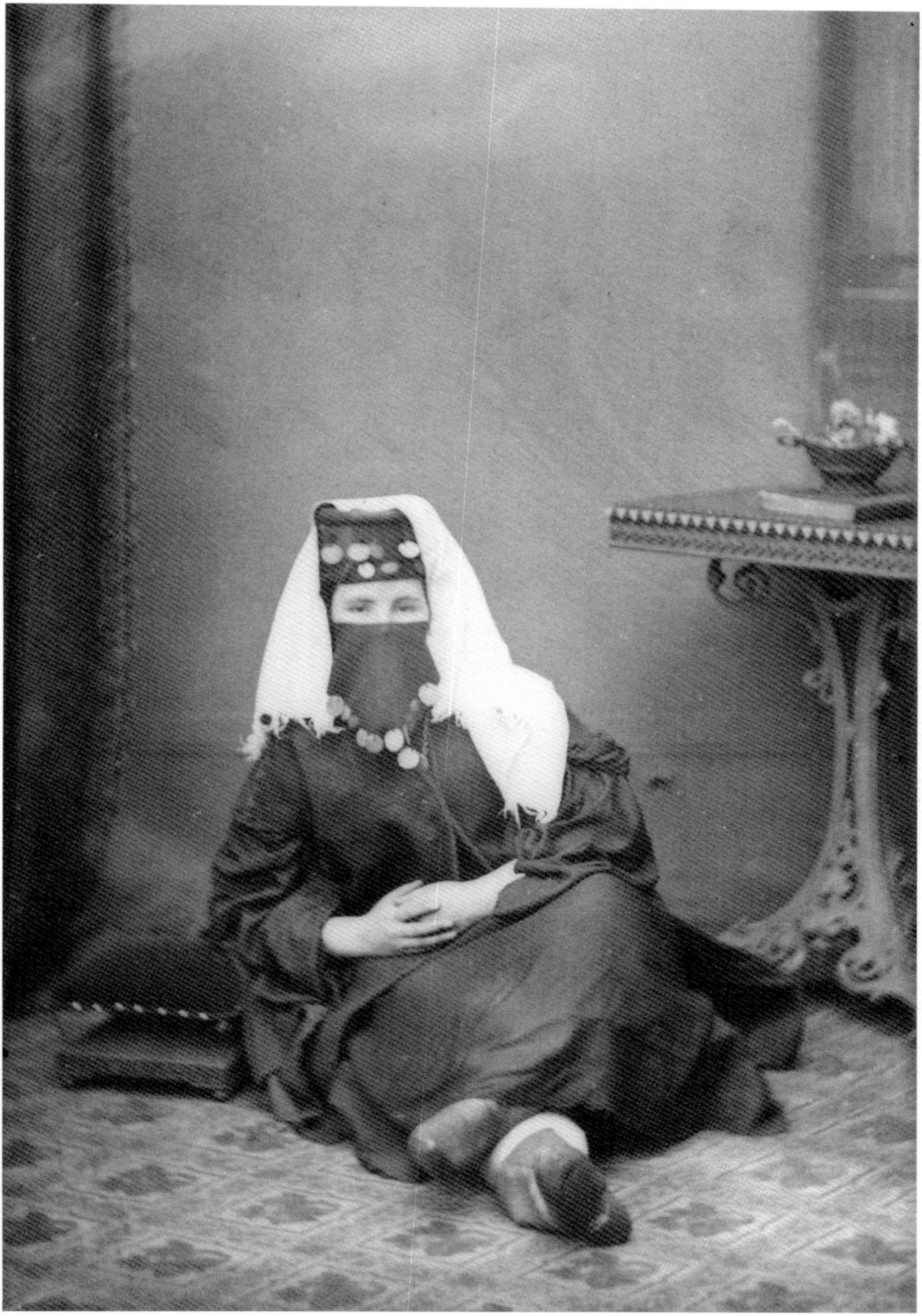

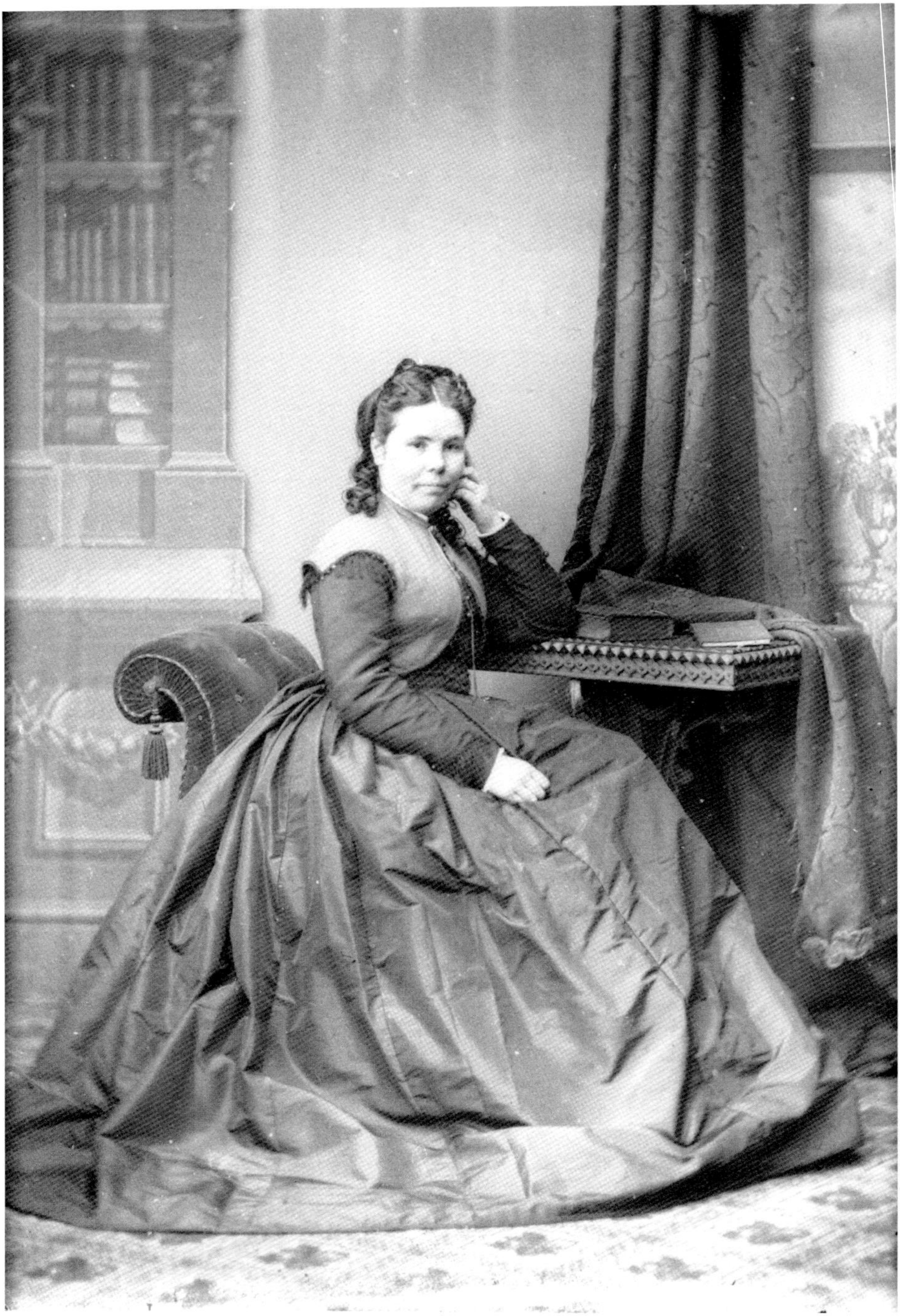

Bu'r Gymraes o Ganaan yn traddodi ei darlith yn Bethel, capel yr Annibynwyr yn Nhal-y-bont, Ceredigion, ar 17 Ionawr 1871

CASTELLNEWYDD EMLYN.—Nos Fawrth, yr 20fed cyfisol, traddododd yr enwog Miss Jones, "Y Gymraes o Ganaan," ei darlith ar Wlad Canaan, yn nghapel yr Annibynwyr, Ebenezer, Castellnewydd, i gynnulleidfa barchus. Y mae Miss Jones eisoes wedi anfon i Gronfa Genhadol Palestina, allan o gynnyrch ei darlithiau ar y wlad dda yn Nghymru, y swm o 700p., ac y mae yn gobeithio gallu casglu 300p. etto at yr un amcan. Ymddengys fod y ferch ieuangc hon yn gofyn cefnogaeth pob Cristion ar gyfrif ei llafur syml a dihymongar gydag achos mor deilwng. Llywyddwyd gan Dr. Thomas.

Adroddiad papur newydd *Baner ac Amserau Cymru* (28 Chwefror 1872) am daith Margaret o amgylch Cymru yn darlithio a chodi arian i'r genhadaeth

Mizpeh, Mogador (19eg ganrif) lle bu Margaret yn gweithio fel athrawes a chenhades ymysg yr Iddewon (Llyfrgell Conrad Schick, Jerwsalem)

MOROCCO,

A'R

HYN A WELAIS YNO:

GAN

"Y GYMRAES O GANAAN."

WREXHAM:
ARGRAFFWYD GAN HUGHES AND SON, 56, HOPE STREET.

Wynebddalen y gyfrol *Morocco, a'r hyn a welais yno* (trwy ganiatâd Llyfrgell Genedlaethol Cymru)

Ipswich Congregational Church; gweithiai Margaret fel cenhades i'r eglwys hon (llun o'r gyfrol *Ipswich Congregational Church: Jubilee 1853–1903*)

Clawr a dalen o ddyddiadur Margaret, 'Miss Jones' Lady Visitor's Diary of Work', o'i hamser yn cenhadu ar ran yr Ipswich Congregational Church (John Oxley Library, State Library of Queensland)

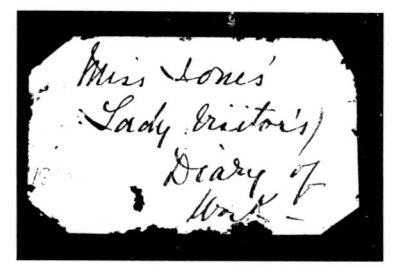

Eden Station, cartref James Josey (*Queensland Times*)

James Josey, gŵr Margaret (John Oxley Library, State Library of Queensland, Neg: 178969)

Bedd Margaret Josey, y Gymraes o Ganaan, yn Ipswich (Bronwen Hall)

hynny. Mae'r rhai oddi wrth y ferch hynaf yn rhy drwm i'w hanfon. Maent yn ysgrifennu ataf bob tro yr ysgrifennant at eu rhieni.

Derbyniais lythyr ddeuddydd yn ôl oddi wrth Thomas fy mrawd[16] yn eich canmol yn fawr am eich caredigrwydd tuag ato pan ymwelodd â chwi. Dywedodd wrthyf ei fod wedi ei fedyddio yn ôl dull y sect a elwir y Bedyddwyr. Yr oedd hyn yn beth pur naturiol, gan ei fod yn byw gyda Bedyddwyr, ac os oedd hynny yn unol â'i gydwybod ef, nid wyf yn cael dim bai ynddo, ond yn unig iddo gymryd gofal ac am beidio gwneud pwnc bedydd yn sylfaen ei iachawdwriaeth. Mae yn dywedyd na wna, ac os ydyw yn wir Gristion, yr wyf yn diolch ei fod wedi ymuno â phobl Dduw yn rhywle gydag unrhyw sect o Gristnogion. Gobeithio y deil hyd ei ddiwedd, yw gweddi ei annwyl chwaer Margaret.

Yr ydym yn myned allan yn yr hwyr i gysgu yn y *Sanctorum*, lle y soniais amdano'r flwyddyn ddiwethaf. Mae oddeutu ugain o blant yn bresennol, rhai yr wyf yn eu cymell ar ei gilydd ar nos Sul i gadw Ysgol Sabothol. Yr wyf yn dysgu iddynt lawer o donau Cymreig, ond ar eiriau Saesneg, wrth gwrs. Pan welant fi ar nos Sul yn dyfod i fyny o hirbell, rhuthrant i'm cyfarfod, a hanner digiant fi yn agos drwy eu caredigrwydd.

Yn awr, cyn dechrau fy nisgrifiad, dymunwn ddweud fy mod yn well fy iechyd trwy drugaredd yr amser yma o'r flwyddyn hon nag wyf wedi bod ers pan yn Jerwsalem. Felly mae'r holl drigolion, gan nad oes na saldra cyffredinol, na newyn, na locustiaid fel yn y blynyddoedd a aethant heibio.

Dywedaf i chwi yn awr pa fodd y trinnir babanod Iddewig. Cyn gynted ag y cânt eu geni, gosodant ddwy fraich y truan yn syth ac yn glòs un bob ochr iddo, a sythant y goes gyda rhwymyn rhai llathenni o hyd. Rholiant y rhwymyn hwn o amgylch, o'i wddf i lawr hyd at ei sodlau, ei freichiau, a'r cwbl mor dynn nas gellir gafael yn ei draed, a saif i fyny fel polyn. Ni olchir ef am fisoedd oddigerdd ei geseiliau, a thu ôl ei glustiau. Gallent wneud crud iddo ym mha le bynnag yr elont, ond yn eu tai eu hunain, crogant ef yn nhop y tŷ.

Nid oes ond dau gortyn o'r naill wal i'r llall, a dau ddarn o bren a thwll ym mhob pen, trwy'r hwn y rhoddir y cortyn. Gosodir y ddau ben yn y canol i gadw'r cortynnau ychydig oddi wrth ei gilydd. Wedi hynny, gosodir darn o liain neu sach, neu rywbeth pur gryf, pedwar ysgwâr, a gwniir ef am y cortyn bob ochr, a'r un modd am y pren bob pen. Mae'r coed oddeutu llathen oddi wrth ei gilydd, a chofiwch fod y ddau gortyn yn myned trwy fodrwy ym mhob ochr i'r wal. Pan fyddant wedi gorffen y pethau hyn, rhoddant y baban yn y crud a darn o hen wrthban neu ryw hen garp drosto, a dau gortyn dros hwnnw i'w rhwymo am y plentyn, crud a'r cwbl, fel (pan mae yn ddigon mawr i wneud hynny) nas gall godi a syrthio drosodd (pe bai'n ceisio gwneud hynny â'i holl egni). Mae'r crud wedi ei osod gymaint o ffordd oddi wrth y llawr, fel medr y fam wrth sefyll, daro ei waelod fel ag i wneud iddo siglo yn ôl ac ymlaen. Felly 'Hwi bai' ebe pawb wrth basio, a rhoddant ergyd i'r crud. Pan fyddant yn myned allan am ddiwrnod i'r coed, cymerant gortyn a rhwymant ef o amgylch dau bren, a'r baban mewn *shawl* yn y canol.

Nid ydwyf yn cofio i mi ddweud wrthych o'r blaen nad yw dyn byth yn gweled ei ddarpar-wraig nes y bydd yn wraig iddo. Y rhieni neu'r perthnasau agosaf sydd yn gwneud y *match*, ond gallech feddwl y buasai yn dda ganddynt weled ei gilydd yn *sly* o hirbell, ond nid felly y mae. Yr oedd fy nghyfeilles i, meistres yr *Hospital*, mewn llythyr yn dweud fod un o'r gweision yn myned i briodi cyn hir, a bod y ddarpar-wraig, geneth oddeutu 12 oed, wedi dyfod ar neges i'r *Hospital*. Agorodd un o'r gweision y drws iddi, ac yr oedd gwas arall yn sefyll ychydig ymhellach. Dywedodd yr eneth ei neges i'r hwn a agorodd y drws, ac wedi gorffen, pwyntiodd gwas y drws at y llall, gan ddweud wrth yr eneth, 'A wyddoch chwi mai hwn yw eich darpar-ŵr chwi?' 'Na wyddwn yn wir,' ebe'r truan, gan ruthro allan ac wylo yn ddwys am ei bod wedi ei weled.

Wedi priodi, goddefir iddynt fod ynghyd am bedair awr ar hugain. Wedi hynny, maent yn ymddwyn tuag at ei gilydd megis dieithriaid am saith niwrnod. Mae'r holl ferched

Arabaidd yma yn oelio eu hwynebau â chadach mwslin pan fyddant yn myned allan, a chynfas dros hwnnw i lapio amdanynt.

Rhaid i mi derfynu yn awr. Gyda chofion caredig at bawb. Ydwyf eich annwyl ferch,

Margaret

Llythyr XIX

Ysgrifennwyd 22 Medi 1867
Cyhoeddwyd 1 Chwefror ac 13 Tachwedd 1868 yn Y Tyst Cymreig

Annwyl Rieni

Derbyniais eich llythyr caredig ynghyd â'r papur bythefnos yn ôl, ac mae arnaf ofn y byddwch yn ddig wrthyf am na fuaswn yn ei ateb ynghynt. Mae gennyf lawer iawn o esgusodion, ond wedi ystyried, yr wyf yn gweled na thâl yr un ohonynt. Felly, rhaid i chwi a minnau fod yn fodlon heb yr un.

Yr wyf yn anfon y rhoddion bychain hyn gyda fy nghofion mwyaf serchog atoch chwi fel teulu yn enwedig, a hefyd at bawb o'm cyfeillion a'm perthnasau. Y mae'r llyfr 4 tudalen i chwi i'w gadw, a'r locustiaid, hefyd os byddwch yn dewis, ond yr wyf yn dymuno arnoch chwi roddi'r blodau eraill, ynghyd ag adenydd y locustiaid, i'r rhai hynny o'm cyfeillion a'm perthnasau a fydd fwyaf am eu cael.

Fy annwyl dad, yr ydwyf yn gobeithio y cewch chwi oes hir ac iechyd da a bywyd cysurus i fwynhau eich ffon[17] a dywedwch wrthyf sut y byddwch chwi yn ei leicio hi. Ac er bod y rhan isaf ohoni o afon yr Iorddonen, yr ydwyf yn gobeithio na fydd hi yn gymaint o wrthrych eiddigedd (os dyna'r gair iawn am y teimlad) ag y bu'r dŵr o'r fan honno, ac na wnaiff neb o'ch cymdogion ei thybied hi yn Babyddol nac yn ffolineb ychwaith i chwi wisgo fy rhodd fechan; bydd yn bur ddrwg gennyf os gwnânt. Y mae dwrn y ffon wedi ei wneud o bren oddi ar Fynydd yr Olewydd, ac o'r defnydd hwnnw.

Darllenais hanes eich cyfarfod Ysgolion Sabothol

diddorol ac ardderchog, a dywedais ar y pryd, 'O na bai'r fath gyfarfodydd yn Jerwsalem', ond dyma fi yn grwgnach unwaith eto. Ond nid rhaid, rydym ni fel cynulleidfa fechan o addolwyr ar Fynydd Seion yn bur ddedwydd yn gyffredin, oddigerdd i ddrwg ddyfod i'n meddyliau ni, yrŵan ac yn y man, gan ddywedyd wrthym fod eraill yn y byd lawer dedwyddach. Ond dylaswn ar y dechrau ddywedyd pa faint yw rhif ein cynulleidfa. Wel, mae hi rhywle o bedwar ugain a deg i gant. Peidiwch â chwerthin, mae hi yn fechan iawn yn wir yn ymyl eich un chwi, ond y mae rhai yma na chawsant erioed mo'r fraint o weled mwy yn meddwl ei bod yn bur fawr. Yn awr, rhaid i mi ddywedyd wrthych chwi ym mha sefyllfa yn y byd y mae ein cynulleidfa (ond rhaid i mi gyfaddef, er fy ngofid, fod rhai o'r gynulleidfa fechan hon nad ydynt yn feddiannol o'r ysbryd mwyaf duwiol, ond beth bynnag, nid fy lle i yw barnu).

Wel, mae tri *chlass* ohonom, er y dylai cynulleidfa o saint fod yn un ac yn frodyr a chwiorydd. Ond nid felly y mae yn Jerwsalem, fel mannau eraill. Y mae tri *chlass*; yr uchaf yw'r esgob, y personiaid, a'r cenhadon a'u teuluoedd. Yr ail (ac i ba un yr wyf i yn perthyn) ydyw'r marsiandwyr, y *bankers*, a'r siopwyr. Y trydydd a'r olaf yw'r tlodion. Ond fy annwyl rieni, peidiwch â meddwl am foment fy mod i yn falch i beidio â chyfrif fy hun ymysg y tlodion. Y mae yn wir fy mod i yn diystyru tlodion Jerwsalem, o leiaf rhai ohonynt, ond nid am eu bod yn dlodion, ond am eu bod yn ddiog, a hynny i'r fath raddau nas gwelais eu cyffelyb yn un lle. Maent yn cyfaddef hynny ac yn esgusodi eu hunain drwy ddweud mai poethder yr hin yw'r achos. Mae'n wir fod hi'n anodd goddef yr hin ambell waith, ond anhawsdra yw ef, ac nid amhosibilrwydd, ac nid mwy nag a oddefai'r Cymro annwyl. Yr wyf yn dywedyd hynny o waelod fy nghalon, a'r mwyaf a welaf o'r byd, mwyaf yr wyf yn hoffi a mawrygu egwyddorion ardderchog y Cymro, a'r modd y mae ef yn dyfalbarhau drwy bob hin a chaledi i weithio yn onest i gadw ei deulu rhag pwyso ar neb ond ei fraich gadarn, gariadus ei hun. Duw a'i fendithio ef a hwythau â thrugareddau gorau'r byd hwn, a'r rhai gwell hefyd yn y byd a ddaw, ydyw dymuniad calonnog ei gyd-wladyddes. Ond O, mor bell yr wyf wedi myned oddi wrth y cwestiwn. Ie, a oddefai'r Cymro i'w wraig a'i blant farw o'r bron neu gardota oherwydd ei fod ef yn teimlo yn rhy *ddelicate* i sefyll poethder yr haul? Rhaid i mi ateb fy hunan. Na wnaent hwy ddim o'r fath beth.

Yn awr, ynghylch sefyllfa'r teulu hwn. Rhaid i mi ddwyn ar gof i chwi fod fy meistr yn Iddew troëdig. Pan adawodd ef ei gartref o dan ddigofaint ei gyfeillion, oherwydd newidiad ei ffydd, gadawodd yno dad a mam, pump o frodyr, a dwy chwaer, heb feddu gobaith byth cael eu gweled drachefn, ond ni roddodd i fyny weddïo drostynt. Ac yn awr, wedi gwneud hynny am ugain mlynedd, mae Duw wedi gweled yn dda ei ateb trwy ddyfod â'i frawd ieuengaf o ben pellaf y byd i ddysgu ffordd y nefoedd drwy Iesu Grist. Gallwch ddychmygu teimlad diolchgar fy meistr am ddaioni a thrugaredd yr Arglwydd tuag ato. Mae Mr Georg Frankel (brawd fy meistr) yn ddyn ieuanc 24 oed, braidd yn dew, ond yn bwyta ychydig. Mae'n bur ddistaw, byth yn gofyn am ddim, os na roir heb ofyn. Milwr oedd o'r blaen yn Poland.

Mae fy meistr a meistres wedi myned i Beirut i ymweled â'r plant ers tair wythnos. Felly, yr wyf i yn frenhines y lle. Mae fy meistres wedi dweud wrth y gwas ers y dechrau mai fi ydyw ei feistres, ac am iddo fy ngalw i felly. Hyd yn hyn, mae yn bur ufudd. Mae gennyf ful hefyd sydd mor wasanaethgar â'r gwas. Mae'r eneth fechan a minnau wedi myned allan bob dydd, tra bod ei hewythr yn cadw'r tŷ.

Mae teulu'r Esgob[18] wedi cyrraedd Cymru ynghynt nag oeddwn i yn ei ddisgwyl. Mae Mrs Gobat wedi addo dod â bwndel yn ôl i mi, felly yr wyf yn danfon pedair punt i chwi, fy mam. Os byddwch mor garedig â phrynu pethau sydd yn ysgrifenedig ar y papur yn y llythyr hwn, byddaf yn bur ddiolchgar i chwi.

Rhaid terfynu yn awr, gan obeithio eich bod chwi oll yn iach a chysurus. Yr ydwyf wedi bod braidd yn afiach a chloff ers mis yn ôl, ond diolch i'r Arglwydd trugarog yr wyf wedi gwella yn dda yn bresennol.

Ydwyf, eich annwyl ferch,
Margaret

Llythyr XX
Ysgrifennwyd 22 Tachwedd 1867
Cyhoeddwyd 8 Chwefror 1868 yn Y Tyst Cymreig

Annwyl Rieni

Yr oedd yn ddrwg gennyf weled yn eich llythyr caredig fod fy oediad yn ysgrifennu atoch y tro diwethaf wedi peri i chwi gymaint o anesmwythdra. Mae yn bur dda gennyf eich bod wedi hysbysu hynny, onid e y mae arnaf ofn y buaswn yn euog o'r un pechod y tro hwn eto, er y meddyliwch chwi fod fy nghalon i gyn galeted â fy wyneb pan feiddiaf ddweud hynny. Yr oeddwn wedi meddwl gohirio ychydig oherwydd fy mod yn disgwyl yr Esgob Gobat gartref ymhen tair wythnos. Fe allai y gwyddoch chwi yn well na fi pa faint fydd ei ddyfodiad yn elw i mi. Felly, yr oeddwn i wedi bwriadu i'r llythyr hwn fod yn un anghyffredin o ddiolchgar i fy holl gyfeillion am eu caredigrwydd. Ond gan fod yn well gennych chwi ei gael yn sych fel y mae e (os gellwch chwi alw llythyr yn llawn dop o deimlad cynnes, serchog a chariadus, er nad wyf fi yn feddiannol ar y fath ddawn i ddarlunio'r fath serch ar bapur), dyma i chwi groeso ohono fel y mae.

Yr oedd yn llawenydd mawr gennyf o weled fod Thomas Jones, Joiner, wedi troi ei gefn ar y diafol a'i wyneb at Iesu. O, na bai miloedd mwy yn dilyn ei esiampl a gwneud i'r hen Satan i grensio'i ddannedd o ddicllonedd oherwydd colli cymaint o'i ddeiliaid nes gwneud iddo droi yn ôl i'w ffau wedi torri ei galon, a rhoddi ei waith o ddamnio eneidiau i fyny *as a bad job*.

Yr wyf wedi derbyn y newyddiadur a anfonasoch yn hysbysebu marwolaeth y Parch. John Phillips, Bangor.[19]

Bydd yn golled fawr i Gymru ar ôl ef. Bydded i Dduw lanw ei le gyda rhywun sydd yn ei olwg Ef yn deilwng o'r fraint.

Synnais yn fawr oherwydd marwolaeth David Roberts, Manchester (gynt o'r Rhos), a oedd wedi bod mor ddiweddar yn ymweled â'i hen gartref. Ond pa raid rhyfeddu, gan ein bod wedi ein rhybuddio i fod yn barod am nas 'gwyddom na'r dydd na'r awr y daw Mab y Dyn'.

Cofiwch fi yn garedig at deulu Mr Letsom, a dywedwch wrthynt fy mod yn cyd-lawenychu â hwynt, er yn absennol, oherwydd genedigaeth eu mab, a bod gennyf botelaid o ddŵr yr Iorddonen yng nghadw yn fy nghist. Ond pa fodd yr anfonaf i hi yw'r pwnc, a chwestiwn nas gall neb ei ateb yn bresennol. Ond dywedwch wrthynt am iddynt gysuro eu hunain gyda'r meddwl fod y dŵr wedi ei baratoi i fedyddio eu mab pe buaswn yn gallu ei anfon iddynt.

Wel yn awr at y cwestiwn a ofynasoch ynghylch Mynydd yr Olewydd. Ni chyflawnir y broffwydoliaeth honno yn Sechareia, hyd at ail ddyfodiad Crist, 'a'i draed a safant y dydd hwnnw ar Fynydd yr Olewydd' [14.4]. Mae'r mynydd hwnnw yn bresennol, ac yn wir y mae yn debyg mai felly y mae er dechreuad y byd, yn dri bryn neu fonciau bychain, hynny yw, bychain i'w cyffelybu â mynyddoedd Cymru. Ar y ddeau, tua Bethania, mae dyffryn neu bant mawr, lle holltir Mynydd yr Olewydd. Mae'r dyffryn mawr hwn, cyn belled ag y gallaf i farnu drwy edrych arno, yn cyrraedd o un rhan o'r Olewydd hyd y Môr Marw a mynyddoedd Moab, sydd ddeugain milltir o Jerwsalem. Mae'r bumed adnod o'r bennod ddiwethaf yn Sechareia yn dweud y cyrhaedda hyd Asel, ond ni wn ym mha le mae hwnnw, ac y daw'r 'Arglwydd Dduw a'i holl saint gydag ef'. O'r fath olygfa, bydded ein bod ni oll yn barod i weddïo o galon, 'Deued dy Deyrnas', fel na fydd raid i ni ddychryn megis rhag daeargrynfeydd.

Er pan ysgrifennais atoch chwi ddiwethaf, yr wyf wedi bod yn un o synagogau mwyaf yr Iddewon, yn gweled eu dull hwy o gadw gŵyl y pebyll. Cychwynasom oddi cartref oddeutu pump o'r gloch y prynhawn, ac aethom drwy y rhan Iddewig o'r ddinas, lle'r oedd pob masnachdy wedi ei gau. Roedd pawb yn gwisgo eu gorau, hyd yn oed y rhai na wisgant ond ar wyliau mawrion o'r fath hyn. Mae dillad y merched wedi eu gwneud o'r lliwiau cochion, porffor a melyn, sydd wedi eu gweithio gydag edau aur. Cedwir y rhain o'r fam i'r ferch am lawer o genedlaethau ynghyd â breichledau ac addurniadau'r gyddfau a'r pennau. Yr oedd peisiau llawer o'r dynion hefyd o borffor. Maent yn addurno eu tai hefyd oddi mewn ac oddi allan â changhennau gwyrddion, yn enwedig y balmwydden, os gallant ei chael.

Aethom yn gyntaf i'r brif synagog, ac yr oeddem yn rhy hwyr; yr oedd y gwasanaeth wedi darfod a'r Iddewon yn cerdded allan. Dyna'r adeilad harddaf yn Jerwsalem. Mae yno lampau o aur pur ac mae'r man lle y maent yn cadw pum llyfr Moses, y pulpud ym mhen y synagog, hefyd o aur. Mae'r llen sy'n gorchuddio'r drws wedi ei weithio o'r un defnydd. Mae'r ffenestri wedi eu paentio yn hardd dros ben ac ar y muriau mae lluniau o gornet, y chwibanogl, y delyn a'r dwlsimer a phob rhyw offeryn cerdd, ond dim ond eu lluniau sydd yno. Nid oes gan yr Iddewon yn Jerwsalem yr un math o offeryn cerdd yn y dyddiau presennol, oddigerdd rhyw fath o gneuen fawr iawn wedi ei thorri yn ei hanner a phricin ymhob llaw a churant y ddau hanner bob yn ail. Dyna yw eu *music*, fel y dywedir yn Eseia xxiv.8,9: 'Galarodd y gwin, llesgaodd y winwydden, y rhai llawen galon oll a ruddfanasant', 'Darfu llawenydd y tympanau, peidiodd trwst y gorfoleddwyr, darfu hyfrydwch y delyn.'

Aethom wedi hynny i'r synagog arall, lle'r oedd milwyr yn gwylio'r drws, ac yn bygwth yn ofnadwy os rhoddem ni droed o fewn y deml. Ond anfonodd fy nghyfaill un o'r gweision oedd yn Iddew i ofyn i'r pen rabi a gaem ni fyned i mewn. Gan fod yr atebiad yn un cadarnhaol, aethom trwy lawer o helynt a gwthio trwy'r dorf, gan syrthio i lawr a chodi heb niweidio ein hunain rhyw lawer ynghanol y fath dorf anwaraidd. Ond o'r diwedd, cawsom le da iawn ar drothwy'r ffenestr (*window sill*). Edrychasom i lawr ar dyrfa o wynebau sâl a llwydion, y fath nad oes gan un genedl ond yr Iddewon. Gallant ddweud, gyda Jeremeia, 'Darfu llawenydd ein calon, ein dawns a drodd i alar; syrthiodd y goron oddi am ein pen, gwae ni yn awr bechu ohonom. Am hyn, mae ein calon yn ofidus, am hyn y tywyllodd ein llygaid.'[20]

Yr oedd pulpud mawr ynghanol yr addoldy, lle'r oedd y rabis, ac amryw o fawrion y ddinas ac eraill o'r gynulleidfa ar y llawr o amgylch y pulpud, yn eistedd ar ysgwyddau a chefnau ei gilydd, oherwydd bod yr eisteddleoedd wedi eu troi *upside down*, a'u traed i fyny. Yr oedd yr Iddewon ieuanc yn gwneud eu gorau i sefyll neu i eistedd arnynt. Wedi i'r rabi, a oedd wedi ei wisgo mewn dillad gwynion, alw am ddistawrwydd, aeth ag un o'r disgyblion gydag ef o amgylch y gynulleidfa, gan weiddi â'i holl nerth i bwy bynnag a roddai fwyaf o arian gael y fraint o dynnu pum llyfr Moses allan o'r cwpwrdd. Yr un yn cynnig y pris uchaf a ddeuai i law a châi'r hawl. Nis gwn faint a gawsant, ond gwn iddynt wrthod deg swllt, ond beth bynnag allan daeth y llyfrau o'r diwedd, yn ddeg o roliau. Dawnsiodd nifer o'u hamgylch, ac yna, fe'u gosodwyd ym mreichiau deg o fechgyn, tra oedd y rabi druan wedi ei gladdu o'r bron gyda'r dillad a'r hetiau a daflwyd ato i'r diben iddo ddewis pa rai a wisgai. Wedyn dewisodd iddo ei hun bais, a math o gôb (*coat*) flewog o groen rhyw greadur, a choroni ei ben â het fawr, a'i chorun yn dri chwarter llath o uchder. Cymerwyd ef gan ryw ddwylo caredig a gosodwyd ef ar ysgwyddau dau o'r dynion cryfaf oedd yn y lle. Cariodd y rhain ef o amgylch y synagog, gan ei ysgwyd ef i fyny ac i lawr yn y fath fodd nes yr oedd fy nghalon i yn ysgwyd wrth edrych arno. Galwai'r Iddewon yr ysgydwad hwn yn dawnsio; 2 Sam. vi.14, 'fel ag y dawnsiodd Dafydd o flaen yr arch'. Ond yn fy meddwl i roedd llawer rhagor rhwng ei ddawnsio ef wrth addoli â'i holl galon nag yng ngwag ddawnsio Iddewon Jerwsalem yn y dyddiau presennol.

Canlynwyd y rabi hwn gan ddeg o fechgyn, ynghyd â llyfrau Moses a'r rhan fwyaf o'r gynulleidfa, yn curo eu dwylo a gweiddi â'u holl egni. Roedd rhai yn curo'r ddau hanner cneuen y soniais i amdanynt yn flaenorol a phawb yn ymddangos fel eu bônt yn mwynhau eu hunain yn dra rhagorol, yn enwedig y gŵr mawr, y rabi. Roedd y merched druain yn gorfod ymfodloni gydag edrych drwy'r ffenestri oddi allan. Yr unig le iddynt hwy yn y synagog yw'r oriel (*gallery*). Nid aeth y merched i mewn y noson honno, gan fod y gwasanaeth mor faith ac ni fyddai modd iddynt fyned allan cyn y diwedd; trueiniaid ydyw'r merched.

Mae gan feibion Iddewig weddi fel a ganlyn, ac nid oes dydd yn myned dros eu pennau nad ydynt yn ei harfer: 'Yr ydym ni yn diolch i Ti, O Dduw, tad Abraham, tad Isaac, tad Jacob, a'n tad ninnau, am i Ti ein gwneud yn ddynion.' Tra dysgir i'r merched fel hyn: 'Yr ydym ni yn diolch i Ti, O Dduw, tad ein mamau Sara, Rebeca, a Rahel, am i Ti ein gwneud ni'r peth ydym.' Edrychir ar y merched, gan holl Iddewon y byd, heblaw Jerwsalem, fel rhywbeth llawer islaw dynolryw.

Wel, gadewais gynulleidfa'r synagog yn mwynhau eu hunain, yr hyn a wnaethant am amser hir nes y tarodd y rabi ei het fawr yn un o'r lampau a thywallt yr holl olew ar ddillad gorau un o'i is-frodyr. Tybiodd hwnnw hynny yn ddigon o achos i'w yrru i natur ddrwg ofnadwy, a'r canlyniad fu ymladdfa yn y fan a'r lle, heb dalu'r un parch na sylw i sancteiddrwydd yr adeilad. Pan welsant yn dda i roi heibio'r fath ymddygiad a bod heddwch yn teyrnasu yn eu plith, gadawsom hwynt mewn llawn fwynhad, ac aethom adref.

Fy annwyl rieni, y mae arnaf ofn fy mod i yn ysgrifennu'r llythyr hwn yn rhy faith a thrwsgl, a dim yn ddigon *interesting*, fel ag y byddwch chwi wedi glân flino yn ei ddarllen, ond ceisiwch faddau i mi.

Yr ydym wedi cael ymenyn yr wythnos hon, wedi bod heb ddim ers saith mis. Ni wyddoch chwi ddim beth yw bod gymaint â hynny o amser heb damaid o frechdan fenyn, a gobeithio na ddeuwch chwi fyth i wybod.

Mae hi yn braf gyda ni eto, dim tân yn yr ystafelloedd a'r drysau yn lled agored. Glawiodd ychydig bythefnos yn ôl am ddwy awr neu dair a dyna hynny o oerni a gawsom eto. Nid wyf yn cofio a ddywedais wrthych o'r blaen, nad yw hi byth yn glawio yn y wlad hon ond ar hin oer. Ceir mellt a tharanau ond yng nghanol y gaeaf, ar ba amser y maent yn fwy dychrynllyd na'r storm waethaf a welais i erioed yng Nghymru. Mae'r mellt (o bob math o liwiau) yn gwau bob eiliad, a'r taranau yn rhuo yn ddi-baid hyd nes derfydd y storm. Ni chlywyd erioed am fellt yn niweidio dyn nac anifail yn y wlad hon, maent yn berffaith ddiniwed. Dyma ddiwedd y seithfed mis bron yn myned heibio heb yr un diferyn o law, oddigerdd yr ychydig bythefnos yn ôl.

Mae'r Pasha, hynny yw, *governor* y ddinas hon, wedi ymgynnull at ei gilydd holl gardotwyr, carcharorion, gwŷr gweddw heb ddim plant, a holl lanciau cryfion amddifad Jerwsalem, i wneud heol o'r diwedd trwy wlad Asyria. Meddyliwn i, wrth y modd y maent yn rhwygo'r ddaear fel llewod o'u blaenau, eu bônt yn mwynhau eu cyfnewid o'u celloedd tywyll i oleuni disglair yr haul, er ei bod hi yn boeth. Mewn gair, mae *all the male outcasts of society* wedi eu hymgynnull i symud cerrig aneirif y wlad hon i wneud ffordd na fu ei chyffelyb yng Ngwlad Canaan er ei dyddiau llwyddiannus. Yr wyf i a llawer eraill yn meddwl mai yn y gwaith hwn y cyflawnir proffwydoliaeth Eseia 62.10, 'Cyniweiriwch trwy'r pyrth, paratowch ffordd y bobl. Palmentwch, palmentwch briffordd, digaregwch hi; cyfodwch faner i'r bobloedd.' Eto, yn 11.16, 'A hi a fydd yn briffordd i weddill ei bobl ef, y rhai a adewir o Asyria, megis ag y bu yn Israel yn y dydd y daeth efe i fyny o'r Aifft.' Hefyd y tair adnod ddiwethaf o'r 19eg bennod, 'A'r pantiau a gyfodir, a'r bryniau a ostyngir' [40.4], ac amryw o adnodau eraill nad oes gennyf fi amser i'w hysgrifennu yn bresennol. Mae'r Iddewon yn myned i'w gweled ac yn dweud fod y Meseia yn sicr o ddyfod pan orffennir y ffordd hon. Ac os na ddaw ef amser hynny, mae'n rhaid iddynt gredu ei fod ef wedi dyfod, oherwydd y flwyddyn hon ydyw diwedd eu chwe mil blwyddyn hwy, yr amser pellaf ag y gallant, meddant hwy, gredu absenoldeb y Meseia. Felly tra bod yr Iddewon druain yn disgwyl am ddyfodiad cyntaf Crist, yr ydym ni yn fwy breintiol yn disgwyl am ei ail ddyfodiad. Gweddïwn am i Dduw i dynnu'r llen oddi ar eu llygaid hwy yn gyffredinol cyn y dechreuant eu seithfed fil.

Cyflog y dynion sydd yn gweithio ar y ffordd hon ydyw cymaint â fedrant fwyta ac yfed o fara a dŵr, druain bach.

Wel, rhaid terfynu yn awr, gan obeithio y maddeuwch chwi'r oll sydd allan o'i le yn y llythyr hwn. Cofiwch fi at bawb o'm brodyr a'm chwiorydd crefyddol, a'm holl gyfeillion yn Rhos.

Hyn oddi wrth eich serchog ferch,
Margaret

Llythyr XXI
Ysgrifennwyd oddeutu Mawrth/Ebrill 1868
Cyhoeddwyd 4/11 Medi 1868 yn Y Tyst Cymreig

Annwyl Rieni

Yr wyf yn teimlo yn bur ddiolchgar i chwi am eich caredigrwydd yn danfon darlun eich annwyl weinidog. Gobeithio y bydd i Dduw fendithio ei lafur er ennill llawer o eneidiau o grafangau Satan i fynwes yr Iesu. Cofiwch fi yn garedig ato ef a Mrs Rowlands. Y mae yn bur dda gennyf fod y groes fechan wedi ei foddhau gymaint. Ceisiaf anfon un mewn llythyr cyn bo hir.

Er pan ysgrifennais atoch ddiwethaf, yr wyf wedi cael y pleser o weled pump o Gymry; y ddau gyntaf o Lerpwl, un ohonynt yn feistr fy nghefnder Daniel Phillips. Mae'n debyg eich bod wedi gweled neu glywed hanes Mr Jones yn Jerwsalem cyn hyn. Y Cymry eraill oedd Mri Roberts a Lewis, y cyntaf o America a'r ddau arall o Ddeheudir Cymru. Cyfarfyddasant â fy meistr a'm meistres un noswaith yn nhŷ'r Esgob. Meddai Mr Roberts wrth fy meistres fel a ganlyn: 'Wel, Ma'am, digwyddodd peth rhyfedd, yn fy marn i, heddiw. Yr oedd gennyf bâr o esgidiau newydd a roddodd fy ngwraig yn fy *mox* cyn i mi gychwyn ar fy nhaith. Ni fu raid i mi eu gwisgo cyn heno, ac wrth dynnu'r papur newydd Cymraeg oddi amdanynt, gwelais rywbeth a barodd i mi edrych yn graff arno. Hynny oedd, "Mynydd Seion", ac wele yr oedd yn llythyr *interesting* oddi wrth eich morwyn chwi at ei thad, am hanes mynediad y merched i'r ysgol yn Beirut.' Yr oedd yr hanes hwn yn *interesting* i fy meistres. Felly nhad, ni synnais pan welais yn eich llythyr eich bod wedi argraffu'r pedwar diwethaf. Os oes gennych chwi rai o'r papurau yn adawedig hyd yn hyn, byddai yn bur dda gennyf os fyddwch mor garedig ag anfon un o bob un i mi. Yr wyf wedi anghofio'r oll a ysgrifennais, oddigerdd yr hyn a ddywedodd Mr Roberts.

Nid oes gennyf unrhyw hanesion y tro hwn, oherwydd nad wyf wedi bod yn unlle i'w cael. Nid yw Porth Jopa ond dau neu dri chant o lathenni oddi wrth ein tŷ ni, ond er cyn lleied ydyw'r ffordd, nid wyf wedi ei weled y flwyddyn hon, oherwydd fy mod yn ofni cerdded mwy nag sydd raid i mi, am fod ychydig iawn o gerdded yn fy nghloffi yn bresennol. Ond efallai fod rhyw fân bethau eto, yn arferion trigolion yr hen ddinas hon nas dywedais wrthych o'r blaen o ddiddordeb.

Mae merched y wlad hon, o chwech oed ac uchod yn cerdded yr heolydd yn eu cynfasau, ac yn myned i'w gwelyau yn eu gŵnau, y fath ag ydynt. Mae llawer ohonynt yn y dyddiau yma yn gwneud y gŵn mor debyced ag y gallant i'r Saeson. Coeliwch fi, mae rhai ohonynt yn gwisgo *crinoline* dros y cwbl. Gadawaf i chwi farnu pa fath olwg sydd arnynt, ond y mae arnaf ofn y meddylia plant bychain eu bod yn perthyn yn agos iawn i ysbrydion.

Mae dynion yn myned i'w gwelyau yn eu holl ddillad, hyd yn oed eu *tarbushes*, fel y gelwir y capiau cochion a wisgant. Nid ydynt yn ymolchi drostynt (fel y byddwch yn dywedyd), ond dwy neu dair gwaith bob blwyddyn. Ond, maent yn golchi eu clustiau a'u gyddfau unwaith yr wythnos. Pa mor futred bynnag y byddant, ni all yr un awdur cyfraith, nerth, grym nac awdurdod fyth wneud iddynt ymolchi chwaneg nag ychydig ar eu hwynebau unwaith yr wythnos.

Yr oedd gennym ni was ychydig amser yn ôl. Pan welodd fy

meistres pa mor fudr oedd, ac yntau heb yr un crys, cynigiodd un o hen grysau fy meistr iddo, os ymolchai ei wddf a'i glustiau. Ond ateb penderfynol y gwas oedd: 'Cymeraf y crys yn awr ac ymolchaf ar ddiwedd yr wythnos'. Gan ei fod wedi ymaflyd yn y crys yn barod, gollyngodd fy meistres ei gafael ynddo, ac wele drannoeth y gwas yn myned allan i'r farchnad, a'r crys newydd uwchben ei ddillad budr eraill. Roedd coblyn o F fawr ar gornel y crys, yn dangos i bawb a fedrai ABC o ba le y cafodd y dilledyn, a balch iawn yr oedd ohono hefyd.

Ni oddefa'r un gŵr i'w wraig ei gusanu ond ar ei law. Mae hyn yn ddyletswydd arni bob tro y daw'r penteulu i'r tŷ. Nid yw ef byth yn darostwng ei hun i dalu'r un nod o barch na serch tuag at ei wraig. Pan ddaeth un o ferched Canaan i ymweled ag un o'r cenhadon a'i deulu, gofynnodd i wraig y tŷ ar ddiwedd ei hymweliad, mewn syndod mawr, 'A ydyw gwŷr Ewrop yn gyffredinol yn ymddwyn tuag at eu gwragedd fel hyn?' Pan atebwyd eu bod, meddai'r Arabes, 'O, na'm ganesid yng ngwlad y Cristnogion, lle'r ymddygir at ferched fel creaduriaid yn meddiannu eneidiau, ac nid fel anifeiliaid y maes.'

Dywedais wrth ddechrau ysgrifennu'r llythyr hwn (a pheidiwch â meddwl fy mod yn ysgrifennu llythyr ar unwaith; nac ydwyf, ond yn awr ac yn y man pan mae gennyf hamdden i hynny), nad oeddwn wedi bod yn un man i gael hanesion. Ond yr wyf newydd gael y gwahoddiad i fyned gyda'r person a'i deulu i weled y Mosque of Omar, sef lle addoliad y Mahometaniaid yn bresennol, sydd wedi ei adeiladu ar sylfaen hen deml ardderchog Solomon. Yr wyf wedi hiraethu llawer yng nghorff y tair blynedd diwethaf am gael gweled y lle a fu unwaith mor sanctaidd, ac o'r diwedd mae fy nymuniad yn cael ei ganiatáu.

* * *

Wel, yr wyf wedi cael y fraint o weled y lle sancteiddiolaf yn y byd, fel y dywedodd Jehofa yn 1 Bren. ix.3, 'Cysegrais y tŷ yma a adeiladais i osod fy enw ynddo byth; fy llygaid hefyd a'm calon fydd yno yn wastadol' ac yn 2 Cron. vii.16, 'Ac yn awr mi a ddetholais ac a sancteiddiais y tŷ hwn i fod fy enw yno hyd byth; fy llygaid hefyd a'm calon fyddant yno yn wastadol.'

Ac mor amlwg yr ymddangosodd ei ogoniant Ef yno, y fath ni welwyd yn un man arall yn y byd. Ond pa fath le ydyw yn awr? Ewch ymlaen i ddiwedd y bennod [2 Cron. vii.21], a gwelwch fel y mae bygythion y Duw cyfiawn wedi eu gwirio oherwydd i Israel wrthod ei ddeddfau a gwasanaethu duwiau dieithr. 'A'r tŷ hwn sydd uchel a wna i bawb a êl heibio iddo synnu, fel y dywedant, Paham y gwnaeth yr Arglwydd fel hyn i'r wlad hon ac i'r tŷ hwn? Yna y dywedant, Am iddynt wrthod Arglwydd Dduw eu tadau, yr hwn a'u dug hwy allan o'r Aifft, ac am iddynt ymaflyd mewn duwiau dieithr, ac ymgrymu iddynt a'u gwasanaethu hwynt.'

Mae'r mur sydd yn amgylchynu'r adeilad presennol yn drigain troedfedd o uchder, ac yn gwneud math o bedwar-ongl oddeutu 1,500 o droedfeddi o hyd wrth 1,000 o led. Mae chwech o byrth i fyned i'r *platform*, sydd wedi ei wneud o *farble*, ac yn ddiamau, dyma'r lle harddaf yn Jerwsalem.

Ond eto, beth ydyw'r lle yn y dyddiau presennol o'i gyffelybu â'r disgrifiad a osodir ohono yn y Beibl! Cyn myned ar y *platform marble*, mae llawer o lathenni o laswellt o'i amgylch (yn wir, yr wyf yn meddwl mai dyma'r lle mwyaf ffrwythlon a welais er pan ydwyf wedi bod yn y wlad yma). Ar y glaswellt hwn, yr oedd rhai plant noethion a budron yn ceisio chwarae, a gwragedd cyn noethed â'r plant, a dynion wedi eu gwisgo'u hunain mewn agos i bob math o garpiau. Cyfrifir rhai o'r dynion pennaf yn yr Eglwys Mahometaniaid yn llawer mwy sanctaidd na'r gorau o Gristnogion, oherwydd pam y cyfrifir hwy yn deilwng i fyw tu fewn i furiau (*court*) y deml, ac nis gelwir hwy byth wrth eu henwau yn unig, ond fel Sant Abraham, neu Sant Mahomet am eu bod wedi gweled bedd y proffwyd Mahomed a Mecca hefyd. Cyn myned i fyny ychydig o risiau at y *platform*, gorfu i ni oll i dynnu ein hesgidiau oddi ar ein traed, mewn ufudd-dod i ryw *Sheik* a ddaeth atom gan ddwedyd, 'Na nesewch yma, diosgwch eich esgidiau oddi am eich traed, oherwydd yr ydych yn sefyll ar le sanctaidd' (Exodus iii.5).

Wedi hynny arweiniwyd ni i mewn i'r Mosque, sy'n adeilad eang, crwn. Mae rhai ffenestri, oddeutu hanner llathen o hyd a llathen o led tua 40 troedfedd oddi ar y llawr. Mae'r *ceiling* o bres, ac mae llawer o *railings* yn yr adeilad wedi eu cerfio yn ardderchog o bren. Nid oedd yno eisteddfeinciau, na dim o'r fath. Wn i ddim faint o ddrysau oedd yno, ond roeddynt wedi eu haddurno â cholofnau *marble*. Mae yna le crwn agored yn ymyl un o'r drysau, a cholofnau o'i amgylch yn dal to o bres. Dyma lle y dywedir yr ymddangosodd yr angel i atal y pla a anfonodd Duw ar Israel, oherwydd i Dafydd gyfrif y bobl (gwelwch y bennod olaf o 2 Samuel). Ond y peth mwyaf *interesting* yn fy ngolwg i oedd y llawr dyrnu a brynodd Dafydd i aberthu i Dduw am ei bechodau. Mae yn graig gadarn ac yn llenwi'r Mosque.

Gallai yn hawdd fod yn lle i aberthu, ond wn i ddim pa fodd y gallant ddyrnu yno, oherwydd ei fod yn bur anwastad. Y mae ôl traed angel arno. Pan aeth Mahomed i fyny i'r nefoedd ar gefn ceffyl gwyn, a'r llawr dyrnu yn ei ganlyn, trawodd yr angel ei droed yn y graig i'w atal.

Mae math o ddrws wedi ei wneuthur o *wire* yn ymyl yr allor. Mae'r Mahometaniaid yn rhoddi darnau o edau trwy'r *wires* os byddant yn dymuno cael plant neu rywbeth arall o bwys. Yn wir, mae pob ffenestr o *wire* ymhob man yn llawn o ddarnau bychain o garpiau neu edau, sy'n eu gwneud i edrych yn debyg iawn i siop garpiau.

Mewn ystafell o dan yr allor (sydd hefyd ar ben mynydd Moreia), dangosir y man lle'r oedd Solomon yn arfer rhwymo ei farch, a'r lle eisteddodd Abraham, ac y gweithiodd Dafydd ac y gorffwysodd Elias a llawer o ofergoelion eraill, yn enwedig am Mohamed. Ni ddywedir yr un gair am ein hannwyl Iesu ond mewn un man, lle y gwelir carreg *oblong* a dywedir mai dyma oedd ei grud ef. Ond nis gwybûm i erioed o'r blaen fod yr Iesu wedi ei fagu yn y deml.

Ond tra oedd yr hen Sheik Mahometanaidd hwnnw yn sôn cymaint am ei broffwyd ef, yr oeddwn i yn edrych yn graff am y lle y tebygwn y bu fy Ngheidwad annwyl yn eistedd yng nghanol y doctoriaid, yn eu dysgu yn y fath fodd fel na siaradodd yr un dyn erioed yn debyg iddo, gan ddwedyd yr enw 'Iesu' i mi fy hun. Yr oedd rhywbeth mor felys yn hyn, wrth ymyl sŵn addolwyr y gau-broffwyd.

Arweiniwyd ni i lawer iawn o adeiladau. Yr oedd un ohonynt yn hen iawn, o dan y ddaear. Yr oedd cerrig muriau'r adeilad hwn yn anferthol, oddeutu pump neu chwe llath o hyd wrth ddwy o led. Mae rhai ohonynt wedi rhisglo gydag oedran, a chrafais ychydig ohonynt i'w hanfon i chwi mewn llythyr. Mae yno hen bontydd rhwng y naill adeilad a'r llall, a *fountain* hefyd, ond nis gallant fod wedi bod yno ers yr hen amser, pan oedd y deml yn ei gogoniant.

Mae colofnau yn ymyl ei gilydd yn un o'r adeiladau, a gwthia'r *Sheik* bawb sydd yn ddigon tenau drwodd rhwng y ddwy golofn, gan ddweud mai dyna'r porth cyfyng fydd raid myned trwyddo i gael mynediad i'r nefoedd. Ond os fydd y pechaduriaid mor fawr a thewion fel nas gallant fyned trwy hwnnw, mae un arall, lletach iddynt hwy. A rhaid i'r person na all fyned trwy'r olaf fod yn bechadur ofnadwy, ac yn ôl barn y Mahometaniaid, ni chaiff ef byth fynediad i dragwyddol ddedwyddwch.

Ar ein ffordd allan, dangoswyd i ni fedd Solomon, a oedd wedi ei hulio â brethyn gwyrdd mewn math o deml fechan. Aethom allan drwy'r porth sydd yn ymyl llyn Bethesda. Yr oeddwn i yn meddwl fod yr Arglwydd Iesu wedi rhodio'r ffordd honno yn aml wrth fyned allan o'r deml.

Wel yr wyf yn gweled nad oes gennyf le i ysgrifennu un gair yn ychwaneg. Maddeuwch yr holl bethau trwsgl. Cofiwch fi yn garedig at bawb o bobl y capel, yn enwedig at fy hen gyfaill Edward Phillips.

Hyn oddi wrth eich annwyl ferch,
Margaret

Llythyr XXII

Ysgrifennwyd 10 Gorffennaf 1868
Cyhoeddwyd 25 Rhagfyr 1868 yn Y Tyst Cymreig

Annwyl Rieni

Derbyniais eich llythyr dri diwrnod yn ôl. Yr oedd yn bur ddrwg gennyf weled eich bod mor bryderus yn fy nghylch. Nid rhaid i chwi yn wir, pe gwyddech gymaint o gyfeillion sydd gennyf, a phawb mor garedig ag sydd yn bosibl i gyfeillion neu berthnasau fod. A mwy na'r cwbl, onid wyf fi yn byw o dan adain fy Nhad?

Yn awr, dywedaf i chwi fy holl hanes, neu o leiaf yr oll sydd wedi digwydd i mi er pan ysgrifennais atoch ddiwethaf. Yr ydwyf yn awr yn ysgrifennu'r llythyr hwn yn fy ngwely mewn *Hospital* a gedwir gan ferched a elwir gan y Saeson *The Prussian Protestant Sisters of Charity*. Yr wyf wedi bod yma ers pum wythnos i fory ac wedi goddef mwy o boen yn fy nghorff yn y tair wythnos ddiwethaf nag a ddarfu i mi erioed gael yn fy mywyd, a rhoddi'r cwbl at ei gilydd.

Mae cymaint â hynny ers pan wyf yn analluog i symud yn fy ngwely, ac yn wir i allu goddef i neb arall fy symud i chwaith. Gellir clywed fy sgrechfeydd dros hanner Jerwsalem bron. Ond diolch i Dad pob trugaredd, maent bron wedi fy ngadael yn awr. Mae'n wir eu bod yma eto, ond yn llawer anamlach.

Yr wyf yn gobeithio y gallaf oddef cael fy symud ymhen dau ddiwrnod neu dri, er mwyn cael atgyweirio fy ngwely. Nid yw yn wely o blu, ac fel y gallwch feddwl nid yw yn feddal nac yn esmwyth iawn wedi bod arno am dair wythnos heb godi. Mae'r Doctor, sy'n un o'r dynion llarieiddiaf, boneddigeiddaf, caredicaf a welais erioed, yn dweud mai'r achos am y poenau ofnadwy yma yw bod pen fy nglin wedi cael ei rwymo yn rhy dynn, fel ag i stopio'r gwaed, a thrwy hynny, i'r holl ewynnau farweiddio. (Gwnaed hynny gan Ddoctoriaid eraill. Mae hwn yn un newydd o'r Almaen.)

Ond yn awr, wedi i fy nglin gael ei rhyddhau o'r rhwymau, mae'r gewynnau wedi bywhau, ond eu bod trwy annwyd yn llawn *inflammation*, a'i fod ef yn barnu wedi iddo wella y tro hwn, y gallaf gerdded yn lled dda, ond y byddaf yn bur stiff. Gobeithio yn wir y byddaf yn alluog i gerdded, ond yr wyf yn ofni y bydd cryn amser cyn hynny.

Mae'r Doctor yn dod i ymweled â mi ddwywaith bob dydd, ac os bydd fy nglin yn boenus iawn yn yr hwyr, mae ganddo rywbeth tebyg i'r gwn dŵr sydd gan fechgyn y Rhos, ond fod ei un ef yn un bychan propor, gwydr ac arian. Mae ef yn llenwi'r peth bychan â rhywbeth tebyg i ddŵr, ond a alwai ef yn *opium*. Gwthia'r blaen i fy nghoes i a gweithia'r *opium* i mewn iddi. Wedi hynny, pa un bynnag ai cysgu neu effro, yr ydwyf yn berffaith ddedwydd am y noson honno. Nid oes arnaf ofn na braw wrth eistedd i fyny na gorwedd drachefn. Yr wyf yn dywedyd yn aml wrth y Doctor mai dyma drysor penna'r llawr, oblegid hebddo, mae'n rhaid i mi olchi fy llygaid â dŵr oer ar hyd y nos rhag cysgu, oherwydd nas gallaf gymryd gofal i beidio â symud wrth gysgu, a hynny yn dwyn poen arnaf drachefn.

Wel, rydych wedi clywed digon ynghylch fy mlinderau. Dywedaf wrthych ym mha fath o le yr ydwyf. Mae'r *Hospital* yma yn llawn o Arabiaid, ond yr wyf mewn ystafell ar ben fy hun. Ystafell fechan sgwâr ydyw hi, gyda dwy ffenestr yn llenwi un ochr iddi, ac mae gennyf fwrdd a chadair a math o *chest of drawers*, a dyna'r cwbl heblaw am y gwely.

Mae pawb o'm cydnabod yn Jerwsalem yn dyfod i ymweled â mi. Mae fy meistres naill ai yn dyfod ei hun neu yn danfon rhywbeth da i mi i'w fwyta bob dydd. Pan ddechreuodd y poen ofnadwy yma arnaf, yr oedd fy meistres druan bron o'i cho', a chyda ei llygaid yn llawn dagrau yn dweud, 'O, na fuaswn i erioed wedi gadael i chwi ddyfod yma. O, ceisiwch oddef eich cario oddi yma, Jones, a dowch i'ch gwely gartref; anfonaf ddynion i'ch cario chwi mewn gwely.' 'Na, allaf fi ddim goddef i neb ddyfod yn agos i'r gwely, meistres,' ebe fi, 'diolch yn fawr i chwi.' 'Wel, ynte, gwnewch addo dyfod cynted ag y galloch, ac edrychaf fi ar eich hôl chwi yn eich gwely gartref; gwnaf unrhyw beth i chwi, ond i chwi ddyfod a pheidio gadael iddynt eich lladd yn yr hen le yma,' meddai fy meistres, gan feddwl mai ar y Doctor oedd y bai fod gennyf gymaint o boen. Ond mae hi yn bur galonnog yn awr wrth fy ngweled i yn gwella.

Ond mae hi mewn penbleth fawr arall, oherwydd fod fy meistr, sydd wedi bod yn teithio o amgylch gwlad Canaan ers chwe wythnos, wedi ei *robio* o bob peth oedd ganddo ar y ffordd, wrth iddo gysgu yn ei *dent*; ni chafodd ef fyth hyd i'r lleidr neu'r lladron. Mae ef yn dyfod â'r plant i'w ganlyn o Beirut, ac un o'r athrawon hefyd ymhen dau ddiwrnod. A dyma fi, yn analluog i godi llaw na throed i'w cynorthwyo druain, mewn un ffordd. Mae'r holl genhadon a'u gwragedd yn dyfod i ymweled â mi bob wythnos. Mae dwy ferch ieuengaf yr Esgob yn dyfod i eistedd gyda mi am oriau, a phawb yn dyfod â rhywbeth da i'w fwyta i'w canlyn, i'r enaid a'r corff. Felly ni raid i chwi fod yn bryderus yn fy nghylch i.

Nid wyf yn cofio a ddywedais i erioed wrthych am y ddwy Misses Gobat, merched yr Esgob a welsoch chwi yng Nghymru. Mae'r hynaf wedi priodi cyn dyfod o Loegr, ac ni ddaeth yn ôl i Jerwsalem wedi i chwi ei gweled, ond arhosodd gyda'i gŵr yn ei chartref newydd. Mae'r llall ar yr un daith wedi dyweddïo i ŵr, ac yn myned i'r Almaen i'w briodi ymhen y flwyddyn. Felly gwelwch fod eu taith i Ewrop wedi bod yn bur lwyddiannus. Mae'r ferch ieuengaf, deunaw oed, wedi dyfod o'r ysgol; hi yw'r anwylaf o'r merched.

Ydwyf, annwyl rieni, eich annwyl ferch,
Margaret

Llythyr XXIII
Ysgrifennwyd 2 Medi 1868
Cyhoeddwyd 8 Ionawr 1869 yn Y Tyst Cymreig

Annwyl Rieni

Yr wyf wedi derbyn eich llythyr ychydig o funudau yn ôl, wedi disgwyl cyhyd amdano nes bron i mi roddi fyny obeithio. Yr wyf yn gweled wrth y dyddiad ei fod wedi bod fis o fewn dau ddiwrnod ar y ffordd, ac wrth fod y post yn myned ymaith yn bur fuan, nid oes gennyf amser i ysgrifennu ond ychydig. Yr wyf yn gwybod y bydd yn well gennych ei gael fel y mae nag aros bythefnos yn hwy, er nad ydyw'r newydd sydd gennyf i'w ysgrifennu yn un o'r rhai mwyaf calonogol yn y byd. Hynny yw, fy mod i yn awr yn yr un fan ag yr oeddwn pan ysgrifennais o'r blaen, sef yn fy ngwely, yn yr ysbyty. Trwy drugaredd, yr wyf yn gwella yn raddol ac yn sicr.

Yr wyf yn codi unwaith yr wythnos, er mwyn gwneud y gwely, heb lawer o boen. Ond nis gallaf gerdded o gwbl eto, hyd yn oed gyda maglau. Ond does dim i'w wneud ond byw mewn gobaith a gweddi, gan ymddiried yn yr Arglwydd am adferiad iechyd, os yw hynny yn unol â'i ewyllys Ef.

Ond peidiwch rhoi'r gorau gweddïo drosof, gan mai 'Gweddi'r ffydd a iachâ'r claf, a'r Arglwydd a'i cyfyd ef i fyny, ac os bydd wedi gwneuthur pechodau [a phwy o blant Adda na wnaeth hynny] hwy a faddeuir iddo.'[21] A chan na aiff un iot nac un tipyn o air yr Arglwydd yn ofer, glynwn wrth ei addewidion. Yn wir yr wyf yn teimlo yn llawen ei fod ef fel Tad yn gweled yn dda i fy ngheryddu fel ag i'm puro i ddedwyddwch tragwyddol, yn lle fy ngadael i yn fy mhechodau yn erbyn gwaeau diddiwedd. Yr wyf yn dywedyd, o waelod fy nghalon, bendigedig fyddo ei Enw Sanctaidd.

Yr wyf i yma ers deuddeng wythnos i ddydd Llun diwethaf. Oddeutu mis wedi i mi ddyfod yma, rhoddodd y doctor bedwar plyg o *fandages* ar fy nghoes, o flaen fy nhroed i dop fy nghlun, y cwbl wedi ei ddwbio â *starch*. Ond, och, aeth mor boenus fel y bu rhaid i'r doctor dynnu'r cwbl i ffwrdd drannoeth, a hynny yn llawer rhy fuan, ebe fe, er daioni i'r ben-glin, fel y tystiodd y boen a gefais ynddi wedi hynny i wirionedd ei eiriau. Mae fy nghoes yn bresennol mewn rhywbeth yn debyg i arch plentyn bychan, yng nghanol gwlân. Ond, annwyl rieni, na feddyliwch fy mod i yn wylo nac yn torri fy nghalon, na dim felly, dim o'r fath beth, ond yr wyf mor galonnog a llawen â'r aderyn yn y llwyn. Ond os daliwch chwi i fod yn anesmwyth a phryderus yn fy nghylch, mae yn debyg y dysgwch chwi finnau i fod o'r un teimlad annymunol cyn bo hir. Ond mae arnaf ofn y dywedwch fy mod i yn perthyn i'r sect honno sydd yn dweud, 'Os daw o mi ddaw, neu daw o ddim,' ond dywed y Saeson, 'What cannot be cured must be endured, and the more cheerful it is endured the better in the end.' Felly os ydwyf yn perthyn i'r dosbarth cyfforddus hwnnw, 'os daw o mi ddaw', y mae hynny gan fy mod yn barnu mai dyna'r ffordd orau, gan mai ofer gwingo yn erbyn y symbylau.

Rhoddodd fy meistr, un diwrnod pan oedd yn ymweled â mi, *looking glass* i fyny ar ochr y ffenestr, i fy ngalluogi i weled (wrth orwedd yn y gwely) bawb oedd yn pasio ar hyd y ffordd heibio i'r ffenestr. Felly, gwelais un diwrnod rywbeth na welais i erioed o'r blaen, sef wyneb marw gŵr i dair ar ddeg o wragedd. Yr oedd efe yn *Shech*, ac wedi bod ymhob lle sanctaidd Mahometanaidd. Wedi iddo ddyfod adref o'i bererindod, gwelodd un o'i wragedd drwgdybus, ei fod yn caru un o'r gwragedd eraill yn fwy na hi. Barnodd na ddylai'r fath ŵr fyw yn hwy ac mai ei dyletswydd hi oedd rhoddi terfyn i'w fywyd. Hyn a wnaeth drwy roddi gwenwyn yn ei fwyd. Y canlyniad fu, cyn gynted ag y deallodd beth oedd yn digwydd iddo ac i'r poenau ddechrau arno, iddo gasáu pob gwraig a phlentyn yn ei feddiant, a dyfod i'r ysbyty i farw, yr hyn a wnaeth drannoeth wedi cyrraedd yma. Dywedodd ei fod yn myned i'r nefoedd, ac mai'r unig rai a ddymunai efe eu cyfarfod yno o'i gyfeillion ar y ddaear, oedd un o'r chwiorydd yma, a'r gwas a weinyddai arno tra yn glaf. Ni oddefai i neb sôn am ei berthnasau, ac yn y teimlad hwnnw y bu farw. Cariwyd ef allan ar ystyllen a'i wyneb noeth tua'r nefoedd, a strap cul ar draws ei lygaid, a dyna'r modd y gwelais i ef yn y drych.

Nis gallaf yn fy myw ysgrifennu llythyrau byrion, pa un bynnag ai hast neu beidio, wedi i mi ddyfod i'r tric o ysgrifennu rhai meithion.

Ydwyf annwyl rieni eich annwyl ferch,
Margaret

Llythyr XXIV

Ysgrifennwyd o Feirut, 22 Hydref 1868
Cyhoeddwyd 15 Ionawr 1869 yn Y Tyst Cymreig

Beirut

Annwyl Rieni

Gwelwch fy mod wedi symud o'r hen Jerwsalem annwyl. Gadewais i hi ar y 24ain o'r mis diwethaf. Cariwyd fi mewn gwely ar hyd y ffordd. Yr oedd y boen yn fawr mewn ambell fan ar y llwybrau culion lle nas gallant beidio fy ysgwyd. Pan gyrhaeddais yma, croesawodd Mrs Thompson[22] fi yn y modd mwyaf caredig; pe buaswn yn ferch iddi, nis gallasai ddangos mwy o serch a chroeso.

Anfonodd am ddau o ddoctoriaid gorau'r dref a phan ddaethant ac edrych a theimlo pen fy nghlun, ysgwydasant eu pennau gan ddweud fod y doctor yn Jerwsalem wedi gwneud cam mawr â hi. Nid i bwrpas wrth gwrs, ond trwy anwybodaeth, ac nas byddaf yn alluog i godi o'm gwely am o leiaf hanner blwyddyn yn rhagor, ac am i mi beidio â thorri fy nghalon hyd yn oed pe bawn am flwyddyn heb godi, oherwydd gallai hynny fod. Gobeithio, os gwêl yr Arglwydd yn dda, i fy ngalluogi i godi cyn hynny, ond ei ewyllys Ef a wneir.

Yr ydwyf i yn gallu eistedd i fyny i wnïo am rai oriau bob dydd. Mae'r doctor yn dweud fod yn rhaid i mi gael y bwyd gorau sydd yn bosibl i'w gael, a llawer o win. Felly gwelwch y byddai yn rhaid i ddyn tlawd weithio am ddau ddiwrnod i fy nghadw i am un. Yr wyf yn meddwl fod yn drugaredd fawr fod fy nghoelbren wedi disgyn yn y man lle mae. Yr wyf yn teimlo yn fy lle yma, am fy mod yn credu fod Duw, yn ei garedigrwydd wedi fy anfon yma, er bod y doctoriaid yn dweud fod yn well i mi fyned i'r ysbyty yn Lloegr, am fod y doctoriaid yno yn fwy galluog, ebe hwy.

Bûm yn crefu yn daer arnynt newid fy nghoes am un *gork*, gan nad wyf eto ond ieuanc. Ac os (fe allai hynny fod) caf fyw drigain mlynedd yn hwy a chario'r hen goes yma i'm canlyn ar hyd yr amser, ni welaf fi fawr o obaith iddi hi fy nghario i fel y dylai. Gwell o lawer yn fy marn i, fyddai ei thorri ymaith, gan nad yw o'r un defnydd i mi. Ond ni wnânt ei thorri, am y byddai yn beryglus i fy mywyd i wneud hynny yn y wlad boeth hon. Os eu gonestrwydd sydd yn peri iddynt ymddwyn tuag ataf yn y modd hwn, mae yn glod iddynt, ond gobeithio y gwellha rywdro.

Yn awr, dywedaf i chwi ychydig o hanes y tŷ hwn a'i breswylwyr. Mae agos i bob un o'r *rooms* mor fawr â chapel y Methodistiaid Ponkey [Ponciau]. Pa faint o ystafelloedd sydd yma, nis gwn? Mae'r plant wedi addo fy nghario i weled y llofftydd un diwrnod. Maent yn fy nghario o amgylch yr ardd yn bur aml mewn gwely, neu rywbeth yn debyg i soffa a *railings* o'i chwmpas a dwy handl ym mhob pen; yn hwn y cariwyd fi yma o Jerwsalem. Yr wyf yn meddwl fod y bobl hyn yn bur garedig wrthyf, ac yn cymryd llawer o drafferth gyda mi. Bydded i Dduw eu bendithio a'u gwobrwyo hwy.

Mae Mrs Thompson yn ferch i General Lloyd; buont yn byw yn Wrecsam am flynyddoedd. Yr oedd ei nain yn Gymraes bur, ond nis gŵyr Mrs Thompson yr un gair o Gymraeg. Mae wedi gwneud i mi ysgrifennu llythyr maith at ei chwaer (dynes fonheddig, bur gyfoethog) i ddweud wrthi holl hanesion fy nghlun. Wn i ddim beth feddylith hi o'r llythyr. Nid wyf yn hoffi ysgrifennu at bobl fawr.

Diolchwch i fy ewythr, Joseph Griffiths, am ysgrifennu ataf; cofiwch fi yn garedig ato.

Fy annwyl Dad, byddai yn bur dda gennyf pe baech chwi yn ysgrifennu llinell neu ddwy ambell dro. Yr oedd yn ddrwg gennyf fod cymaint o'r teulu yn afiach; gobeithio eich bod oll yn gwella.

Cychwynnais o Jerwsalem ar fore Sadwrn, gyda'r ddynes orau a welais i erioed. Mae hi, yn fy ngolwg i, heb un gwall ynddi. Merch yw i bendefiges yn yr Almaen; Baronet yw ei thad. Ond nid oes mwy o falchder ynddi na phe bai hi wedi ei geni a'i magu mewn bwthyn ar y mynydd. Mae hi yn wir fawr. Ei holl ofal ar y ffordd yma oedd amdanaf i. Nis gadawai fi o'i golwg am funud rhag ofn y byddai arnaf eisiau rywbeth. Pan fyddwn mewn poen, rhoddai ffisig i mi. Pe buaswn i yn farwnes a hithau yn forwyn, nis gallai fod yn fwy gwasanaethgar i mi. Mae hi'n ddoctores *first rate*, gall wneud pob peth, o roddi addysg i dywysoges i lawr hyd i ddysgu *cook* i wneud bwyd a glanhau'r gegin. Nid yn unig y gall hi wneud y pethau hyn, ond mae yn eu gwneud.

Mae pob un yn y tŷ hwn o dan ei llywodraeth; hi ydyw'r nesaf yn y deyrnas i Mrs Thompson. Ei henw yw Miss Sack. Ond yn ben ar ei holl *accomplishments* eraill, y mae ei duwioldeb. Dyna'r peth harddaf am y foneddiges. Rhyngom ni a phlant yr ysgol, bydd yma dros gant o gynulleidfa a phan na fydd yr un gweinidog yn y tŷ, mae yn darllen, gweddïo a phregethu ei hun, ac yn ardderchog y gwna hynny hefyd. Drwy weddi y gwneir pob peth yma. Pe gwelai Miss Sack annwyl y ganmoliaeth hon, edrychai yn swil os nad yn sarrug.

Ydwyf annwyl rieni eich annwyl ferch,
Margaret

O.Y. Dechreuais ddywedyd ein bod wedi cychwyn o Jerwsalem ar ddydd Gwener gyda Miss Sack. Gwelodd hi ddyn claf ar y ffordd; aeth i lawr o'r cerbyd i roddi lle i'r dyn druan a oedd yn bur ddiolchgar am y fath garedigrwydd. Yr oedd Mr Frankel a'r plant i ddyfod i'n cyfarfod yn Jopa ddydd Mawrth erbyn pa amser y byddwn wedi gorffwys digon i'm galluogi i gychwyn i Beirut. A phan ddaethant a gweiddi fod bwndel wedi dod o Loegr, mi synnais yn fawr, ac agorais ef ar frys. Neidiai'r plant o lawenydd pan welsant bwysi o fotymau gwynion a chochion, *cough lozenges* a phob math o fferins, a dechreusant eu bwyta gyda'r hyfrydwch mwyaf. Daethant gyda phethau eraill oddi wrth fy nghefnder Daniel Phillips a diolch i chwi oll am y pethau da a defnyddiol a anfonasoch i mi. Daethant i law fy meistr bum munud cyn iddo gychwyn o Jerwsalem.

Rhan IV

Ar Draws Cymru

Bwriada 'Y Gymraes o Ganaan' ymweld â gwahanol rannau o Gymru yn y drefn ganlynol: Bangor 31ain Hydref, Llandderfel 10fed Tachwedd, Bala 11eg Tachwedd, Rhuthun 14eg Tachwedd...

(*Y Tyst Cymreig*, 28 Hydref 1870)

Dychwelodd Margaret o Feirut i Lerpwl ar wely dŵr ym mis Ionawr 1869. O'i blaen yr oedd triniaeth ar ei phen-glin, ac yna adferiad a allai gymryd misoedd, os nad blynyddoedd – ni wyddai. Wrth ddychwelyd am adref teimlai yn isel ei hysbryd. Bu'n rhaid iddi ddibynnu ar garedigrwydd dieithriaid ym Meirut, megis Mrs Bowen-Thompson a'i chyfeillion, a heblaw am y rheiny, pwy a ŵyr beth a fyddai wedi digwydd iddi. Nid oedd Elias Frankel wedi talu'r un geiniog i gael ei forwyn gloff yn ôl adref am driniaeth, ac yr oedd Margaret yn teimlo'n ddig am hyn.[1]

I gartref y llawfeddyg enwog Dr H O Thomas[2] yn 49 Kent Street, Lerpwl, yr aeth pan gyrhaeddodd y llong. Ymhen ychydig o amser dechreuwyd y driniaeth, ac yna dychwelodd Margaret i gartref ei rhieni i wella. Ac yno, yn y Rhos, y darganfu ei bod hi wedi dod nôl adref i'w mamwlad fel rhywun gweddol enwog.

Cyhoeddwyd llythyr olaf Margaret o'r Dwyrain Canol yn *Y Tyst Cymreig* ym mis Ionawr 1869. Crybwyllwyd cyn hynny y byddai'n syniad casglu'r llythyrau ynghyd mewn un gyfrol. Roedd ei thad wedi awgrymu hynny iddi mewn llythyr mor gynnar â gwanwyn 1865, pan oedd Margaret ond wedi byw yng ngwlad Canaan am rai misoedd (gweler ymateb Margaret yn y llythyr a gyhoeddwyd yn *Y Tyst Cymreig* ar 31 Gorffennaf 1868). Pan awgrymodd ei thad y syniad, ofnai Margaret nad oedd ei llythyrau yn ddigon diddorol, a phe rhoddid hwynt mewn llyfr byddai'n rhaid i'r darllenwyr faddau iddi am wallau gramadegol. Roedd yn benderfynol bryd hynny, nôl yn 1865, na chyhoeddid y llythyrau oni fyddent yn gwneud peth daioni.

Ond mae'n ymddangos y byddai cyhoeddi'r llythyrau mewn llyfr yn gwneud cryn dipyn o ddaioni i Margaret. Nid oedd ganddi'r un ddimai goch bellach. Yr oedd y peth arian a gynilodd yn Jerwsalem wrth weithio i'r teulu Frankel wedi mynd i dalu am ddoctoriaid a sylw meddygol i'w phen-glin yn y Dwyrain Canol. Mae'n debyg na chyfrannodd y Frankels prin ddim at y costau hynny chwaith. Nid oedd Margaret o unrhyw ddefnydd i'r teulu fel ag yr oedd. Dim ond ychydig y gallodd meddygon y Dwyrain Canol ei wneud iddi, ac yr oedd yn rhaid iddi godi arian i dalu am ei thriniaeth yn Lerpwl. Rhaid oedd manteisio ar ei phoblogrwydd newydd a chyhoeddi'r llythyrau mewn llyfr.

Daeth llythyrau o gefnogaeth ar gyfer cyhoeddi'r gyfrol i'r amlwg yng ngholofn lythyrau *Y Tyst Cymreig* yn ystod mis Ionawr 1869. Gwilym Hiraethog (y Parch. William Rees; 1802–83) oedd awdur un ohonynt. Cyhoeddwyd ei lythyr bedair gwaith y mis hwnnw.[3] Roedd Gwilym Hiraethog yn un o areithwyr mwyaf poblogaidd ac enwog Cymru ar y pryd ac yn weinidog gyda'r Annibynwyr Cymraeg yn Lerpwl, yn olygydd papur newydd, ac yn fardd. Dywedodd yn ei lythyr o gefnogaeth fod nifer wedi ysgrifennu llyfrau am eu teithiau yng ngwlad Canaan, ond ei fod o'r farn fod llythyrau Margaret Jones am y rhanbarth hwnnw yn llawer mwy diddorol na'r lleill. Fe'i galwodd hi'n ferch dalentog, a chanddi lygad dda am fanylion.

Ymddangosodd ail lythyr o gefnogaeth oddi wrth y Parch. T Ll Jones (1831–79), gweinidog gyda'r Annibynwyr ym

Machen, sir Fynwy, yn *Y Tyst Cymreig* ar 15 Ionawr. Anogodd bawb i brynu'r gyfrol. Wythnos yn ddiweddarach, gwelwyd yr wybodaeth ddiweddaraf am gyflwr iechyd Margaret yn yr un papur. Soniai fod Margaret yn awr yn byw yn 49 Kent Street, Lerpwl, ond bod y llawfeddyg ei hun wedi bod yn anhwylus yn ddiweddar. Roedd ef yn awr yn well, ac yn ffyddiog y medrai roi ei holl sylw i Margaret. Yr oedd yn eithaf hyderus hefyd na fyddai angen torri pen-glin ei glaf i'w gwella. Nodwyd yn ogystal fod Margaret yn awyddus iawn i ddychwelyd i Jerwsalem cyn gynted ag y byddai'n holliach, gan mai yno yr oedd ei chalon.[4]

Roedd Margaret yn destun nifer fawr o fodfeddi yng ngholofnau'r papur newydd wrth iddi ddychwelyd adref. Trafodwyd ongl arall ar stori ryfeddol Margaret mewn llythyr arall i'r *Tyst Cymreig* ar 29 Ionawr. Roedd J Rowlands o Rosllannerchrugog yn ymateb i'r sibrydion a oedd yn cylchredeg gyda dychweliad Margaret i Brydain. Un o'r sïon oedd nad Margaret oedd gwir awdur y llythyrau a ymddangosodd yn *Y Tyst Cymreig*. Ceisiodd J Rowlands sicrhau'r darllenwyr ei fod wedi gweld a darllen y llythyrau a oedd yn llawysgrifen Margaret a'u bod yn union yr un llythyrau â'r rhai a gyhoeddwyd yn y papur newydd. Yn ddiamheuaeth, roedd yna ddigon o bobl a oedd yn genfigennus o lwyddiant Margaret, ac am wneud eu gorau i'w bychanu. Mae J Rowlands yn ceryddu'r rhai sy'n cwestiynu dilysrwydd y llythyrau. A chyda'i ferch yn gaeth i'w gwely, heb wybod a fyddai'n medru cerdded yn iawn eto, nid dyna'r unig gwmwl du ar orwel ei thad, Owen Jones, chwaith. Mae J Rowlands yn nodi ei fod yn galaru yn sgil colli dau o'i blant, a gladdwyd yn yr un bedd ar yr un diwrnod ym mis Ionawr 1869.[5]

Mae'n werth ceisio dyfalu pam y cododd cymaint o sïon am ddilysrwydd Margaret fel gwir awdur y llythyrau. Cyfaddefai Margaret ei hun mai dim ond ychydig o wythnosau o ysgol ffurfiol a dderbyniodd yn Rhosllannerchrugog. Does dim dwywaith ei bod yn hunanaddysgedig yn llawer o'r hyn a wyddai. Er hyn, treuliodd lawer o'i phlentyndod ymysg pobl ddiwylliedig capel Bethlehem, pobl wedi'u trwytho yn y pethe, yn darllen y Beibl, yn barddoni, yn prynu'r papurau newydd. Trwy hyn, byddai wedi dysgu safon go dda o Gymraeg llafar ac ysgrifenedig. Nid yn unig yr oedd Margaret yn ferch ddewr, ond yr oedd yn glyfar hefyd. Roedd ganddi'r ddawn i ddysgu ieithoedd yn ddigon hawdd. Roedd ei Saesneg yn ddigonol iddi gael ei chyflogi gan deulu Frankel yn ferch ugain oed; treuliodd ddwy flynedd yn byw ym Mharis, gan godi ychydig o Ffrangeg, ac yn ei llythyrau o Jerwsalem mae'n nodi ei bod yn medru siarad yr iaith frodorol, sef Arabeg, yn ddigon da.

Yn ei lythyr, ymbilia J Rowlands ar ddosbarthwyr *Y Tyst Cymreig* yng Nghymru a Lloegr i gadw rhestrau o'r bobl a oedd yn awyddus i brynu *Llythyrau Cymraes o Wlad Canaan*. Roedd ei thad, Owen Jones, yn ddosbarthwr ei hun, a dyma'r rhwydwaith o bobl a fyddai'n sicrhau y byddai'r llyfr yn gwerthu cystal ag y gwnaeth. Gwelwyd yr hysbyseb gyntaf gan Owen Jones, yn dweud ei fod yn cymryd enwau'r rhai oedd â diddordeb mewn prynu'r llyfr, yn *Y Tyst Cymreig* ddiwedd mis Ionawr 1869.

Dyma'r modd y gwerthid llyfrau'r adeg honno yn gyffredinol, nid yn unig yng Nghymru, ond ar draws y byd. Llyfr arall a gyhoeddwyd yn 1869 am daith trwy Ganaan (yn 1867) oedd *Innocents Abroad* gan Mark Twain (Samuel Clemens; 1835–1910). Cychwyn fel cyfres o lythyrau i bapurau newydd yn Efrog Newydd a San Francisco a wnaeth testun y llyfr hwn hefyd. Gwerthodd y llyfr yn dda o ganlyniad i asiantwyr yn crwydro'r wlad yn chwilio am danysgrifwyr, cyn cyhoeddi'r gyfrol hyd yn oed. Credai'r rhai a oedd yn fodlon arwyddo am y llyfr eu bod yn helpu i greu 'darn o ddodrefn diwylliedig'.[6] Ac yr oedd hyn yn wir am lyfrau Cymraeg hefyd. Roedd darllenwyr Cymreig cyson yn ei gweld hi'n rhwymedigaeth ddiwylliedig i gefnogi awduron newydd, yn enwedig y rhai yr oedd ganddynt neges grefyddol i'w gwerthu. Ond, fel yn yr Unol Daleithiau, roedd yna achlysuron pan gefnogwyd llyfrau o deilyngdod llenyddol bychan, ac yr oedd sawl un o'r farn yn breifat mai llyfr o'r math hwnnw oedd *Llythyrau Cymraes o Wlad Canaan*.

Aeth dosbarthwyr *Y Tyst Cymreig* ati'n ddygn i hyrwyddo llyfr Margaret. Fe'i cyhoeddwyd ddechrau mis Mawrth 1869 ac yr oedd ar werth am chwe cheiniog y copi. Erbyn canol mis Mawrth, yr oedd 700 o bobl yn ardal Rhosllannerchrugog eisoes wedi prynu'r gyfrol.[7] Hysbysebwyd y llyfr yn gyson iawn yn *Y Tyst Cymreig*, bob wythnos am nifer o fisoedd. Erbyn mis Mehefin, mewn ymateb i lythyr yn y wasg gan Brochwel yn gofyn am gyflwr iechyd Margaret, mae ei thad Owen yn ymateb trwy ddweud mai dim ond 200 o gopïau o'r argraffiad cyntaf oedd ar ôl a bod yna drafodaethau dwys am gyhoeddi ail argraffiad, a fyddai'n cynnwys peth gwybodaeth ychwanegol a rhai lluniau, ond y byddai'r gyfrol ychydig yn ddrutach, yn naturiol.

Ni chyhoeddwyd pob un o'r 24 o lythyrau Margaret a welwyd yn *Y Tyst Cymreig* yn y gyfrol. Cynhwyswyd 17 ohonynt yn y llyfr, gyda golygu trwm ar ambell un. Ysgrifennwyd y 'Rhagair' gan Dr John Thomas (1821–92), Lerpwl, gweinidog amlwg gyda'r Annibynwyr (a hen ewythr i Saunders Lewis). Cynhwyswyd llythyrau o gymeradwyaeth gan Gwilym Hiraethog, Thomas Lewis o Fangor (a gyfarfu â Margaret yn Jerwsalem yn 1867) a David Jones o Lerpwl (a gyfarfu â Margaret yn Jerwsalem yn 1868). Ni ddyddiwyd y llythyrau yn y llyfr ond mae'r mwyafrif ohonynt yn ddyddiedig yn *Y Tyst Cymreig*.

O ganlyniad i'r cyhoeddusrwydd a gododd yn *Y Tyst Cymreig*, gwelwyd cynulleidfaoedd, yn enwedig o wragedd, yn rhyfeddu at ddewrder a gallu Margaret, ac yn heidio i brynu copi o'r gyfrol. Cyhoeddwyd saith argraffiad o'r llyfr, er nad ydym yn gwbl sicr faint o lyfrau oedd ym mhob argraffiad.[8] Fe'u hargraffwyd yn swyddfa'r *Tyst Cymreig* yn Lerpwl. Roedd menter gyntaf Margaret ym myd cyhoeddi wedi bod yn llwyddiant ysgubol. Ac fel yn y dyddiau sydd ohoni, er mwyn creu rhagor o gyhoeddusrwydd i'w llyfr, cododd Margaret ei phac, ac yn lle ymweld â gorsafoedd teledu a radio fel y gwneir

heddiw, gwnaeth Margaret yr hyn oedd gyfwerth yn ei dydd hi
– aeth yn ddarlithydd teithiol ar draws Cymru.

2

Roedd Margaret yn ffodus fod ganddi destun trafod a fyddai'n arbennig o ddiddorol i gynulleidfaoedd ar draws Cymru. Nid yn unig medrai ddisgrifio lleoliadau arbennig a grybwyllwyd yn y Beibl i'w gwrandawyr, ond roedd rheswm arall pam roedd hanesion y wlad yn apelio i'r Cymry. Yng nghanol y bedwaredd ganrif ar bymtheg, bu nifer o Gymry dylanwadol yn trafod y syniad o sefydlu gwladfeydd Cymreig mewn rhannau digon anghysbell o'r byd, ac yn eu mysg Michael D Jones (1822–98) a John Mills (1812–73). Teimlai Michael D Jones, a ordeiniwyd yn weinidog gyda'r Annibynwyr yn Cincinnati, Ohio, fod y Cymry a ymfudodd i'r Unol Daleithiau yn cael eu Hamericaneiddio'n gyflym ac yn colli eu traddodiadau Cymreig, a daeth yn ymgyrchydd brwd dros y syniad o sefydlu gwladfa Gymreig ym Mhatagonia.[9] Yng nghanol y 1850au, awgrymodd gweinidog gyda'r Methodistiaid Calfinaidd, y Parch. John Mills, a oedd hefyd yn gerddor o fri ac a weithiodd fel cenhadwr ymysg yr Iddewon yn Llundain, y dylid sefydlu gwladfa Gymreig ym Mhalestina,[10] a hynny rai blynyddoedd cyn i'r Wladfa Gymreig gael ei sefydlu yn y pen draw ym Mhatagonia yn yr Ariannin yn 1865. Er bod cryn dipyn o drafod yn y wasg, yn arbennig yn *Y Drysorfa*, *Yr Amserau* a'r *Faner* rhwng 1856 ac 1858, ni ddaeth unrhyw beth o'r syniad am wladfa ym Mhalestina, gan fod cynifer yn gwrthwynebu'r awgrym. Ond fe welir nad am resymau crefyddol yn unig yr oedd gan y werin Gymreig ddiddordeb mewn bywyd pob dydd yng ngwlad Canaan yn y cyfnod hwn.

Wrth benderfynu teithio'r wlad yn darlithio, yr oedd Margaret yn ymuno â rhengoedd o bobl a oedd yn gwneud yr un peth yn barod. Roedd mynd i wrando ar ddarlithydd teithiol yn rhan annatod o'r bywyd cymdeithasol yr adeg honno. Gwelwyd nifer o ddiwygiadau crefyddol yn ystod y bedwaredd ganrif ar bymtheg, yn arbennig Diwygiad 1859. Bu'r diwygiadau yn gyfrifol am greu awch am wybodaeth. Fel y dywedodd un sylwebydd yn gryno, '[nid] yw pen tywyll a chalon olau yn cyd-fynd yn dda iawn'.[11] Roedd addolwyr yn ymdrechu'n daer i wella eu hunain; darllenent unrhyw lyfr y deuent o hyd iddo a mynychent yn ffyddlon ddarlith pob siaradwr a ddeuai i'r capel. Y capeli oedd canolfannau cymdeithasol pentrefi a threfi Cymru erbyn canol y bedwaredd ganrif ar bymtheg. Roedd y mwyafrif o weithgareddau cymdeithasol yn cylchdroi o gwmpas y capeli, boed yn gyngerdd, drama, ymarfer côr neu ddosbarth addysgol, a chynhelid nifer o weithgareddau amrywiol yn y capel bob wythnos. Daeth darlithoedd cyhoeddus yn weithgarwch poblogaidd iawn yn y capeli yn y cyfnod hwn, a byddent yn cynhyrchu tipyn o incwm ar gyfer y capel a'r darlithwyr. Gwelid dwsinau o ddynion, gan mwyaf, yn teithio'r wlad gydag un neu ddwy o ddarlithoedd a oedd wedi profi'n llwyddiannus i fyny eu llewys. Roedd nifer o'r darlithwyr yn sôn am eu profiadau crefyddol, ac mae'n syndod faint ohonynt a fu'n teithio yng ngwlad Canaan ac a oedd yn awr yn awyddus i rannu eu storïau gydag eraill.

Dilynodd nifer o drefi Cymru esiampl trefi Lloegr wrth sefydlu cymdeithasau er cyd-wella (*mutual improvement societies*) a chymdeithasau cyfeillgar. Daeth y ddarlith ddwy awr yn un o brif weithgareddau'r cymdeithasau yma. Cymaint oedd nifer y darpar ddarlithwyr ar un adeg yng Nghymru, fel i ohebydd un papur wythnosol, *Y Cylchgrawn*, gwyno bod y bobl a oedd yn darlithio yn bla ar y tir. Un o areithwyr penna'r cyfnod oedd Gwilym Hiraethog, Methodist Calfinaidd a drodd yn weinidog gyda'r Annibynwyr.[12] Roedd ei ddaliadau yn ddadleuol; nid yn unig cefnogai awduron benywaidd, fel yn achos Margaret, ond hyrwyddai achosion radicalaidd megis mudiadau cenedlaethol yng ngwledydd Ewrop. Cyflwynai'r syniadau hyn oll i gynulleidfaoedd ar draws Cymru.[13] Mae rhai yn credu mai Gwilym Hiraethog oedd 'tad' y ddarlith boblogaidd, a chynhaliodd ei ddarlith gyntaf ar 25 Tachwedd 1846 yn y Neuadd Gyngerdd, Stryd Arglwydd Nelson, Lerpwl. Ei destun oedd William Williams, Pantycelyn, a daeth tyrfa frwd o Gymry Lerpwl i wrando arno.[14] Darlithiai ar destunau amrywiol eraill hefyd, megis seryddiaeth a daeareg.

Erbyn 1850, byddai capeli'r Annibynwyr a chapeli'r Anghydffurfwyr eraill yn ychwanegu'r ddarlith boblogaidd at eu harlwy wythnosol a pharhaodd hyn yn gyson hyd at ddiwedd y ganrif a'r tu hwnt. Ond gyda llwyddiant a phoblogrwydd y ddarlith, codwyd cwestiynau gan awgrymu bod seciwlariaeth yn dod i mewn trwy'r drws cefn. A oedd pobl bellach yn mynychu'r capel am resymau crefyddol, neu a oeddynt yn mynychu'r capel ar gyfer adloniant?

Ni rwystrodd y dadlau hyn ymlediad cyflym yn nifer yr enwau ar gylchdaith y darlithwyr poblogaidd. Darlithydd enwog arall o Gymro oedd y Parch. Thomas Levi (1825–1916). Rhannodd ei ddaliadau nid yn unig o'r pulpud a'r ddarlithfa, ond rhwng cloriau'r 30 o lyfrau ar themâu crefyddol a ysgrifennodd.[15] Darlithwyr eraill a ddaeth i amlygrwydd yn y cyfnod oedd: Thomas Penry Evans (1839–88), pregethwr poblogaidd tu hwnt a chanddo arddull cartrefol, a ddarlithiai ar destunau megis 'Bod yn ddyn' a 'Bod yn onest'; John (Gomer) Lewis (1844–1914) o Abertawe, a ddarlithiai ar destunau megis 'Ffair y Byd' ac 'Abraham Lincoln', gannoedd o weithiau mae'n debyg; William Jones (1834–95) o Abergwaun, a deithiai'r wlad yn goleuo'i gynulleidfaoedd drwy sôn am 'John Bunyan' a 'Charles Dickens'; John Rhys Morgan ('Lleurwg'; 1822–1900), gweinidog gyda'r Bedyddwyr yn Llanelli, a chanddo dros 30 o destunau yn ei *repertoire*; a Benjamin Thomas ('Myfyr Emlyn'; 1836–93), a deithiai'r wlad yn sôn am enwogion y pulpud ac am ei brofiadau ar daith i'r Unol Daleithiau yn 1860.[16]

3

Yr oedd ambell wraig yn teithio'r wlad yn rhannu ei phrofiadau hefyd. Rhaid crybwyll enw un wraig yn arbennig, sef Sarah Jane Rees (1839–1916) a adwaenid fel Cranogwen. Roedd yn gyfoeswraig â Margaret Jones, a chyfarfu'r ddwy un tro ar achlysur un o ddarlithoedd Margaret. Roedd Cranogwen yn wraig enwog iawn, wedi cyflawni llawer ac yn uchel ei pharch yn ei dydd yng Nghymru, ond ni wnaeth yr *un* peth y llwyddodd Margaret i'w wneud, sef ymweld â gwlad Canaan.

Mae stori Cranogwen yn un swynol hefyd. Yn ei dydd, bu'n gapten llong, yn fardd, yn gerddor, yn bregethwr, yn arweinydd mudiad dirwest, yn ysgolfeistres ac yn olygydd cylchgrawn Cymraeg i fenywod. Fe'i danfonwyd i ffwrdd gan ei mam yn ferch bymtheg oed i ddysgu gwnïo. Casâi'r gwaith gymaint nes iddi ddianc i'r môr, gan fwynhau bywyd fel morwr am ddwy flynedd. Ymhen amser, enillodd ei thystysgrif meistr ar y moroedd. Erbyn iddi droi yn un ar hugain oed, penderfynodd y ffafriai gadw ei thraed ar dir sych. Felly, cymerodd ofal yr ysgol leol ym Mhontgarreg, ger Llangrannog. Bu'n ysgolfeistres am chwe mlynedd, cyn dechrau ysu am deithio unwaith yn rhagor. Daeth i'r casgliad ei bod yn areithwraig ddigon rhesymol, ac felly ymunodd â'r gylchdaith o ddarlithwyr poblogaidd yn ymweld â chapeli ar draws Cymru. Bu'n teithio am oddeutu dair blynedd ac yn darlithio ar bynciau megis 'Cymru, ei chrefydd a'i haddysg', 'Arian ac amser', 'Y cartref', 'Pethau chwithig' ac 'Ann Griffiths'. Deuai Cranogwen yn fwyfwy enwog ar hyd a lled y wlad, gymaint felly fel i un hen fardd ffraeth ei disgrifio fel 'Duwies afrwydd dwy sofren'.[17] Mae'n debyg y talwyd dwy sofren i Cranogwen am bob un o'i darlithoedd. Hwyrach mai hen fardd gwrywaidd cenfigennus ydoedd yn gwatwar ei phoblogrwydd. Nid oedd Cranogwen wedi cyrraedd ei phen-blwydd yn ddeg ar hugain oed ar y pryd.

I ddathlu'r pen-blwydd hwnnw, aeth ar fordaith i'r Unol Daleithiau yn 1869. Yno, treuliodd rai misoedd yn darlithio i gynulleidfaoedd Cymreig yn y taleithiau a ffiniai â dinas Efrog Newydd. Wedyn, mentrodd i'r gorllewin i'r Mynyddoedd Creigiog (*Rocky Mountains*). Nid siwrnai hawdd mo hon i ymgymryd â hi; roedd yn anoddach fyth i dramorwraig oedd yn teithio ar ei phen ei hun.

Yn ei hymwybyddiaeth, felly, roedd gan Margaret Jones enghraifft o wraig a fu wrthi'n gweithio cylchdaith y ddarlith boblogaidd cyn ei hamser hi yng Nghymru. Fel y dywed y Sais, *'female trailblazer'*. Ond, nid oedd bywyd yr areithwraig fenywaidd yn un hawdd o gwbl, fel y mae'r hyn a ddywedwyd eisoes am Cranogwen yn dangos. Roedd nifer fawr o ddynion, fel y bardd a ddyfynnwyd ynghynt, yn gwbl yn erbyn gweld gwraig yn mynegi ei syniadau i dwr mawr o bobl mewn lle cyhoeddus. Ac yr oedd y gwrthwynebwyr yma yn uchel iawn eu cloch hefyd.

Roeddynt o'r farn na ddylai menyw wneud dim gwaith yn gyhoeddus o gwbl. Ni allent feddwl am yr un achos lle yr oedd yn iawn i wraig fyned i bulpud i siarad. Dyfynnwyd athrawiaethau o'r Beibl i gefnogi eu safbwynt. Aeth un gwrthwynebydd mor bell â dweud bod y byd wedi dod i ben pan welodd Cranogwen yn traethu o'r pulpud![18] Dywedodd eraill, yr un mor gas a chreulon, nad oedd Cranogwen yn perthyn i'r naill rywogaeth na'r llall. Yn wir, yr oedd nifer o'r gwŷr hynny oedd ar y cylch darlithio gyda Cranogwen yn gwneud eu gorau i annog y fath syniadau.[19] Roeddynt yn genfigennus iawn o'i phoblogrwydd, gan fod cannoedd yn mynychu ei darlithoedd. Roeddynt yn digio bod cynifer o gapeli yn gofyn i Cranogwen ddod i siarad â'u cynulleidfaoedd a bod eu hymrwymiadau hwynt yn lleihau o'r herwydd. Mae'n debyg fod gan Cranogwen y gallu i wneud i rai dynion pwysig iawn grio, fel y digwyddodd pan siaradodd un tro ym Merthyr Tudful. Cafodd gymaint o effaith ar gadeirydd y noson, yr Aelod Seneddol lleol, Charles Herbert James, erbyn diwedd y ddarlith fel nad oedd yn medru dod i ben â diolch i Cranogwen am ei hymdrechion.

Ond mewn erthygl yng nghylchgrawn *Y Drysorfa* yn 1866, ceisiodd Thomas Levi amddiffyn gwaith Cranogwen a gwragedd tebyg iddi. Awgrymodd wrth y rhai a wrthwynebai ddarlithwyr benywaidd y dylent ddarllen hanesion Debora yn y Beibl. Roedd o'r farn mai'r rhyw decaf a reolai'r byd erbyn hyn, a defnyddiodd y Frenhines Fictoria fel enghraifft. Roedd Levi wedi darllen nifer o lyfrau gan fenywod ac wedi canu nifer o emynau a cherddi a gyfansoddwyd gan fenywod. Y pwynt olaf yn ei ymresymiad oedd, os oedd rhywbeth yn dda yn gyffredinol, doedd dim ots a oedd wedi dod o law neu enau dyn neu fenyw. Yn ddiddorol, roedd Thomas Levi ei hun yn ddarlithydd teithiol poblogaidd. Ond, ni wnaeth ei safiad roi taw ar y rheiny a wrthwynebai'r menywod a âi o amgylch yn darlithio. Ymatebodd nifer yng nghylchgrawn *Y Drysorfa* yn 1866 fod menywod megis Cranogwen wedi gadael y cylch y crëwyd hwynt ynddo gan eu Creawdwr. Gwelyd nifer fawr o benillion cas yn cael eu cyhoeddi, un yn arbennig gan Gelyn Athrod o Fyddfai, sir Gaerfyrddin yn *Y Cylchgrawn* yn sôn yn benodol am ffordd o fyw Cranogwen. Ymateb Cranogwen a'i thebyg i hyn oll oedd parhau fel o'r blaen.

Roedd nifer fawr o'r darlithwyr poblogaidd nid yn unig yn gwneud y gwaith am dâl ariannol personol, ond hefyd i godi arian ar gyfer achos da. Ymhob darlith codwyd tâl ar y gynulleidfa wrth y drws. Byddai'r darlithydd yn cael ei ffi (dwy sofren yn achos Cranogwen, fel y gwelwyd eisoes) a byddai'r arian dros ben yn cael eu rhoi o'r neilltu ar gyfer rhyw elusen (yn achos Margaret Jones, Cronfa Genhadol Palestina) neu ar gyfer adeiladu capel newydd. Cyfrannodd yr elw a wnaed mewn nifer fawr o ddarlithoedd poblogaidd neu ddramâu at gost adeiladu nifer fawr o gapeli'r Anghydffurfwyr yng Nghymru yn y bedwaredd ganrif ar bymtheg.

4

Roedd pen-glin Margaret yn gwella. Roedd ei llyfr yn gwerthu'n dda ac yr oedd wedi dechrau gwerthu rhai ffotograffau a dynnwyd yng ngwlad Canaan yn ogystal. O ganol mis Mawrth 1870, dechreuodd hysbyseb ymddangos yn *Y Tyst Cymreig* yn dweud bod ei llyfr yn parhau i fod ar werth am chwe cheiniog a bod modd ei gael oddi wrth Margaret ei hun, a hithau'n byw yn 32 Windsor Street, Lerpwl.[20] Am swm o chwe cheiniog yr un, yr oedd hefyd yn gwerthu ffotograffau o Borth Jopa, Prif Heol Jerwsalem, Jerwsalem, Mur yr Wylofain yr Iddewon, Llyn Heseceia, Gardd Gethsemane, Y Bedd Sanctaidd, Safle'r Hen Deml a darluniadau o'r Gymraes o Ganaan wedi ei gwisgo fel un o ferched Bethlehem. Ni wyddys sut y daeth Margaret o hyd i gymaint o ffotograffau i'w gwerthu. Hwyrach ei bod wedi dod â rhai platiau ffotograffau gyda hi o Jerwsalem ac wedi gwneud copïau ohonynt yn Lerpwl.

Hwyrach hefyd fod y ffotograffydd John Thomas (1838–1905) wedi'i chynorthwyo gyda'r dasg o werthu ffotograffau ohoni hi ac o dirluniau gwlad Canaan. Fe'i maged ef yng Nghellan, sir Aberteifi ac yn ddiweddarach cafodd ei brentisio'n ddilledydd yn Llanbedr Pont Steffan, cyn gweithio mewn siop ddillad yn Lerpwl. Fe'i gorfodwyd, o ganlyniad i afiechyd, i geisio gwaith yn yr awyr agored. Bu'n teithio'r wlad fel cynrychiolydd cwmni a werthai bapur ysgrifennu a ffotograffau. Sylweddolodd cyn lleied o Gymry enwog a ddarlunid yn y ffotograffau a werthai. Prynodd gamera yn 1863 gan wahodd nifer o bregethwyr enwog Cymru i eistedd i gael tynnu eu llun. Sefydlodd Oriel Cambrian yn Lerpwl yn 1867.[21]

Cedwir ei ffotograffau o'r bedwaredd ganrif ar bymtheg yn y Llyfrgell Genedlaethol ac yn eu mysg mae tri phortread o Margaret; mae Margaret yn gwisgo gwisg draddodiadol y Dwyrain Canol mewn dau o'r lluniau, a ffrog ffansi Orllewinol yn y trydydd. Ceir nodyn gyda'r ffotograffau yn dweud 'Y

Gymraes o Ganaan, Miss Jones Vocalist', a chredir i'r lluniau gael eu tynnu oddeutu 1875. Mae'r cofnod hwn yn awgrymu nad y lluniau hyn ohoni ei hun yr oedd Margaret yn eu gwerthu yn *Y Tyst Cymreig* yn 1870.

Parhaodd y llyfr i werthu yn arbennig o dda. Roedd poblogrwydd Margaret, yn enwedig ymysg darllenwyr *Y Tyst Cymreig*, yn ei hannog i wneud mwy i ledaenu ei neges. Ar nos Fawrth, 5 Gorffennaf 1870, aeth i ddarlithio yn ei hardal frodorol, Rhosllannerchrugog. Roedd ymysg ffrindiau, yn treialu ei darlith am y tro cyntaf yng nghapel ei theulu, Bethlehem, capel yr Annibynwyr yn Stryd y Neuadd. Os oedd yn mynd i gael croeso gwresog yn rhywle, hwn oedd y lle. Ac er iddi deimlo yn nerfus tu hwnt, bu ar ei thraed am ddwy awr. Ddeng niwrnod yn ddiweddarach, gwelwyd ei hymdrechion fel darlithydd yn cael eu hadolygu yn *Y Tyst Cymreig*. Disgrifiodd y gohebydd, JG, y digwyddiad yn fanwl. Dywedodd fod y Gymraes wedi cadw ei chynulleidfa 'yn y diddordeb mwyaf am oddeutu dwy awr... tystiolaeth pawb yn ddieithriad ydyw ei bod wedi dyfod trwy ei gwaith yn ardderchog. Yr oedd ei holl ddarluniadau ac adnodau'r Beibl yn hynod o hapus – yr oeddynt fel afalau mewn gwaith arian cerfiedig.'[22] Yr oedd Margaret wedi crybwyll gwaith y genhadaeth yng ngwlad Canaan a threuliodd dipyn o amser yn sôn am ysgolion Mrs Elizabeth Bowen-Thompson, gwraig a aned yn sir y Fflint. Dywedodd wrth ei chynulleidfa y bu Mrs Bowen-Thompson yn arbennig o garedig wrthi ym Meirut, ond roedd llawer mwy i'r wraig ddawnus hon na bod yn Samariad da.

Roedd Elizabeth Maria Bowen-Thompson (Lloyd cyn priodi; 1812/13–69) wedi ei harswydo gan y rhyfel cartref rhwng y Cristnogion Maronaidd a'r Drŵs yn 1860. Lladdwyd deng mil o Gristnogion gan y Drŵs mewn cyflafan ar fynyddoedd Libanus. Yn 1867, cyrhaeddodd Mrs Bowen-Thompson Syria a Libanus ac aeth ati i sefydlu ysgolion ar gyfer y gweddwon a'r plant amddifaid a adawyd wedi'r rhyfel cartref. Sefydlodd nifer fawr o ysgolion, ond daeth ei gwaith i ben yn 1869, ychydig fisoedd wedi i Margaret adael Beirut, pan fu farw yn ddisymwth. Dadlennodd Margaret yn ei darlith bod gwaith Mrs Bowen-Thompson wedi gadael argraff fawr arni ac mai ei dymuniad pennaf fyddai dychwelyd i'r Dwyrain Canol cyn gynted â phosibl er mwyn cynorthwyo i barhau'r gwaith da a ddechreuwyd gan Mrs Bowen-Thompson.[23] Mae'n debyg felly fod gan Margaret fwy o barch tuag at ymdrechion Mrs Bowen-Thompson yn y Dwyrain Canol nag at ymroddiad Elias Frankel. Dair blynedd wedi ei marwolaeth, cyhoeddwyd y gyfrol *The Daughters of Syria* (1872), naratif o ymdrechion Mrs Bowen-Thompson i efengylu teuluoedd yn Syria; golygwyd y gyfrol gan y Parch. Henry Baker Tristam.[24]

Mae'n siŵr fod Margaret wedi gollwng ochenaid fawr o ryddhad ar ddiwedd ei darlith gyhoeddus gyntaf. Ymhyfrydai yn yr hyn a ysgrifennwyd am ei pherfformiad gan y papur newydd a fu'n gymaint o gefn iddi ers iddi ddychwelyd o wlad Canaan. Chwe wythnos yn ddiweddarach, roedd yn barod i draethu'r ddarlith unwaith yn rhagor, ond o flaen cynulleidfa anghyfarwydd y tro yma. Tybed sut dderbyniad a gâi ganddynt hwy? Nid oedd angen iddi boeni.

Roedd gohebydd arall yn *Y Tyst Cymreig*, Ap R, yr un mor hael. Roedd cynnwys yr ail ddarlith, a gynhaliwyd yn yr Wyddgrug ar 22 Awst, yn debyg iawn i'r gyntaf. Ond yn ddiddorol, un o sylwadau cyntaf Margaret oedd nad oedd hi yn gefnogwr brwd o weld cynifer o fenywod yn siarad yn gyhoeddus, ond ei bod hi yn teimlo bod ganddi resymau da dros wneud hynny, er mwyn codi arian i ddanfon rhagor o wybodaeth efengylaidd i 'drigolion tywyll gwlad Canaan'.[25] Crybwyllodd Ap R fod sawl un wedi dweud wrtho na fyddai mynd i wrando ar y Gymraes yn siarad yn ddim gwahanol i ddarllen ei llyfr. Ymwrthododd Ap R â'r safiad hwn, gan ddweud '... wrth y brawd hwnnw a ddywed "Nid oes ganddi ragor i ddywedyd na'r hyn sydd yn ei llyfr" fod ganddi lawer ychwaneg. Yr oedd yr hanesion, y nodion, a'r egluriadau mor adeiladol, difyrol a buddiol i mi a phe buasem heb ddarllen ei llythyrau.'[26] Miss Jones oedd y drydedd ddarlithwraig i ymddangos ar esgynlawr y capel. Roedd yn dilyn yn ôl traed

Miss Evans (Mabws), a gyfrifai ei hun yn ddarlithwraig broffesiynol, a Miss Rees (Cranogwen), a berchnogai feddwl cryf, yn ei farn ef, ac a oedd yr Eliza Cook Cymreig. Nid oedd Miss Jones yn ystyried ei hun yn ddarlithwraig, meddai, ac nid oedd wedi meddwl o gwbl am holi am ffi i draethu ei darlith. Ond gallai'r gohebydd Ap R sicrhau'r darllenwyr fod Miss Jones yn 'methu yr ochr orau'. Roedd ganddi lais soniarus a threiddgar, digon o iaith dda, gymwys a dealladwy a thrysorfa fawr o adnodau ar ei chof. Roedd nifer fawr yn bles ar ei pherfformiad a gwelodd Ap R rai o'r 'tlodion yn estyn eu hatling i'r bocs' yn ystod y casgliad.

Cynhaliwyd dwy ddarlith arall yn agos i'w chartref ym mis Medi. Wrth ei chlywed yng nghapel Heol y Frenhines, Wrecsam ar nos Wener, 16 Medi, yr oedd y gohebydd Gwynfro o'r farn bod Miss Jones yn gystal areithwraig ag awdures.[27] Ac yn yr un rhifyn o'r *Tyst Cymreig*, dywedodd JP fod cynulleidfa fawr iawn wedi dod i'w gweld ar ôl te yng nghapel Bryn Sion, Brymbo y Llun canlynol.

Wythnos yn ddiweddarach, yr oedd Margaret wedi codi ei phac a theithio am y gorllewin, i ardal gwbl anghyfarwydd iddi, sef chwareli llechi Bethesda, sir Gaernarfon. Byddai'n traddodi ei darlith deirgwaith mewn wythnos yng nghapeli'r Annibynwyr. Y gohebydd Gyfylchwr oedd y cyntaf i roi sylw i ba mor ddifyr oedd darlith Margaret. Meddai, 'Y mae ei darlith yn llawn o addysgiadau buddiol a difrifol. Anaml y gwelir yr un ferch wedi ei chynysgaeddu â chymaint o'r *witty* a'r huawdledd.'[28] Yr oedd Gyfylchwr wedi mynychu pedair darlith ar wlad Canaan yn ei amser, ac un Miss Jones oedd yr orau o bell ffordd. A'r rheswm am hyn, fe gredai, oedd bod Margaret wedi treulio amser yn y wlad, rhywbeth mae'n debyg nad oedd y tri arall wedi ei wneud!

Crëwyd hwyl anarferol yn y gynulleidfa wrth i Margaret sôn am chwedl y 'tŷ popty' a diogi'r forwyn Maria. Yn ôl y gohebydd, 'roedd ei gwyleidd-dra yn denu serch y gwrandawyr ar unwaith'. Margaret oedd y ferch 'fwyaf dirodres o'r holl ferched a welsom erioed... yr oedd popeth amdani yn hoffus a deniadol'. Clod mawr yn wir. Mae Gyfylchwr yn nodi hefyd fod 2,000 o gopïau o gyfrol Margaret wedi'u prynu yn ardal Bethesda yn barod. I gloi, mae'n ymbil ar gynulleidfaoedd yng Nghymru drwyddi draw i fynnu cael clywed darlith Margaret.

Mae'n amlwg fod y Miss Jones ifanc wedi gwneud cryn argraff ar Gyfylchwr! Ac erbyn hynny yr oedd Margaret yn teimlo'n arbennig o hyderus ynglŷn â'i gallu fel areithwraig gyhoeddus. Ar ddiwedd mis Hydref, ymddangosodd hysbyseb yn *Y Tyst Cymreig* yn nodi bod 'Y Gymraes o Ganaan' ar fin cychwyn ar daith o gwmpas gogledd Cymru. Bwriadai gyflawni ymrwymiadau, gan gychwyn ym Mangor ar 24 Hydref a gorffen yn y Bontnewydd ger Caernarfon ar 12 Rhagfyr.[29] Ambell wythnos, byddai'n traddodi'r ddarlith bum gwaith. Bu Margaret ar yr heol am bron i ddau fis yn niwedd 1870.

Roedd enwogrwydd Margaret yn tyfu bob wythnos. Wrth iddi deithio o bentref i bentref yn ystod y misoedd hynny, doedd dim pall ar nifer y teuluoedd oedd yn barod i agor eu drysau a chael Margaret yn lletya gyda nhw dros nos. Yr oedd yn dipyn o sgŵp cael siarad â'r Margaret Jones enwog ar draws y bwrdd brecwast. Ac roedd cynulleidfaoedd Margaret yn tyfu o wythnos i wythnos hefyd. Yn Nwygyfylchi ar nos Wener yn hwyr ym mis Hydref 1870, bu'n rhaid i Margaret draddodi ym Mhen-y-cae, capel y Methodistiaid Calfinaidd, gan fod Horeb, capel yr Annibynwyr, yn rhy fach ar gyfer yr achlysur. Meddai adroddiad afieithus y gohebydd Meini Hirion am y noswaith, 'Dywedir am wlad Canaan ei bod yn "llifo o laeth a mêl", gellir dywedyd yr un peth am y ddarlith hon, y mae gan Miss Jones "laeth" i'w gwneud yn ddiddorol.'[30] Mae'n ymddangos hefyd o'r adroddiad yma fod dynes yn cyd-deithio â Margaret. Byddai'r ddynes hon yn gwisgo fel merch ifanc o Fethlehem, ac yr oedd hynny'n gymorth mawr i gyfleu naws yr hanes. Soniai Margaret hefyd am rai o ofergoelion preswylwyr gwlad Canaan, a fyddai efallai wedi bod braidd yn rhyfedd i gynulleidfaoedd crefyddol Cymreig.[31]

Ym Mangor ar 24 Hydref, codwyd 3/6 am docyn mynediad

i'r ddarlith. Gwnaed elw o £10 y noswaith honno. Yn y Bala ar 11 Tachwedd, roedd y capel yn orlawn yn ôl y gohebydd, Cyfaill. Yn y Felinheli (Port Dinorwic) ar nos Wener, 18 Tachwedd, gwnaed elw o £20; nid oedd corau capel Moriah erioed wedi gweld cymaint o bobl yn eistedd arnynt. Meddai'r gohebydd yno, 'Y mae gan y Gymraes lygaid craff, pen golau, calon dyner, llais clir a thafod ystwyth. Gan hynny, yn rhwydd iawn y gallodd *riveto* sylw y gynulleidfa am y ddwy awr y safodd i fyny.'[32]

Ym Mhwllheli ar 1 Rhagfyr, daeth yr Aelod Seneddol Love Parry-Jones i wrando arni; galwodd ei hiaith yn 'brydferth a deniadol'.[33] Ac yn ôl y gohebydd Josephus, roedd Margaret wedi bod yn westai i rai o deuluoedd mwyaf parchus sir Gaernarfon yn yr wythnosau diwethaf. Yn y Bontnewydd ar 12 Rhagfyr, trodd tyrfa sylweddol allan i'w gweld er bod y tywydd yn ofnadwy'r noson honno.[34]

O fewn ychydig wythnosau, Margaret oedd testun trafod gogleddwyr gwledig, crefyddol Cymru. Erbyn diwedd Rhagfyr, roedd wedi llawn haeddu ei seibiant. Ond yr oedd Margaret eisoes yn cynllunio teithiau eraill ar gyfer 1871.

5

Cawn yr adroddiad cyntaf am ymweliadau Margaret ag ardaloedd mwy deheuol o Gymru pan fu'n darlithio yn Nhal-y-bont, sir Aberteifi. Yr oedd y tywydd yn ddrwg ar noson 17 Ionawr 1871, ac mae'n amlwg nad oedd y stŵr a grëwyd eisoes gan y Gymraes wedi lledaenu o'r gogledd, gan mai dim ond nifer fechan o bobl a ddaeth i wrando arni.[35]

Efallai i hyn fod braidd yn syndod ac yn siom i Margaret, gan nad oes yr un cofnod ohoni yn darlithio yn yr ardal honno ar ôl hyn. Erbyn mis Chwefror, yr oedd yn ôl ar dir cyfarwydd yn sir Gaernarfon, yn ymweld â sawl capel yn Ffestiniog, Maentwrog a Thrawsfynydd. Yn Nolwyddelan, yn gynnar yn y mis bach, medd y gohebydd, bu Miss Jones yn 'siarad am ddwy awr nes hoelio pob clust a llygad wrth ei gwefus'.[36] Ac yr oedd hyder Margaret ynglŷn â'r lleoliadau yr oedd am draddodi ei darlith ynddynt yn codi hefyd. Mae *Y Tyst a'r Dydd* (ailenwyd *Y Tyst Cymreig* ym mis Ionawr 1871) yn nodi dau ymrwymiad darlithio dros y ffin yn Lloegr, yn Lerpwl ar 28 Chwefror a Hanley, swydd Stafford ar 1 Mawrth. Denodd Margaret gynulleidfa enfawr i gapel yr Annibynwyr yn Grove Street, Lerpwl, er gwaethaf y ffaith fod yna ddwy ddarlith Gymraeg arall yn cael eu cynnal yn y ddinas ar yr un noson. Yn Hanley, bu'n rhaid benthyg capel arall i eistedd y dorf. Erbyn dechrau mis Mawrth, roedd Margaret wedi codi £200 ar gyfer Cronfa'r Genhadaeth.[37] Byddai'n darlithio yn y Tabernacl, Amwythig ym mis Mawrth cyn teithio i dde-ddwyrain Lloegr.

Ar noson y cyfrifiad degawdol yn 1871, sef 3 Ebrill, roedd Margaret yn ymwelydd yng nghartref capten yn y llynges, John Newby, a'i wraig Mary, a aned yng Nghymru.

Er na ddaeth yr un adroddiad papur newydd i'r amlwg i brofi bod Margaret wedi traethu ei darlith yng nghapeli Cymraeg Llundain, mae'r ffaith ei bod yn ymwelydd mewn cartref Cymraeg yn Rotherhithe, Surrey yn awgrymu bod y gwahoddiad i ddarlithio wedi dod gan Gymry Cymraeg niferus Llundain a'r cylch hefyd.

Capel yr Annibynwyr, Bethesda, yn nhref ddiwydiannol Merthyr Tudful oedd ymrwymiad cyntaf Margaret yn ne Cymru, ar 18 Mai 1871. Byddai'n mynd yn ei blaen i draddodi ym Mhontardawe, yng nghapel y Methodistiaid Calfinaidd, cyn mynd i siarad â chynulleidfaoedd yn ardal Abertawe. Erbyn diwedd mis Mehefin, roedd yn ei throi hi am y gogledd, ac yn cynnal darlith mewn dwy dref yng nghanolbarth Cymru, Llanwrda a Llanwrtyd. Yna, yn ôl i gymoedd y de. Yng Ngharmel yn Nhreherbert yng Nghwm Rhondda, amcangyfrifwyd bod 700 o bobl yn bresennol, nifer ryfeddol o gofio bod y glowyr ar streic ar y pryd.[38] Ac ymysg y gynulleidfa yno yr oedd y bardd a'r gweinidog gyda'r Bedyddwyr, y Parch. Robert Ellis (Cynddelw), a gyfarchodd Margaret â'r englyn canlynol:

> Pa beth? ai geneth o Ganaan – yw hon?
>   Mae'n hynod o ddyddan,
>   Ei dull wrth osod allan
> Mor glir mewn Cymraeg lân.

Does dim dwywaith y byddai Margaret wedi bod ar ben ei digon o glywed bardd cydnabyddedig yn cyfansoddi cerdd iddi. Fel Cymraes, dyma'r clod eithaf.

Parhaodd Margaret i deithio ar draws canolbarth a de Cymru yn ystod gweddill 1871, ond yr oedd adroddiadau papur newydd o'r ymateb i'w darlith yn mynd yn fwy anaml ac yn llawer byrrach; gan amlaf, dim ond cofnod byr o'r lle a'r dyddiad y bu yn ymweld ag ef a roddwyd. Fe'i gwelwyd yng nghapel Bethlehem, Llangadog, ar 9 Awst, ac ym Mhontypridd a Phen-y-bont-fawr yn niwedd mis Hydref. Yn nechrau mis Tachwedd, dechreuodd Sarah Jane Rees (Cranogwen) draddodi ei darlith am ei thaith i'r Unol Daleithiau. O ganlyniad, y ddarlith hon oedd yn denu sylw'r colofnau papur newydd.

Ond parhau i deithio a wnaeth Margaret, hyd yn oed yn 1872, a gorllewin Cymru oedd diwedd ei thaith y tro yma. Mewn paragraff byr yn *Y Tyst a'r Dydd* yn niwedd mis Ionawr, cofnodwyd bod 'Y Gymraes o Ganaan' wedi treulio'r tair wythnos ddiwethaf yn traddodi ei darlith yn sir Aberteifi. Efallai fod Margaret wedi gofyn i'r golygydd roi'r paragraff yn y papur gan nad oedd neb arall wedi cofnodi ei darlithiau hyd hynny.[39]

Ond yn nechrau mis Chwefror, cafodd Margaret ychydig mwy o gyhoeddusrwydd. Cofnododd y gohebydd Ioan Glan Dewi ei bod hi wedi ymweld â Nanteris, ger Ceinewydd. Meddai, 'Ymgasglodd tyrfa luosog i'w gwrando, ac ystyried ei bod yn ymweld â'r rhan fwyaf o gapeli yn y gymdogaeth'.[40] Gadawodd Miss Jones argraff ddofn arno. Ymhelaethodd, 'Tuedd mewn rhai [darlithwyr] i yrru y gynulleidfa i ormod o ysgafnder. Nid felly oedd hi – siaradai gyda difrifoldeb mwyaf wrth sôn am Ardd Gethsemane.' Mae hyn yn ymateb diddorol;

roedd nifer o'r gohebwyr blaenorol wedi sôn am ffraethineb darlith Margaret. Ac yr oedd y modd y gwisgai Margaret wedi gadael argraff ar y gohebydd hefyd. Meddai, 'Un peth arall oeddwn weld yn rhagorol yn Miss Jones, sef ei dull syml a dirodres o wisgo. Mi hoffwn yn fawr i ferched Nanteris, a phobl Nant, a Phant a Bryn i gymryd esiampl oddi wrthi yn y peth hyn.'

Yn gynnar ym mis Chwefror, roedd Margaret yn ôl yn sir Gaerfyrddin, yn Hendy-gwyn ar y cyntaf o'r mis a Henllan Amgoed y diwrnod canlynol. Roedd y gohebydd Gwilym Amgoed yn falch o'i gweld yn edrych mor dda, gan ei bod wedi teithio trwy dde Cymru mewn cryn dipyn o dywydd gwael. Roedd wedi gweld Margaret yn traddodi'r ddarlith dair gwaith, gan wneud y sylw bod 'mwy o naturioldeb ynddi o lawer na phan welsom hi y tro cyntaf'.[41]

Ymwelodd Margaret â chapeli yn Aberteifi, Llandudoch a Chapel Iwan cyn cyrraedd Castellnewydd Emlyn ar 20 Chwefror. Yno, traddododd ei darlith yng nghapel Ebeneser ac fe'i clywyd gan dorf barchus ei nifer yn ôl y papur newydd *Baner ac Amserau Cymru*. Nodwyd yn ogystal fod Margaret eisoes wedi danfon swm o £700 i Gronfa'r Genhadaeth, a'i bod yn gobeithio danfon £300 arall yn y dyfodol agos.[42]

Yna teithiodd Margaret i Fryn Moriah yn ne sir Aberteifi ar 23 Chwefror. Hwyrach mai yno y daeth ar draws ei chydddarlithwraig Cranogwen am y tro cyntaf. Dyma ardal enedigol Cranogwen, ac ar ôl y ddarlith adroddodd Cranogwen bedwar pennill a gyfansoddodd ar destun gwlad Canaan.[43]

Roedd Margaret yn parhau i deithio, yn parhau i sicrhau ymrwymiadau, yn parhau i godi arian at y gronfa. Ond yng nghanol mis Ebrill 1872, cafodd brofiad newydd wrth roi ei darlith, a phrofiad go annifyr ydoedd. Yr oedd enwogrwydd Margaret yn awr yn ei galluogi i gymryd ymrwymiadau darlithio y tu allan i furiau cysurus y capeli. A dyna'r hyn a ddigwyddodd yn ninas leiaf Prydain, sef Tyddewi yn sir Benfro. Cyrchwyd Neuadd y Dref ar gyfer y ddarlith a daeth tyrfa anferthol i wrando arni. A dyna wraidd y broblem. Yr oedd y neuadd yn gorlifo o bobl, a'r rhai yn y cefn yn methu'n lân â chlywed Margaret yn siarad. Crëwyd peth cynnwrf a thaflwyd hunanfeddiant Margaret. Fel y dywedodd y gohebydd, 'yr oedd y neuadd mor llawn fel y bu stŵr y rhai oedd yn y man pellaf yn methu clywed yn anfantais fawr iddi'.[44] Mae'n ymddangos bod nifer o bobl wedi talu i'w gweld ac wedi clywed nemor ddim. Yn ddiddorol, rhannwyd elw'r noson rhwng ei chronfa genhadol a'r gronfa i godi capel i'r Annibynwyr yn Nhyddewi.

Bu'r profiad yn un annymunol iawn i Margaret. Nid oes yr un adroddiad papur newydd ohoni yn traddodi ei darlith ar wlad Canaan ar ôl hynny. Efallai fod y ddarlith wedi rhedeg ei chwrs. Erbyn hyn, yr oedd Cranogwen yn teithio'r wlad gyda darlith newydd am Ann Griffiths, yr emynyddes. Yn gynnar yn 1873, yr oedd Thomas Levi wedi cychwyn darlithio am ei brofiadau wrth deithio yng ngwledydd yr Aifft a Chanaan. Efallai fod Margaret wedi rhedeg allan o ardaloedd yng Nghymru nad oeddynt wedi clywed ei darlith. Wedi'r cyfan, yr oedd wedi bod ar yr lôn gyda'r ddarlith hon am bron i ddwy flynedd. Roedd yn amser am seibiant, i bawb.

Rhan V

Yr Affrig a'r Amerig

Fy nghân ar hyd fy mywyd sydd wedi bod, 'Môr, môr i mi': yr oedd pob cysur daearol i'm meddwl yn gysylltiedig â morio, ond erbyn hyn yr wyf wedi newid fy marn – y gellir ymddifyrru yn well yn nhawelwch y tir.

(Margaret Jones, *Morocco, a'r hyn a welais yno*)

Yr oedd Margaret wedi bod ar dir Prydain am ddeng mlynedd. Treuliodd yr amser gyda'i theulu, ei ffrindiau a chymuned capel Bethlehem yn Rhosllannerchrugog. Roedd wedi cyflawni gwaith da yn lledaenu'r newyddion am gariad Iesu Grist yng ngwlad Canaan ac wedi codi arian sylweddol ar gyfer achos y genhadaeth yn y Dwyrain Canol. Ond yr oedd Margaret ar bigau'r drain ac yn ysu am gael teithio unwaith eto. Roedd tirlun llwyd, diflas y Rhos braidd yn flin i'r llygaid a'r meddwl erbyn hyn.

Yn y flwyddyn 1879, dechreuodd Margaret wneud rhai trefniadau ar gyfer mynd â'i darlith am wlad Canaan at gynulleidfa newydd, draw yn yr Amerig. Ond un diwrnod yn ystod haf 1879 derbyniodd ddau lythyr annisgwyl. Roedd un ohonynt yn ei chynghori i ohirio ei thaith i'r Amerig, gan fod 'rhwystr ar y gweithfëydd',[1] a'r llythyr arall o law ei hen feistr, y Parch. E B Frankel. Roedd ef angen cwmni ar ei ferch Elizabeth a oedd yn symud i fyw i Foroco. Cyfle i deithio i'r Affrig. Antur fach arall gyda rhywun cyfarwydd. Er bod peth teimlad drwg am deulu Frankel, methodd Margaret yn lân â gwrthod y fath gynnig.

Mewn un ffordd, byddai'r naid yma i'r anhysbys yn haws iddi na'r un nôl yn 1862 pan oedd yn groten ugain oed yn mynd i fyw i Baris, neu i'r ddynes ddwy ar hugain a fyrddiodd long am Ganaan yn 1865. O leiaf y tro yma byddai gan Margaret ychydig o feistrolaeth ar ieithoedd llafar Moroco, sef Arabeg a Ffrangeg. A hwyrach na fyddai Moroco mor annhebyg â hynny i wlad Canaan. Byddai'r tirlun a'r hin yn ddigon tebyg, ac wrth ymgartrefu yn nhref Mogador (Essaouira yn awr) byddai'n cael y profiad o fyw yn ymyl cefnfor yr Iwerydd.

Deuai Mogador (a ailenwyd yn 1956 gydag annibyniaeth Moroco o Ffrainc) yn boblogaidd tu hwnt yn y 1960au a'r 1970au i dyrrau o hipis, o ganlyniad i ymweliadau gan Jimi Hendrix a Janis Joplin. Tref bensaernïol brydferth ydoedd gyda rhagfur o feini darluniadol a thai â'u drysau wedi eu peintio'n las trawiadol. Oddeutu dair awr yn y modur o Marrakesh, cafodd y lle ei sefydlu gan y Phoeniciaid yn y seithfed ganrif CC. Roedd y lle yn arbennig o enwog gan fod molwsg môr o'r enw *murex* i'w gael yno, ychydig oddi ar yr arfordir. Deuai llifyn porffor naturiol o'r *murex*, ac yr oedd yn werthfawr tu hwnt gan nad oedd modd gwneuthur llifyn o'r lliw yma ar y pryd. Yn ôl yr athronydd Aristotles, yr oedd y llifyn porffor ugain gwaith yn ddrutach nag aur.

Sefydlwyd canolfan filwrol a masnachol yn Mogador gan y Portiwgeaid yn y bymthegfed ganrif. Yna cwympodd y dref i ddwylo'r Saadiaid a chollodd ei phoblogrwydd. Ymwelodd y pensaer Ffrengig Théodore Cornut yn 1735 gan chwistrellu bywyd newydd i mewn i'r dref a'i hailadeiladu mewn arddull Ewropeaidd a Morocaidd. Enwyd y dref yn Essaouira, sy'n golygu 'wedi ei chynllunio yn dda'. Tyfodd y porthladd, ac allforiwyd aur, halen, ifori a phlu estrys i Ewrop. Erbyn heddiw, mae'r dref yn hafan i dwristiaid.

2

Ni wyddai Margaret lawer am Foroco. Ond yr oedd yn ymwybodol bod ychydig o waith cenhadol yn mynd yn ei flaen yno, gan mwyaf cenhadu i broselytio'r Iddewon yn Gristnogion. Bu hanes yr Iddewon a hanes Moroco ynghlwm ers y ganrif gyntaf OC pan sefydlwyd nifer fawr o gymunedau Iddewig Berber yn y wlad. Yn y canrifoedd a ddilynodd, rhwystrwyd y mwyafrif o Iddewon rhag masnachu yn Ewrop, ac felly daethant i drigo ym Moroco gan weithio fel amaethwyr, gweithwyr metel, lliwyddion, chwythwyr gwydr, rhwymwyr llyfrau a chowbois. A phan erlidiwyd mwy fyth o Iddewon yn Ewrop o'r bedwaredd ganrif ar ddeg hyd yr unfed ganrif ar bymtheg, ffodd rhagor ohonynt i Foroco. Gwnaeth llawer o Iddewon yn dda iawn o dan feistri megis y Saadiaid cymedrol. Ymhen amser penderfynwyd neilltuo rhannau pwrpasol mewn trefi ar gyfer yr Iddewon a gelwid yr ardaloedd yma yn *mellah*. Cyn hir, gyda chynifer o Iddewon yn ffoi o Ewrop, sefydlwyd *mellah* mewn sawl tref, gan gynnwys Mogador.

* * *

Parhaodd y teulu Frankel i fod yn genhadon yn y Dwyrain Canol. Dychwelodd Elias Frankel o Jerwsalem i Lundain ym mis Ionawr 1870 oherwydd cyflwr ei iechyd, ond erbyn mis Medi'r flwyddyn honno yr oedd wedi dychwelyd i'r Dwyrain Canol fel Pennaeth y Genhadaeth yn Namascus. Bu Elias Frankel a'i deulu yn byw yno hyd 1873 pan symudodd y teulu nôl i Farseilles yn Ffrainc am flwyddyn. Cododd y cyfle i Frankel weithio fel Pennaeth y Genhadaeth yn Tunis yng ngogledd yr Affrig. Cychwynnodd ar ei swydd ym mis Mai 1875, ac yno y bu Frankel hyd 1881, pan ymddeolodd yn gyfan gwbl o'i waith cenhadol.

Pan glywodd Margaret oddi wrth ei hen feistr yn ystod haf 1879, nid cynnig gwaith iddi fel morwyn deulu yn eu cartref yn Tunis a wnaeth. Yn hytrach, roedd am gynnig dau beth iddi. Roedd cyfle iddi weithio fel athrawes mewn ysgol genhadol ym Moroco. Yn ogystal, roedd am iddi fod yn gwmni i'w ferch ieuengaf, Elizabeth, a oedd newydd briodi'r Parch. E B Shepherd yn Tunis ym mis Mehefin 1879. Roedd y pâr ifanc ar fin symud i weithio gyda'r genhadaeth yn Mogador, Moroco. Roedd Elizabeth yn feichiog (ganwyd mab iddynt ym mis Mawrth 1880 yn Mogador). Ond ni fedrai Elias Frankel roi mwy o fanylion iddi, gan nad oedd wedi ymweld â Mogador ei hun. Ac os oedd yn ymwybodol o'r problemau enfawr yn Mogador, ni fentrodd eu rhannu â Margaret yn y llythyr hwnnw, beth bynnag.

Nid oedd gan Gymdeithas Iddewon Llundain unrhyw gynrychiolaeth ym Moroco cyn 1875, pan gyrhaeddodd y Parch. J B Ginsburg yno o Algiers. Dyma'r hyn a welodd:

> ... much ignorance, superstition and fanaticism amongst the Jews... The Jews were also poor, and the temporal misery in the *Mellah* indescribable, but they were very accessible, though their rabbis eventually offered a determined opposition to all missionary effort.[2]

Er yr anawsterau dwys, aed ati i sefydlu ysgol i fechgyn, merched ac oedolion. Cychwynnodd gwraig J B Ginsburg ysgol Sul a chyfarfodydd mamau, a chynhaliwyd gwasanaethau ar y Sul ac ar nos Wener ar gyfer y dychweledigion, ymholwyr a'u plant, a gwasanaeth ar gyfer preswylwyr Saesneg eu hiaith hefyd. Dechreuwyd gwerthu Beiblau, ac o fewn y flwyddyn codwyd dros gan punt i'r genhadaeth wrth eu gwerthu.

Lleolwyd canolfan y gymdeithas mewn adeilad o'r enw'r Mizpeh a chyn hir gwelwyd nifer fawr o Iddewon yn ymweld â'r ddosbarthfa lyfrau yno. Nid oedd y prif rabi yn hapus iawn wrth weld cynifer o'i ddiadell yn ymweld ag adeilad y Cristnogion. Er hyn, yr oedd y genhadaeth yn Mogador yn ffynnu a'r dyfodol yn edrych yn dda iawn i'r cenhadon prysur ymysg yr Iddewon chwilfrydig.

Ond daeth y gwaith da i ben yn sydyn iawn ar ddydd Sul

ym mis Ionawr 1877. Y bore hwnnw, gwelwyd gorymdaith hir o Iddewon, gyda sawl rabi ar y blaen, yn teithio o'r *mellah*, trwy'r *kasbah* (ardal yr Arabiaid), heibio i'r Mizpeh ac i balas y Swltan (rheolwr y ddinas). Ac yno, mewn cyfarfod dryslyd tu hwnt, gofynnwyd i'r Swltan anfon holl genhadon Cymdeithas Iddewon Llundain o Foroco. I helpu'r Swltan i wneud ei benderfyniad, gwelwyd sawl eidion yn cael eu lladd ar garreg drws tai pwysigion yr awdurdodau. Wrth i'r Swltan bendroni ymhellach dros ei benderfyniad, gwelwyd rhai o arweinwyr yr Iddewon yn mynnu na ddylai siopwyr Iddewig werthu bwyd na chynnyrch i breswylwyr y Mizpeh. Roeddynt yn ceisio sicrhau y byddai'r cenhadon a'u teuluoedd a'u ffrindiau yn newynu o fewn muriau'r Mizpeh. Pe gwelid unrhyw Iddew yn torri'r gorchymyn ac yn mynd yn agos i'r Mizpeh, byddent yn cael eu hysgymuno. Dioddefodd yr ysgolion yn ddrwg, a pharlyswyd gwaith cenhadol yn Mogador yn ystod safiad yr Iddewon. Er hyn, nid oedd gweithwyr y Mizpeh mewn unrhyw berygl personol ar y pryd.

Ond daeth newid byd a newid calon ymysg yr Iddewon yn 1878 pan drengodd mwy na 10,000 o Iddewon a Mwslemiaid Mogador mewn newyn erchyll. Rhywfodd daeth J B Ginsburg a'i weithwyr i ben â chynorthwyo cannoedd o Iddewon a oedd yn newynu. Roedd hyn yn gymorth mawr i leihau'r tensiynau rhwng y ddwy garfan. Meddai Ginsburg:

> Every pound of rice, every loaf, or whatsoever else was offered to the famished Jew or Mohammedan, was a word spoken for Christ. For the first time in their lives, thousands became acquainted with the motives of Christian charity, and were impelled to enquire about Him who taught the Christian universal charity. Jews who formerly dreaded to approach your missionary, or who considered it sinful to listen to one who rejects rabbinical tradition, now came, not for the meat that perisheth, but to enquire into the Christian faith. Notable Jews have sent kind and grateful messages, and the chief rabbi himself sent a message of a similar kind.[3]

Dilynwyd y newyn gan dwymyn a ysgubodd trwy'r dref. Bu nifer o weithwyr y Mizpeh yn wael a bu'r salwch yn ddigon am fywyd un dyn, Solomon Darmon. Ond hyd yn oed yn ystod yr amseroedd heriol, yr oedd rhai o'r Iddewon yn parhau i gynllwynio yn erbyn y cenhadon yn hytrach na chanolbwyntio ar oroesi'r newyn a'r dwymyn. Bu sawl enghraifft o wrthwynebiad Iddewig, er bod y genhadaeth yn parhau i fod yn boblogaidd ac yn gwneud cynnydd da iawn wrth newid meddyliau'r Iddewon. Ac nid oedd agwedd anghyfeillgar y Conswl yn helpu chwaith; carcharwyd un o asiantau'r gymdeithas. Roedd 4 Chwefror 1879 yn ddiwrnod arbennig o anodd: ysgymunwyd un o athrawon Hebraeg yr ysgol ac fe'i hysbeiliwyd a'i droi allan i'r stryd. Ar yr un diwrnod, gwelwyd un o'r dychweledigion Iddewig yn cael ymaflyd ynddo, ei guro a'i daflu i'r carchar. Roedd y sawl a oedd yn cyflawni'r gweithgareddau treisgar hyn yn symud o'r naill drosedd i'r llall. Ar ddiwedd mis Mai, penderfynodd yr awdurdodau gau clwydi y *mellah* ac atal y plant rhag mynychu'r ysgol er mwyn gostegu tensiynau'r sefyllfa.

Ond yr oedd mwyafrif y plant yn benderfynol o fynychu'r ysgol, a dechreuasant ddringo muriau'r *mellah* a ffoi. Rhoddwyd y rhai a ddaliwyd mewn haearnau, ac fe'u curwyd a'u rhoi yn y carchar. Dioddefodd eu rhieni yr un driniaeth am ganiatáu i'w plant fynd i ysgolion y cenhadon. Gwelwyd un Iddewes a oedd yn chwe deg chwech mlwydd oed ac yn un o weision yr ysgol yn cael ei hymaflyd, ei harteithio a'i charcharu. Wnaeth yr holl weithgarwch barbaraidd ddim ond cryfhau penderfyniad yr Iddewon a oedd am fynychu'r Mizpeh. O ganlyniad, dwysaodd tactegau'r gwrthwynebwyr fwyfwy.

Ar 11 Gorffennaf 1879, gwelwyd ymosodiad rhagfwriadol ar y plant ysgol ac ar yr oedolion Iddewig a oedd yn ymweld â'r Mizpeh. Am y tro cyntaf, gwelwyd gweithwyr y Mizpeh yn cael eu sarhau a phobl yn ymosod arnynt â cherrig. Cafodd un aelod ei anafu'n bur ddrwg. Ond ni chosbwyd y rhai a gyflawnodd y troseddau; yn hytrach, rhai o weithwyr y Mizpeh a arestiwyd. Bum niwrnod yn ddiweddarach, fe alltudiwyd rhai o weithwyr y Mizpeh o Foroco am byth.

* * *

Gadawodd Margaret borthladd Lerpwl ar 21 Medi 1879, ddeufis ar ôl i rai o weithwyr y Mizpeh gael eu halltudio. Teithiai ar ei phen ei hun. Roedd ei llong yn bwrw am Gibraltar a chymerai'r rhan honno o'r siwrnai chwe niwrnod. Roedd gan Margaret lygaid craff, a chan ei bod yn teithio ar ei phen ei hun, roedd ganddi'r amser hefyd i wylio popeth a oedd yn mynd yn ei flaen o'i hamgylch.

Disgrifiodd Margaret ei phrofiadau ar y llong ar ddechrau ei llyfr *Morocco, a'r hyn a welais yno* (1883). Ar fwrdd y llong daeth i'r casgliad yn ddigon cyflym nad oedd unrhyw Gymry yno. Daeth ar draws rhyw hanner dwsin o Saeson, ond nid oedd y rheiny yn arbennig o gyfeillgar ac yr oeddynt yn amharod i sgwrsio â hi. Mae'n syndod clywed y wraig grefyddol, barchus hon yn cofnodi jôc ar eu traul yn ei llyfr, am ddau Sais yn cyfarfod â Gwyddel, a hwnnw'n gweld côt un o'r Saeson ar dân. Mae Pat, y Gwyddel, yn gofyn i'r naill Sais pam nad yw wedi dweud wrth y llall fod ei gôt ar dân, ac ymateb hwnnw yw oherwydd nad ydynt wedi cael eu cyflwyno i'w gilydd! Mae'n anodd credu bod jôcs am y Saeson, y Gwyddelod, y Cymry a'r Albanwyr yn bod mor gynnar â'r 1880au!

Treuliodd Margaret wythnos yn Gibraltar, cyn croesi Môr y Canoldir i Tangiers ym Moroco a galw yn nhrefi Rabat a Casablanca cyn dod i ben y daith yn Mogador ar 16 Hydref.

3

Wrth gyflwyno ei llyfr *Morocco, a'r hyn a welais yno*, dywed Margaret mai'r rheswm dros ei gyhoeddi yw oherwydd y dylai pawb wybod rhywbeth 'am bob rhan o ddaear Duw a'i ddeiliaid'. Dywed mai hwn yw'r llyfr cyntaf Cymraeg am

Foroco (ac, yn wir, dyma'r unig lyfr Cymraeg a gyhoeddwyd am y wlad o hyd). Yn wahanol i'r llythyrau o wlad Canaan, teithlyfr yw'r gyfrol yma yn fwy na dim arall; teithlyfr sy'n cynnwys storïau am yr hyn y mae Margaret yn ei weld neu'n ei glywed yn ystod ei hamser yn Mogador ynghyd â rhannau o'i dyddiadur. Ceir penodau gwahanol, fesul darlithoedd bychain, yn sôn er enghraifft am 'Preswylwyr y Wlad', 'Defodau ac Ofergoelion', priodasau Iddewig a Mwraidd, y *mellah*, Newyn Mawr 1878, 'Claddfeydd a Chladdedigaethau' ac ati.

Pan gyrhaeddodd ei chartref am y tair blynedd nesaf, ar 16 Hydref, nid oedd ei hargraff gyntaf o Mogador yn un ffafriol iawn. Tref o 16,000 o eneidiau oedd Mogador, gyda hanner ohonynt yn Iddewon. Cwyna Margaret nad oes dim yn brydferth yn y dref na'r wlad sy'n ei hamgylchynu. Ac i wraig sy'n gyfarwydd â bryniau glas Cymru, mae'n rhaid teithio sawl milltir i weld peth glaswellt neu goed. Ond cyn hir daw ar draws rhai gerddi muriog yn rhan ddwyreiniol y dref. Yno gwêl lysiau yn tyfu, a gwefreiddir Margaret gan y blodau *geranium* sy'n tyfu hyd at ddwy lath o daldra. Mae'r gerddi yn gartref i bob math o anifeiliaid ac adar: crwbanod, mwncïod, cameleon a pharot. Yr haul a'r hin yw'r peth gorau am Mogador yn ôl Margaret. Nid yw'n rhy gynnes nac yn rhy oer yno ar unrhyw adeg o'r flwyddyn. Pendrona beth a wnaeth preswylwyr y dref hon i haeddu byw mewn lle â thywydd mor dda.

Mae cryn dipyn o'r llyfr yn canolbwyntio ar arferion byw a chredoau gwahanol y bobl y daw ar eu traws bob dydd. Swydd fel athrawes yn yr ysgol genhadol i'r Iddewon sydd ganddi, ond nid Iddewon yn unig sy'n gwmni rheolaidd iddi; mae'n adnabod Mwriaid, Duon a Mwslemiaid.

Ceisia Margaret addysgu darllenwyr ei llyfr trwy adrodd storïau bychain sy'n dangos ac yn lliwio ei neges. Mae'n siarad yn ddigon plaen, yn ddi-flewyn-ar-dafod yn aml, pan mae'n anghytuno â daliadau neu ymddygiad y trigolion lleol. Fel Cristion yn Mogador, mae'n sylweddoli'n gyflym iawn ei bod yn perthyn i garfan sy'n amhoblogaidd tu hwnt yn y wlad.

Mae'n ymddangos bod Cristnogion yn dychryn plant y dref. Sonia am ferched bach yn rhedeg i ffwrdd gan grio oherwydd eu bod newydd weld Cristion. Mae eu rhieni yn gyfrifol am ledaenu storïau arswyd i'w plant, yn sôn am yr hyn a wnâi Cristnogion iddynt pe gallent eu dal. Cydymdeimla Margaret ychydig, gan ei bod yn ymwybodol fod yr Ewropeaid yn aml yn ymddwyn yn ormesol wrth deithio trwy Foroco. Mae'n adrodd stori am swyddogion o Brydain a aeth ar ymweliad â Moroco gyda bendith y Swltan. Cynhelid gwleddoedd mawr ymhle bynnag y teithiai'r swyddogion. Gwnaed yn siŵr fod y bobl bwysig yn cael pob peth a ddymunent, hyd yn oed os golygai hynny fod y trigolion lleol yn llwgu. Er enghraifft, dyma'r arlwy ar gyfer gwledd *un* noson: pum bowlen o gwscws, twr o gacennau burum, dafad fyw, hanner cant o wyau a phum pwys o fenyn. Nid oes ryfedd felly fod y brodorion yn drwgdybio'r Ewropeaid.

Mae gan Margaret ddiddordeb arbennig yn nhriniaeth caethweision. Daw'r mwyafrif o gaethweision duon Mogador o ardal Timbuktu a defnyddir bwyd i'w twyllo i ddilyn yr herwgipwyr. Fe'u cipir a'u harwain i Foroco ar droed, siwrnai hirfaith a all gymryd chwe wythnos. Nid yw'r mwyafrif yn goroesi'r fath daith, ac os llwyddant i gyrraedd Mogador, dim ond cychwyn eu gofid yw hynny. Treisir nifer o'r merched gan eu meistri newydd cyn gynted ag y mae'r fargen wedi'i tharo ym marchnad Mogador. Telir pymtheg punt am gaethwas ifanc iach; rhoddir chwech i wyth bunt am fenyw ifanc mewn cyflwr da; a rhwng punt a phymtheg punt am oedolyn gwrywaidd, yn dibynnu ar ei oedran. Ceisiodd gŵr y tŷ lle y lletyai Margaret brynu gwraig dri deg pump oed a'i phlentyn am £3. Yr oedd am eu prynu i roi eu rhyddid yn ôl iddynt. Gwaharddwyd ef rhag gwneud hyn gan ei fod yn Gristion. Dim ond Mwslemiaid oedd â'r hawl i brynu caethweision. Gwelodd Margaret ferch fach yn cael ei phrynu gan ddyn deugain oed. Fe'i llusgwyd trwy'r strydoedd i'w 'chartref' newydd. Ceisiodd sgrechian a dianc. Syfrdanwyd Margaret gan y digwyddiad. Heb amheuaeth, byddai'r straeon yma yn agoriad llygad i'w chynulleidfa nôl adref.

Yn naturiol, mae gan Margaret ddigon i'w ddweud am yr Iddewon sydd wedi ymgartrefu ym Moroco. Nifer fawr o fasnachwyr Iddewig sydd wedi creu llawer o gyfoeth yn y wlad. Yn amser Margaret, yr oedd 7,000 o Iddewon yn byw yn yr ardal Iddewig, sef y *mellah*, yn Mogador. Roedd y mwyafrif ohonynt yn anghenus ac yn dod i'r Uxbar (lle'r oedd Margaret yn byw) i gardota. Yr unig beth a dderbyniai Iddew gan Gristion oedd bara. Byddai Margaret yn aml yn gadael sbarion ei phrydau bwyd ar gyfer yr Iddewon newynog, ond darganfu yn gyflym y byddai'n well ganddynt farw o newyn na llygru eu hunain gyda bwyd a goginiwyd gan ddwylo neu yn llestri Cristnogion. Er hyn, nid oeddynt yn gwrthwynebu derbyn bwyd gan y Mwslemiaid, cyhyd nad oedd yn gig. Er bod Margaret yn ddig am eu hagwedd, edmyga hefyd eu haberth bersonol wrth ddangos teyrngarwch i'r hyn yr oedd y rabi yn ei orchymyn.

Mae rhai o'r Iddewon mwyaf cyfoethog yn byw yn yr Uxbar, ond triga'r mwyafrif yn y *mellah*. Mae'r *mellah* wedi'i amgylchynu gan furiau uchel, fel pe bai clefyd y gwahanglwyf ar bawb meddai Margaret. Daeth y cyfle i Margaret ymweld â thu mewn i'r *mellah*; disgrifia'r lle fel hyn:

> Aflendid nad gweddus ei enwi wedi ei dyrru am ddwy droedfedd i fyny yn erbyn y muriau, am lathen o led yr heolydd culion, a dim ond hanner llath o led yn rhydd i'r fforddolion fyned yn ôl a blaen. Y *drains* yn agored, ac arogl y ffieidd-dra yn dyrchafu a llygru'r awyrgylch. Yma y mae'r dwymyn (*fever*) yn dechrau, yr heintiau yn codi, a phob afiechyd o bob enw sydd mor fynych yn ysgubo miloedd o'r trigolion i fyd mawr yr ysbrydoedd. Gan belled ag y gallwn i farnu wrth sylwi arnynt, y mae cyflwr aflan y *mellah* yn effeithio yn fwy ar y bechgyn ieuanc na neb arall; y mae eu hwynebau yn welwon, tenau a diysbryd, ac i orffen y darlun salw, y mae y rhan fwyaf ohonynt wedi eu nodi â'r frech wen yn dew ar eu hwynebau.[4]

Cymer Margaret ddiddordeb arbennig ym mywydau gwragedd Iddewig. Mae eu hawliau yn gyfyng; er enghraifft, nid oes ganddynt yr hawl i adael Moroco rhag ofn y byddai eu gwŷr a'u plant Iddewig yn eu dilyn. Mae'r Iddewesau yn cael eu trin yn warthus. Yn aml gwelir pobl yn poeri atynt ac mae plant Mwraidd yn eu poeni'n ddi-ben-draw.

Wrth ddechrau ei gwaith yn y Mizpeh, daw Margaret ar draws nifer fawr o Iddewon, rhai sydd am 'ddychwelyd' – hynny yw, troi yn Gristnogion – ac eraill heb yr un awydd i wneud unrhyw beth o'r fath. Mae'n feirniadol iawn o'r Iddewon, yn eu galw yn ofergoelus a rhagfarnllyd. Mae'r Iddewon o'r farn bod unrhyw un sy'n 'dychwelyd' wedi cyflawni rhywbeth gwaeth na'r pechod mwyaf cyfeiliornus. Mae'n rhoi enghraifft o Iddewes 'ddychweledig' a oedd yn byw yn nhŷ Margaret. Roedd ganddi chwaer a oedd yn gweithio fel putain. Yr oedd mam y ddwy yn byw y tu allan i Mogador, a danfonodd neges i ofyn i'w merch 'ddrwg' ddychwelyd adref. Y ferch 'ddrwg' oedd y ferch a drodd yn Gristion. O aros yn Gristion, ni fyddai hi mwyach yn cael ei chyfri yn ferch i'w mam. Mae'n adrodd hefyd am dorf o Iddewon yn erlid Iddewes ifanc ar hyd strydoedd Mogador. Roedd y ferch ifanc ofnus wedi colli ei sgarff ac yn ceisio cael lloches oddi wrth y dyrfa yn nrws unrhyw dŷ. Roedd y dorf yn ei herlid oherwydd ei bod wedi cael ei dal yn bwyta bara burum yn ystod Gŵyl y Bara Croyw.

Synna Margaret at rai o reolau a daliadau'r Iddewon. Nid ydynt yn gweld pechod mewn dwyn. Mae Margaret ei hun yn dioddef lladrad wrth ddysgu'r plant yn yr ysgol un diwrnod. Penderfyna beidio â chrybwyll y lladrad yn uniongyrchol yn y dosbarth gyda'r plant. Yn hytrach, adrodda stori'r Deg Gorchymyn. Wedi clywed y stori, ymateb un o'r plant yw dweud bod ei mam wedi ei chynghori nad yw dwyn yn bechod ond bod galw enwau ar bobl *yn* bechod. Mae Margaret yn ei chywiro.

Disgrifia draddodiadau'r Iddewon, megis y 'pum bys o byg (*pitch*)' a adewir ar furiau i gadw ysbrydion drwg i ffwrdd. Yn ei hystafell gartref, gwêl enghraifft uwchben ei gwely. Rhoddir y bysedd o byg yma y tu mewn i grud babanod, cychod, pennau anifeiliaid ac ati. Os bydd plentyn ar fin cael ei eni i'r teulu, rhoddir ail gôt o fysedd pyg ar y muriau gwyngalch. Os genir mab, bydd deg o ddynion da yn dod i warchod y baban a'r fam o fachlud haul hyd at doriad gwawr y bore trannoeth, am wyth niwrnod, yn gweddïo a chanu trwy'r nos. Ond nid eir i'r un drafferth os genir merch. Enwaedir bechgyn Iddewig ar yr wythfed diwrnod, ac yna bydd y bachgen yn cael ei warchod gan rywun trwy'r amser hyd ei ben-blwydd yn dair ar ddeg oed. Yna cynhelir y *bar mitzvah*. Derbynia Margaret wahoddiad i un o'r rhain, a gwrandawa ar y bachgen yn traddodi araith yn dweud ei fod yn awr yn ddyn. Cred Margaret yw mai rhywun hŷn o lawer a ddylai fod yn gwneud y fath adduned.

Mae'n amlwg fod Margaret wedi gwneud ei hymchwil yn drylwyr ar gyfer y gyfrol. Mae'r penodau ar wahanol agweddau ar fywyd Moroco yn cynnwys nifer fawr o ystadegau am y wlad. Mae'n gwybod am y modd y daeth y bobl Fwraidd i fyw yn y wlad a'u bod yn wneuthurwyr rhagorol o ddeunyddiau aur ac arian ac yn gwneuthur carpedi gwych. Cwyna am effaith y ffydd Islamaidd sydd wedi gostwng moesau yn y wlad, gan roi'r enghraifft fod Mwslemiaid yn cael curo eu gwragedd os ydynt wedi bod yn anffyddlon. Mae Margaret yn gyfarwydd â'r Qur'an ac yn ei ddyfynnu. Disgrifia'n fanwl ddillad y Bedowin, a'u haelioni tuag at ddieithriaid. Mae'r gwahanol fwydydd a fwyteir yn ei swyno; felly hefyd arferion 'gwahanol' rhai o'r llwythau, er enghraifft gwŷr Ismael sy'n sychu eu dwylo gwlyb neu fudr yn eu barfau, a'r menywod yn gwneud yr un fath â'u dwylo yn eu gwallt! Mae rhai pethau yn ei chynddeiriogi, fel y menywod sy'n gorfod aros i'w gwŷr orffen eu prydau bwyd cyn y byddant yn bwyta'r sbarion sydd ar ôl. A chan ei bod yn ymwneud gan mwyaf â merched a gwragedd, mae ei hatgasedd at y ffordd y cânt eu trin yn dod i'r amlwg yn aml. Yn wir, mae Margaret ymhell o flaen ei hamser yn poeni am y diffyg rhyddid i fenywod yn y gwahanol lwythau a chrefyddau.

4

Cadwodd Margaret ddyddiadur o'i hymweliadau â'r Iddewon yn y *mellah*, yng nghyswllt ei gwaith fel cenhades ac athrawes iddynt. Cynhwyswyd y darnau isod o'i dyddiadur yn y llyfr, sy'n dangos yn glir gyflwr ysbryd yr Iddewon ac yn darlunio'r sefyllfa druenus y trigant ynddi yn y *mellah*:

10 Ionawr 1880
O ddeuddeg i bymtheg o blant sydd wedi mynychu'r ysgol yn ystod y mis diwethaf, ac ond pedwar ohonynt yn Iddewon, un bachgen a thair o enethod. Wythnos drallodus oedd y diwethaf. Ni ddaeth y *bachgen* Iddewig i'r ysgol ond dau ddiwrnod. Wrth chwilio i'r achos, cefais mai heb ymborth yr oedd, a bod ei dad yn glaf yn ei wely o angen. Yr oedd y tair geneth yn yr ysgol drwy'r dydd ddoe; nid aent adref i ginio am fod y ffordd yn rhy bell, meddent hwy. Yn y prynhawn, rhoddais waith gwnïo iddynt, ond wedi gweithio awr, rhoddodd un eneth ei gwaith i lawr a dechreuodd wylo. 'Beth ydyw'r mater?' gofynnais. 'Paham yr ydych yn wylo yn lle canlyn ymlaen ar eich gwaith?' 'Nis gallaf weithio mwy', ebe hi, 'yr wyf yn rhy wan, nid ydwyf wedi bwyta tamaid heddiw.' Gofynnais paham, gan eu bod yn bwriadu aros yn yr ysgol, na fuasent yn dyfod â'u cinio i'w canlyn? 'Nid oedd gennym ddim i ddyfod,' oedd yr atebiad pruddaidd. Rhoddais ddarn o fara i bob un ohonynt, yr hyn a fwytasant yn awchus.

Dydd Gwener diwethaf, darfu i fachgen o'r enw Leon ladrata pres o'm desg. Dywedodd rhywun wrth ei dad, yr hwn sydd mewn cysylltiad â'r Genhadaeth. Daeth hwnnw i'r ysgoldy, a chyda strap lledr, rhoddodd gurfa ddidrugaredd i'r lleidr bychan nes gosod arswyd ar yr holl blant. Eisteddai pob un yn fud yn ei le, ac yr oedd gwelwedd eu hwynebau difrifol yn dangos yn eglur nad oeddynt yn hollol sicr na fyddai raid iddynt hwythau fyned o dan yr un oruchwyliaeth cyn ymadawiad y fflangellwr. Yr oedd hyn yn gyfleustra da i ddweud ychydig wrthynt am y pechod o ladrata, gan ei fod, yn eu tyb hwy, yn bechod mor ysgafn, os yn wir yn bechod o gwbl.

11 Ionawr 1880
Euthum gyda Mrs Ginsburg i'r *mellah* heddiw i wneud ymholiad i gyflwr y personau anghenus yr hysbyswyd ni ohonynt yr wythnos diwethaf. Euthum yn gyntaf at y bachgen Iddewig y crybwyllasom amdano. Cawsom fod ei dad wedi marw o newyn, a'r mab yn cyflymu i'r un cyflwr truenus, ond nid yw eto yn rhy bell i gael ei achub rhag y fath dynged; felly yr ydym wedi gwneud darpariadau ar gyfer ei ddyfodol.

Cawsom y tair geneth yn llusgo allan eu bodolaeth mewn tlodi ac aflendid nas gallaf ei ddisgrifio. Yr oedd y drewdod a ddyrchafai o'r ffieidd-dra llaith oedd wedi ei domennu ar ochrau'r ffyrdd culion mor gryf fel yr oedd pawb, ie, hyd yn oed y brodorion oedd yn arfer â'r fath fywyd, yn gosod rhyw garp neu'i gilydd ar eu ffroenau i'w hatal i anadlu arogl mor angheuol. Yr oedd y ffieiddbeth hwn yn raddol dreiglo ar hyd y fynedfa i ystafell un o'r merched bach mwyaf deallgar yn fy ysgol. Dyna lle yr oedd y tad, mam, mab a thair o ferched, yn yr unig ystafell a oedd ganddynt, a honno, pe caeid y drws, yn hollol dywyll, gan nad oedd ffenestr o gwbl ond twll yn y mur oddeutu troedfedd a hanner o hyd a llai na hanner troedfedd o led, ac nid oedd awyr iach yn dyfod trwy hwnnw, gan mai heol gul, aflan, dywyll oedd o'r tu cefn iddo. Cul ac isel iawn oedd y drws hefyd; yr oedd yn rhaid plygu i fynd i mewn drwyddo, a'r ffieidd-dra y soniais amdano yn treiglo heibio'r drws hwnnw. Nis gallwn lai na synnu fod geneth mor synhwyrgall â Mesauda wedi codi o le mor annymunol, ac edrychwn gydag edmygedd ar y wyryf ieuanc a ymdrechai mor glodfawr yn erbyn anawsterau.

Yn fuan wedi hyn, daeth Iddew o sefyllfa dda yn y byd i edrych ansawdd y *mellah*, a chan ryfeddu gweled y fath *intelligence* ag a gafodd yn Mesauda, a'i bod wedi dysgu darllen ac ysgrifennu (yr hyn sydd mor anghyffredin ymhlith yr Iddewesau), gofynnodd hi mewn priodas, a chafodd ei ddymuniad. Ond yr hyn sydd yn taro yn ddieithr i ni ydyw fod y gŵr yn briod eisoes, a'i wraig yn aros yn eu cartref, yn ninas Moroco. Anfonodd lythyr ysgar i'r truan ddiniwed honno, a datganodd ei esgus dros ei ymddygiad, sef nas gallai ef ddim meddwl byw gyda buwch anwybodus o wraig fel honno, wedi gweled geneth fach (13 oed) synhwyrol fel Mesauda. Ond nid dyna'r esgus a roddodd i'r rabi pan yn gofyn iddo ysgrifennu llythyr ysgar, onid e ni fuasai yn llwyddo i'w gael. Deg ceiniog ydyw pris llythyr ysgar pan roddir esgus boddhaol dros ei gael.

12 Ionawr 1880
Ymwelais â theulu o ferched Iddewig yn y *mellah* heddiw. Drwy gyfieithydd adroddais hanesion ysgrythurol iddynt, gan na ddeallent y darllen. Ymddangosent yn ddiolchgar iawn, a dywedent nad oedd neb erioed wedi dweud dim wrthynt hwy, nad ydyw'r Iddewesau byth yn mynychu'r synagogau ond ymhen yr wythnos ar ôl priodi, ac unwaith yn y flwyddyn i gusanu'r Pentateuch. Nid oedd meddylddrych ganddynt fod yr enaid yn gofyn ymborth ysbrydol fel y mae'r corff yn gofyn ymborth tymhorol, ac *nis gallent ddeall*. Ar hyn daeth y tad i mewn. Gofynnais, 'Sut yr oedd dyn o'i alluoedd a'i wybodaeth ef yn gadael ei wraig a'i ferched mor ddi-ddysg? A oedd ef yn meddwl nad oedd eu heneidiau hwy yn gymaint gwerth â'i enaid ef?' Nid oedd yn siŵr am y *gwerth*, ond yr oedd ganddynt eneidiau, nid oedd amheuaeth am hynny. 'Ond,' ebe'r hen ŵr hunanddigonol, 'nid ydyw yn arferiad yn ein plith ni i roddi addysg i'n merched; eu rhan hwy mewn bywyd ydyw priodi, ac os porthwn eu cyrff ar gyfer yr amgylchiad hwnnw, y mae ein dyletswydd ni fel tadau wedi ei chyflawni. Os bydd y gwŷr yn dewis rhoddi addysg iddynt ar ôl hynny, da, nid oes a wnelom *ni* â'r gwaith.' Dadleuais nad oedd hynny'n deg, gan mai'r merched fydd mamau'r oes a ddêl; a chan na wyddant hwy ddim, nis gellir disgwyl i'r plant wybod, ond nis gallwn lwyddo i'w ddwyn i weled angen diwygiad. Soniais wrth yr hen

Iddew am gyflawniad y proffwydoliaethau, a bod eu Meseia *wedi* dyfod. 'Meseia y Cristnogion oedd hwnnw,' ebe fe, 'wedi ei eni o forwyn. Y mae Meseia yr Iddewon heb ddyfod. Pan ddaw Efe, adferir pob peth, hyd yn oed Gwlad Canaan i'r Israeliaid. Y mae'r Iddewon yma,' ebe fe, 'y gelynion pennaf i'r Cristnogion a'u crefydd, ac yr ydym ni mewn perygl parhaus am dderbyn eich ymweliadau chwi: ar yr un pryd, yr wyf *fi* yn meddwl fod y tŷ cenhadol fel gardd paradwys ynghanol anialwch.' Ymadawais wedi cael addewid ganddo i ddarllen y proffwydoliaethau am ddyfodiad Crist gyda mi ar fy ymweliad nesaf.

Mawrth 1880
Bûm ar ymweliad â'r *mellah* yn ystod Gŵyl y Pwrim. Wrth weled y gwragedd yn malu ŷd, gofynnais mewn syndod, 'Ai nid ydyw yn ŵyl gyda chwi yn bresennol?' 'Ydyw.' 'Pa ŵyl?' 'Gŵyl y Pwrim.' 'A wyddoch chwi beth ydyw ei ystyr?' 'O gwyddom,' oedd yr atebiad parod. 'Er coffadwriaeth am Esther, a Mordecai, a Haman.' 'Da. Pwy oedd Esther?' 'Merch Pharo!' 'Pwy oedd Mordecai?' 'Ei brawd!' 'Pwy oedd Haman?' 'O, rhyw ddyn drwg, gelyn yr Iddewon; gwyddom hynny oherwydd bod ein pobl yn gwneud darluniau hagr ohono, ac yn eu gosod ar y parwydydd i saethu atynt ar hyd y dydd. Oni chlywsoch chwi sŵn llawer o saethau heddiw?' 'Do.' 'Wel saethu Haman yr oeddynt,' meddai'r gwragedd, gyda gradd o orfoledd fod y fath ddihiryn yn cael ei saethu. 'Beth arall a wyddoch am Ŵyl y Pwrim?' 'Dim rhagor. Yr ydym wedi gofyn i'r rabi lawer gwaith yn ystod y gwyliau hyn, ond yr unig atebiad a gawsom oedd, "Darllenwch drosoch eich hunain", ond gan nad oes yr un ohonom yn gallu darllen, yr ydym yn gorfod aros mewn anwybodaeth megis cynt.' Yna dywedais yr holl hanes wrthynt, ac yr oedd gwylied eu hwynebpryd, fel y dilynent dynged Esther, Mordecai a Haman, a'r diwedd gogoneddus i'r Hebreaid, yn ddigon o dâl am fyned drwy'r aflendid i gyd atynt. Curasant eu dwylo mewn gorfoledd yn y diwedd gan ddweud, 'Yn awr gallwn

lawenhau â'n holl galon ar Ŵyl y Pwrim, gan y gwyddom *paham* y llawenychwn.'

Ar y 13eg o fis Adar, ymprydia'r holl Iddewon. Y maent yn y synagog bron drwy'r dydd, a'r rabi yn darllen Llyfr Esther, a phob tro y deuant at enw Haman y mae pawb yn curo dwylo a thraed, gan weiddi 'Darganfydded ei goffadwriaeth.'

4 Ebrill 1880
Yr ysgol yn parhau i gynyddu mewn rhif, y maent erbyn hyn yn 30, a 14 yn Iddewon. Nid ydyw'r tair o'r genethod yn dyfod, ond ar yr adeg y byddont allan o wasanaeth. Yr ydym yn gobeithio y cludant y 'Newyddion da o lawenydd mawr', i'r teuluoedd y gwasanaethant, ac y dug yr hadau hyn ffrwyth i fywyd tragwyddol. Dysga'r plant Saesneg, Ffrangeg, Hebraeg ac Arabeg; y mae'r holl ieithoedd yma yn anhepgorol yn Mogador. Y mae'r plant hefyd yn canu *hymn* Cymraeg o lyfr Mr Sankey,[5] sef 'Oes mae gwlad sydd yn harddach na'r haul.'

Daeth yma gapten Cymreig, sef Capten Davies, o'r Borth, Aberystwyth. Darfu iddo yn garedig iawn wahodd y plant hynaf a minnau ar fwrdd ei long. Yr oedd yr holl ddwylo yn Gymry, a chanasom lawer o donau Sankey. Pan glywodd y plant ni yn canu 'Oes mae gwlad' yr oeddynt wedi eu swyno gymaint, fel yr ymbiliasant arnaf eu dysgu, ac oherwydd eu mawr awydd, gwnaethant hynny yn fuan iawn. Y mae rhywbeth yn ddieithr ac annwyl iawn mewn gwrando ar blant Affrica yn canu Cymraeg.

Pleser mawr hefyd ydyw gweled eu meddyliau yn graddol ymddatblygu. Y maent yn gofyn cwestiynau yn y dosbarth Beiblaidd, sydd yn rhoddi llawer o foddhad i'r Addysgydd, gan eu bod yn dangos meddwl effro, ac awyddfryd am wybodaeth. [...] Gwelais amryw ohonynt yn dioddef annwyd trwm neu glefyd yn ymlusgo i'r ysgol erbyn awr y dosbarth Beiblaidd, a gofyn caniatâd i ddychwelyd adref yn ebrwydd ar ôl hynny. [...]

Y mae Iddewesau'r *mellah* yn rhyfedd iawn yn eu syniadau am wisgoedd, nid oes dim mor dderbyniol ganddynt ag arffedogau o glytiau amryliw (*patchwork*). Nid oes neb o'r genethod yn gwisgo bonet, het, *shawl*, na *jacket*, ac ychydig iawn sydd yn gwisgo y *slippers*. Yr oedd yn oer anghyffredin a glawog un diwrnod y gaeaf cyntaf wedi i mi ddyfod i Mogador, a'r heolydd yn llaid dwfn. Yr oedd yn resyn gennyf weled geneth un ar bymtheg oed, afiach yr olwg arni, yn myned gartref o'r ysgol mor bell â'r *mellah*, – hanner milltir drwy'r llaid yn droednoeth. Felly rhoddais bâr o fy esgidiau fy hun iddi, a gorfodais i hi i'w rhoddi am ei thraed, yr hyn a wnaeth yn fy *mhresenoldeb*. Ond pan yn mynd ar neges, a'i goddiweddyd ar ei ffordd gartref, cefais ei bod wedi tynnu'r esgidiau, ac yn eu cario dan ei chesail o gywilydd eu gwisgo! [...]

Deallais yn ddiweddar, fod Iddew cyfoethog yn yr Uxbar ag sydd o duedd ddyngarol a haelfrydig iawn, yn enwedig felly tuag at ei gyd-genedl yn y *mellah*; derbyniodd ei addysg yn Llundain, ac yn Sais da. Wedi dyfod i gydnabyddiaeth ag ef, gofynnais a gawn fyned gydag ef i weled gwrthrychau ei dosturi, pan yn myned ar ei ymweliad nesaf â hwy. 'Gyda phleser,' oedd yr atebiad, 'a da gennyf fod merch i genedl-ddyn yn cymryd cymaint o ddiddordeb yn yr Iddewon.' Galwodd y bonheddwr amdanaf drannoeth, ac ymaith â ni. Ymwelsom â naw o deuluoedd yn byw (os yn byw hefyd), mewn ystafelloedd heb lewyrch o oleuni ynddynt. Golau *matches* yr oeddem i geisio gweled pwy a pha beth oedd oddi mewn. Euthum i un ystafell fechan oddeutu llathen a hanner o led, a thair o hyd. Teimlais fy ffordd i mewn gan adael Mr —— allan, pan afaelwyd yn fy ysgwydd gan ryw wraig a ddywedai yn gynhyrfus, 'Peidiwch rhoddi eich troed arni!' 'Ar bwy?' gofynnais. 'Ar y wraig glaf a'r ddau blentyn yna sydd ar y llawr,' ebe hi. Goleuais fatchen, ac er fy syndod, dyna lle yr oedd y wraig druan yn gorwedd ar sach ar y ddaear, heb ddim arall odani na throsti ond hen garp o grys, a'i hefeillion diwrnod oed yn ei hochr. Yr oedd yr olygfa mor druenus, fel mai anodd oedd peidio wylo uwch eu pennau. O, Israel, yr wyt wedi dyfod yn isel; dy ferched glandeg wedi dyfod i hyn! Y *Royal Children*, y plant a ddewisodd Brenin nefoedd a daear yn *pets* iddo ei hun!

'Pa hyd, O Arglwydd Dduw Israel, pa hyd y cuddi dy wyneb rhagddynt?' Goleuais fatchen ar ôl matchen, gan nad oedd dim arall i'w oleuo. Siaradais, ond yr oedd y fam yn rhy glaf i gymryd dim sylw o neb o'i hamgylch; ymgeleddais y plant, a rhoddais ryw bethau glân oedd yn digwydd bod gennyf amdanynt. 'Ym mha le y mae tad y trueiniaid bychain yma?' gofynnais i'r wraig oedd wedi gafael yn fy ysgwydd. 'Y mae ef wedi rhedeg o'r wlad,' ebe hi, 'a phriodi dynes arall.' Aeth Mr — a minnau ymaith i geisio meddyg, ymborth, ac ymgeledd i'r adawedig. 'O Mr —,' ebe fi, wrth fyned ymaith, 'dyna olygfa druenus.' 'Nid yw hynyna ond bychan mewn cymhariaeth i lawer yr wyf yn ei weled,' ebe fe, 'ac yn enwedig yr hyn a welais yn amser y newyn.' Po fwyaf welaf o druenusrwydd y *mellah*, ac yr olrheiniaf hanesyddiaeth plant Abraham, mwyaf amlwg ydyw fod y genedl Iddewig o oes i oes, megis cofgolofn annileadwy i gyhoeddi gwirionedd gair Duw i'r byd, a hynny drwy gyflawni'r proffwydoliaethau am y farn oeddynt i ddioddef am eu pechodau, ac yn enwedig eu prif bechod, sef gwrthod â chroeshoelio Arglwydd y Bywyd.[6]

* * *

Does ryfedd fod Margaret yn teimlo'n anobeithiol am sefyllfa'r Iddewon, yn enwedig y modd yr oedd y merched a'r menywod yn cael eu trin. Nid oedd Margaret yn poeni dim am fynd i mewn i sefyllfaoedd annifyr a gweld drosti ei hun yr erchyllterau yr oedd eraill wedi eu crybwyll wrthi. Mae'n anodd dweud a wnaeth gwaith Margaret fawr o les ymysg Iddewesau Mogador. Tybed sut yr oedd pobl yn ymateb iddi, y wraig benderfynol â'i thafod pigog? Fel unigolyn byddai'n anodd iddi argyhoeddi Iddewon gwrywaidd i newid eu meddyliau a'u calonnau ynglŷn â dyfodol eu merched a'u gwragedd. Ond, wrth adael Moroco yn nhymor yr hydref 1882, roedd Margaret yn gobeithio'n daer ei bod wedi gwneud peth gwahaniaeth i fywydau rhai o drigolion Mogador.

5

Dychwelodd Margaret o Foroco oddeutu mis Hydref 1882. Roedd yn arbennig o flinedig, yn feddyliol a chorfforol, ac angen newid. Roedd ei hiechyd yn ei phoeni hefyd ar ôl sawl blwyddyn yn byw ar gyfandir yr Affrig.[7] Cyn Nadolig 1882, ymsefydlodd yng nghartref ei thad yn y Rhos unwaith yn rhagor, gan roi ei meddyliau a'i phrofiadau o Foroco i lawr ar bapur, mewn rhyw fath o drefn, ar gyfer eu rhannu a'u cyhoeddi.

Yn wahanol i *Llythyrau Cymraes o Wlad Canaan*, ni fyddai'r atgofion yma yn cael eu hadrodd yng ngholofnau papurau newydd Cymru yn gyntaf. Yr oedd amser yn ddigon prin. Gobeithiai Margaret y byddai ei thipyn enw yn ddigon i ddenu pobl i brynu a darllen llyfr am ei phrofiadau diweddaraf. Byddai'n hysbysebu'r gwaith, nid fel cyfrol gan Margaret Jones, ond fel myfyrdodau 'Y Gymraes o Ganaan' am Foroco.

Hughes a'i Fab o Wrecsam a argraffodd y llyfr, ond cwympodd unrhyw waith arall, fel rhoi cyhoeddusrwydd i'r gyfrol newydd, i ran Margaret. Ymddangosodd hysbyseb yn y papur newydd wythnosol *Y Tyst a'r Dydd* ar 9 Mawrth 1883, yn cyhoeddi:

> Yn awr yn barod, pris swllt
>
> Llyfr 'Y Gymraes o Ganaan' ar Foroco.
>
> Anfoner pob archebion at dad y Gymraes, Mr Owen Jones, Hall Street, Rhosllan, Ruabon.[8]

Ymysg hysbysebion eraill, megis un am 'Stephens' Stomach and Liver Pills', ymddangosodd hysbyseb llyfr Margaret dair gwaith yn rhagor yn yr un papur newydd, a dwywaith yn y papur wythnosol *Baner ac Amserau Cymru* yn yr un mis. Ond yn ddiddorol, ni restrwyd y llyfr yn yr hysbyseb helaeth o lyfrau newydd gan Hughes a'i Fab yn yr un papur newydd.

Yr Affrig a'r Amerig

Mewn gwirionedd, cyhoeddi'r llyfr ei hun a wnaeth Margaret a'i thad, a oedd erbyn hyn yn galw'i hun yn llyfrwerthwr.

Mae'n gwbl eglur fod anturiaethau Margaret a'i thebyg wedi ysbrydoli nifer fawr o bobl eraill i ysgrifennu am eu profiadau. Wrth bori drwy'r *Tyst a'r Dydd* o 1883, gwelir gohebwyr yn gwneud rhywbeth digon tebyg i Margaret o bedwar ban y byd. Er enghraifft, mewn rhifyn ym mis Mawrth ceir 'Llythyr oddi wrth Gymraes yn China'; ym mis Mehefin 'Llith o America' gan H E Thomas, Pittsburg; mae T Penry Evans o Bontarddulais yn ysgrifennu am 'Genhadaeth Tanganyika'; ym mis Awst ceir darn am 'Genhadon Madagascar'; ac yn olaf mae'r Parch. Morris Thomas yn ysgrifennu llythyr o'r India am ei waith yn lledaenu'r 'Gair' yno. Mae'n ymddangos bod pob pwynt o'r cwmpawd, hemisffer y de a'r gogledd, yn cael eu cynrychioli yn adroddiadau'r papurau newydd Cymreig.

Wedi prysurdeb hysbysebu mis Mawrth, ni chafwyd llawer o sôn pellach am lyfr Margaret yn rhifynnau diweddarach y papur newydd y flwyddyn honno. Ac er bod yna ambell adolygiad o lyfrau newydd yn *Y Tyst a'r Dydd*, mae'n rhaid edrych i gyhoeddiad arall er mwyn gweld adolygiad o'r llyfr. Adolygwyd *Morocco, a'r hyn a welais yno* ym mis Mehefin 1883 yng nghylchgrawn *Y Cronicl*, a argraffwyd yn fisol yn y Bala.[9] Golygydd y cylchgrawn oedd y Parch. John Roberts, Conwy (1804–84) – 'J.R.', brawd yr enwog 'S.R.' (Samuel Roberts, Llanbryn-mair) – a hwyrach mai ef a ysgrifennodd yr adolygiad, gan nad oes enw cyfrannydd yn ei ddilyn.

Nid yw'r adolygydd yn arbennig o garedig. Treulia'r rhan fwyaf o'r adolygiad yn rhoi ei farn am genhadon sy'n gweithio ar draws y byd. Nid oes ganddo fawr sy'n dda i'w ddweud amdanynt. Mae'n cywiro peth o gystrawen a gramadeg llyfr Margaret hefyd. Dyma flas ar ei feddwl:

> Mae gan y Gymraes lygaid yn ei phen; braidd na thybiem ei bod yn gweled pethau rhy fân. Y mae ganddi hefyd ddawn i ddarlunio. [...] Aeth y Gymraes i Moroco yn genhades at yr Iddewon. Yr ydym yn credu fod y byd i gael ei ennill i Grist, ond ofnwn nad

yw Cristnogion wedi cael y ffordd eto. Nid yw y Gymraes yn gallu ymffrostio llawer yn ei llwyddiant. Y mae y cymdeithasau a elwir yn grefyddol wedi myned yn rhy debyg i anturiaethau masnachol i gynnal swyddogion. Marsiandwyr duwiol fyddai y cenhadon gorau at yr Iddewon, ac nid merched a meibion colegau. Y mae llawer o grefyddau yn y maes; ac os yw Cristnogaeth am ennill y byd, rhaid iddi fod yn Gristnogaeth mewn gwirionedd; ei phroffeswyr y marsiandwyr, yr amaethwyr, y dyngarwyr, a'r gwladweinyddwyr gorau, a'r dynion mwyaf tebyg i Grist. Ond addefir fod y Prydeinwyr a ddeuant i Moroco a phorthladdoedd eraill yn ddihareb am eu hanfoesoldeb. Tânbelenwyd Alexandria, newynwyd y trigolion, cefnogwyd treiswyr, a gorchfygwyd yr Aifft gan fyddinoedd o Brydain. Ymffrostir fod Arglwydd Wolsey, arweinydd y byddinoedd, yn bleidiwr dirwest, athro yr Ysgol Sabothol, ac edmygydd mawr o'r Testament Newydd. Gwna yr anghysondeb hwn fwy i atal tylwythau Moroco i dderbyn Cristnogaeth nag a fedrai cenhadon a chenadesau ei ddadwneud mewn oesau. Bu gormod a fynnai cenhadon â chynhyrfu rhyfeloedd, a chael cledd Prydain i'w cefnogi hwy. Dyma fel y mae yn ne Affrig. Yr argraff dyfnaf a wna llyfr y Gymraes ar ein meddwl yw, mawredd coelgrefydd a thrueni y byd, a methiant cenadaethau.[10]

Roedd Margaret o leiaf wedi cael adolygiad o'i llyfr y tro hwn, a rhywfaint yn fwy o gyhoeddusrwydd wrth gwrs. A daeth rhagor o gyhoeddusrwydd wrth iddi drefnu rhai dyddiadau ar gyfer traddodi darlith am ei hamser ym Moroco. Yn syndod, o'r hyn a welwyd yn y wasg ar y pryd, nid oedd cymaint o gyfleoedd darlithio yn ei dyddiadur y tro hwn. Traddododd ei darlith gyntaf ar Foroco cyn i'r llyfr gael ei gyhoeddi ym mis Mawrth 1883. Ym mis Ionawr y flwyddyn honno, yng nghapel Pen-y-bont-fawr, sir Drefaldwyn, siaradodd 'Y Gymraes' (fel y'i gelwid fwyfwy) am ddwy awr ar 'Hynodion gwlad Moroco a'i thrigolion'. Yn debyg i'w darlithoedd ar wlad Canaan, daeth Margaret â thair enghraifft o wisgoedd gwragedd Moroco, ac fel yr adroddwyd yn *Y Tyst a'r Dydd*, 'yr oedd y gwisgoedd hyn i'w gweled i'r fantais orau, am eu bod wedi eu gwisgo am bersonau cymwys, a gwnaeth y personau hyn eu gwaith yn rhagorol'.[11]

Yr Affrig a'r Amerig

Ar 15 Mawrth, yn yr wythnos pan ddaeth modd prynu'r llyfr newydd, gwelwyd Margaret yn ailadrodd y ddarlith yng nghapel yr Annibynwyr yn Llanbryn-mair. Teithiodd cadeirydd y noson, Mr J Jones, ugain milltir o Aberdyfi yn unswydd i wrando ar 'Y Gymraes'. Ac yn ôl gohebydd y *Faner*, 'wedi canu emyn, cyfododd Y Gymraes i fyny, gan wneud sylwadau ar ei chychwyniad o'r wlad hyd ei glaniad yn Gibraltar, yn yr hwn le yr arhosodd tua phythefnos, ac y cyrhaeddodd Tangier ym Moroco, o'r hwn le y rhoddodd gryn hanes, a hefyd o Mogador, eu dull o briodi, ymwisgo, addoli, bwyta a dangosodd 3 math o wisgoedd, gwisg y briodferch, gwisg gyffredin a'r wisg a arferir ar dywydd poeth. Ac yn wir, yr oedd golwg ddoniol ar yr het a'r cantel mawr a'r corryn hirfain, ac yr oedd y wisg briodasol yn hardd a godidog.'[12] Yr oedd 'Y Gymraes' wedi gweled pethau rhyfedd ac wedi gwneud pethau mawrion, ychwanegodd y gohebydd. Gwnaed £12 o elw'r noson honno, a oedd yn 'eithaf da'.

Yn rhyfedd, dyna'r unig adroddiadau papur newydd a ddarganfuwyd am ddarlithoedd Margaret wedi iddi ddychwelyd o Foroco. Cododd digon o gyfle iddi deithio o gwmpas y wlad. Nid oedd awch y Cymry crefyddol am ddarlithiau wedi pallu. Yn ystod 1883, yr oedd y Parch. David Owen o Dreffynnon wrthi'n mwynhau nifer fawr o fodfeddi yng ngholofnau'r papurau newydd gyda'i ddarlith am y cysylltiadau rhwng y llywodraeth Brydeinig a'r fasnach opium yn China. Yn yr un modd, y Parch. O Jones o Bwllheli, a oedd yn teithio'r wlad yn sôn am ei daith i Balestina.

Ond, fel yn ôl yn ystod haf 1879, roedd gan Margaret yr awydd i fynd i'r Unol Daleithiau. Fe'i perswadiwyd i ohirio bryd hynny, a beth bynnag, cododd y cyfle iddi fynd i Foroco yr un pryd. Ond yn awr, heb unrhyw gynigion da ar y gweill, na dim byd arall i'w rhwystro, roedd y syniad o deithio i'r Amerig yn apelio fwyfwy bob dydd.

6

Nid oedd hi'n anodd nac yn arbennig o gostus i groesi'r Iwerydd yn y 1880au. Ymddangosai hysbysebion yn wythnosol yn y wasg Gymreig yn cynnig bywyd newydd mewn sawl rhan o Ogledd America. Er enghraifft, roedd yr hysbyseb ganlynol a welwyd yn *Y Tyst a'r Dydd* yn 1883 yn cynnig taith ar un o longau'r Dominion Line allan o Lerpwl bob dydd Iau:

> Reduced rates from Liverpool on Thursdays. This line books passengers through to all parts of America. At Special Low Rates. Saloon from £10.10s. Intermediate £8. Steerage £4.4s. Assisted Passages are granted to Manitoba, the North West Territory and to all parts of Canada. Assisted Ocean Rates for Agricultural Labourers, their families and Female Domestic Servants, £3 per adult; Mechanics, Navvies, General Labourers and their families £4. Children under 12 years £2. Infants under one year 10s.[13]

Yr oedd hysbysebion tebyg i hyn yn cael eu hanelu at unigolion a theuluoedd oedd yn chwilio am fywyd newydd; tocynnau un ffordd a werthwyd gan amlaf. Ond yn wahanol i'r mwyafrif, yr oedd Margaret angen tocyn dychwel, gan na fyddai ganddi'r cysur y tro yma o wybod bod rhywun oedd yn ei hadnabod yn disgwyl amdani ar ddiwedd y fordaith. Er hyn, yr oedd Margaret a darllenwyr eraill y wasg Gymreig yn ymwybodol iawn o ddigwyddiadau draw yn yr Unol Daleithiau pell. Byddai papurau newydd megis *Y Tyst a'r Dydd* yn cynnwys colofnau 'Newyddion o'r Amerig' yn rheolaidd. Ni fyddai llythyrau personol yn cymryd yn hir i deithio o'r naill lan i'r llall chwaith.

Yng ngwanwyn 1883, gyda'r llyfr yn dechrau gwerthu'n dda, bu Margaret mewn cysylltiad â rhai pobl o fewn enwad yr Annibynwyr a fyddai'n medru ei chynorthwyo unwaith y cyrhaeddai Efrog Newydd. Yn y ddinas hon, diogelodd lety a rhai ymrwymiadau i ddarlithio. Fel Cranogwen o'i blaen, byrddiodd long o Lerpwl i Efrog Newydd a hyn ar 12 Mai 1883.

Yr Affrig a'r Amerig

Teithiodd Margaret gyda Cunard Line ar y llong ager *S/S Bothnia (1)*.[14] Gyda'r llong yn hwylio ar gyflymder o ddeuddeg a hanner o filltiroedd môr yr awr, cyrhaeddodd Margaret borthladd Efrog Newydd wyth niwrnod yn ddiweddarach ar 20 Mai.[15] Yno, fe'i croesawyd gan rai Cymry Americanaidd a threuliodd Margaret y mis nesaf yn y ddinas yn traddodi ei darlith bedair gwaith i gynulleidfaoedd Cymreig. Ond ar ôl hyn, mae trywydd Margaret yn yr Unol Daleithiau yn diflannu yn gyfan gwbl. Cyrhaeddodd yr Amerig ar adeg pan oedd rhwyddineb teithio o gwmpas y wlad yn gwella'n sylweddol; er enghraifft, agorwyd pont Brooklyn yn Efrog Newydd bedwar diwrnod ar ôl iddi gyrraedd.[16] Felly roedd dipyn yn haws teithio o gwmpas y wlad nag y bu i Cranogwen dros ddeng mlynedd ynghynt.

Yn ôl ysgrif goffa Margaret, a gyhoeddwyd yn y *Queensland Times* adeg ei marwolaeth ym mis Hydref 1902, treuliodd ddwy flynedd yn yr Amerig. Yr hyn sy'n rhyfedd iawn, os bu yno gyhyd, yw na roddodd ar bapur unrhyw beth ynglŷn â'i phrofiadau yno. Porwyd trwy bapurau newydd a chylchgronau Cymreig Cymru a'r Amerig, heb ddod ar draws yr un cofnod amdani yn unman, heblaw am iddi gyrraedd yn ddiogel yn Efrog Newydd. Ddwy flynedd yn ddiweddarach, ym mis Mehefin 1885, ceir nodyn yn *Y Tyst a'r Dydd* yn dweud bod swyddfa'r *Tyst* wedi derbyn nifer o lythyrau yn y flwyddyn ddiwethaf yn gofyn lle'r oedd 'Y Gymraes' yn awr. Mae'r papur newydd yn sicrhau edmygwyr 'Y Gymraes' y dylent ddanfon unrhyw lythyrau i'w chartref fel a ganlyn: 'Y Gymraes o Ganaan', Rhos, Ruabon. Nid yw'r papur newydd yn crybwyll symudiadau diweddar Margaret na phryd y dychwelodd o'i thaith i'r Amerig.[17] Ac yn wir, mewn ymateb i'r ymholiadau yn y *Tyst*, traddoda Margaret ei darlith ar Foroco un waith yn rhagor ar 26 Mehefin 1885 yng Ngherrigydrudion.[18]

I wraig a ysgrifennodd lythyrau toreithiog a dyddiaduron manwl wrth deithio yn y gorffennol, mae'r diffyg gwybodaeth am ei thaith yn yr Amerig yn rhyfedd tu hwnt. Hwyrach fod Margaret o'r farn nad oedd cymaint o ddiddordeb gan

183

y cyhoedd ynddi mwyach. Hwyrach nad oedd ganddi'r egni i gofnodi pob manylyn a mynd trwy'r broses flinedig o gyhoeddi a thraddodi. Hwyrach fod barn yr adolygwr neu rai o'i chynulleidfa nôl yng Nghymru wedi ei pherswadio i gadw'n dawel am ei phrofiadau. Hwyrach nad oedd ei seren bersonol hi ddim cweit mor llachar ag y bu.

Rhan VI

Awstralia

Oddiwrth y 'Gymraes o Ganaan' at y cyhoedd Cymreig.

Gan fy mod yn bwriadu ymadael â Chymru a myned i gartrefu i Awstralia, dymunaf wneud yn hysbys fod gan Mri Hughes & Son Wrexham nifer o gopïau ar law o'm llyfr ar Moroco (Amlen, Pris 1s) a Llythyrau Ar Wlad Canaan (Amlen, Pris 6c). Neu y ddau wedi eu rhwymo ynghyd mewn lliain hardd. Pris 2s 6c.

D.S. Gan nad oes ond ychydig o gopïau ar law, taer erfynnir ar i'r Archebion gael eu hanfon i mewn yn ddioedi.

(Y Genedl Gymreig, Awst 1888)

Ymddangosodd y cyhoeddiad uchod bum gwaith ym mhapur newydd *Y Genedl Gymreig* ym misoedd Awst a Medi 1888. Yr hydref hwnnw, gwnaeth Margaret baratoadau am siwrnai hwyaf ei bywyd, ac fel mae'n digwydd siwrnai olaf ei bywyd yn ogystal. Roedd ar drothwy ei phen-blwydd yn bedwar deg saith, ac wedi peth hoe, nid oedd ei hawch am orwelion a phorfeydd newydd mewn bywyd wedi lleihau. Ond nid Margaret oedd y gyntaf yn y teulu i deithio i'r wlad bell hon, ochr draw'r byd. Roedd ei hanner chwaer Mary Anne yno'n barod, ac yn breswylydd yn nhref Ipswich, ger Brisbane yn nhalaith Queensland. Y cynllun oedd i Margaret ymuno â hi, a byw gyda hi.

Er bod gan Margaret dylwyth yn Awstralia, beth oedd y rhesymau eraill dros adael Cymru am byth ac ymfudo yno yn 1888? Roedd sawl blwyddyn wedi mynd heibio oddi ar iddi ddychwelyd o'r Unol Daleithiau. Roedd yn hoff iawn o'r Dwyrain Canol a'i dymuniad pennaf ar un adeg oedd dychwelyd yno. Ond ni wnaeth. Ar ôl ei hamser yn yr Amerig, dychwelodd i Gymru i edrych ar ôl y teulu a thraddodi ambell ddarlith. Roedd ei thad yn hen ŵr ac yn ŵr gweddw dair gwaith drosodd erbyn hyn. Bu farw ar 31 Mawrth 1887, yn ei gartref yn Stryd y Neuadd, Rhosllannerchrugog yn saith deg un mlwydd oed, o ganlyniad i froncitis llym – cyflwr oedd wedi'i gysylltu â'r bywyd anodd a dreuliodd o dan y ddaear.

Ymhen chwe mis, yr oedd ei blentyn ieuengaf, Mary Anne, a oedd yn ddeunaw oed ar y pryd, wedi penderfynu nad oedd fawr o ddyfodol iddi hi yn y Rhos, nac yng Nghymru. Ar 5 Tachwedd 1887, hwyliodd ar y llong *Duke of Sutherland* o borthladd Llundain am Brisbane yn Awstralia. Bedwar mis ar ddeg yn ddiweddarach, ym mis Ionawr 1889, byddai Margaret yn gwneud yr un peth.

Byddai Margaret a Mary Anne, a brawd arall, Owen, mae'n debyg, yn dilyn patrwm mudo a gychwynnwyd yng Nghymru hanner can mlynedd ynghynt. Yr oedd y rhesymau dros fudo o Gymru yr un peth, gan mwyaf, ar hyd y bedwaredd ganrif ar bymtheg. Ond yr oedd pen y daith i Gymry ar bedwar pwynt y cwmpawd.

Er enghraifft, yng nghefn gwlad Cymru yn y 1840au, ceisiodd teuluoedd, hen ac ifanc, ddianc rhag tlodi a rhagolygon gwael y byd amaeth a chwilio am fywyd gwell, nid yn unig yng nglofeydd gogledd-ddwyrain a de-ddwyrain Cymru, ond hefyd yn Llundain, gan sefydlu busnesau gwerthu llaeth yn y ddinas. Ond, i rai a fagwyd ar aelwydydd Anghydffurfiol llym, roedd moesau llac yr ardaloedd yma yn annymunol iawn. Penderfynodd y rhai dewr groesi môr yr Iwerydd a dechrau o'r newydd, gan sefydlu clofannau Cymreig mewn taleithiau fel Ohio a Pensylfania. Rhwng 1840 a 1865, cododd tri chwarter poblogaeth y Mynydd Bach yng nghanolbarth Ceredigion eu pac a hwylio am arfordir dwyreiniol yr Unol Daleithiau o borthladd Lerpwl.

Awstralia

Tebyg oedd atyniad yr Ariannin. Soniwyd eisoes am y syniad o sefydlu gwladfa Gymreig yng ngwlad Canaan yn y 1850au. Gan fod yr Amerig yn Americaneiddio'r mewnfudwyr o Gymru mor gyflym, penderfynwyd dod o hyd i leoliad gwladfa Gymreig arall. Ar 25 Mai 1865, gydag anogaeth Michael D Jones, hwyliodd 160 o Gymry glew ar y *Mimosa* a glanio yn y Bae Newydd, Patagonia ar 28 Gorffennaf. Bu'n siwrnai annioddefol, ac yr oedd bywyd yn arbennig o galed iddynt, yn enwedig yn y blynyddoedd cynnar. Ond nid pobl i roi i fyny yn hawdd oedd yr anheddwyr Cymreig, ac fe lwyddwyd i sefydlu gwladfa Gymreig ar lannau afon Camwy. Fe'u dilynwyd gan nifer fawr o Gymry yn y blynyddoedd nesaf ac mae'r Gymraeg yn cael ei siarad yno hyd heddiw.

Roedd gwlad arall yn hemisffer y de yn denu'r Cymry hefyd yn y bedwaredd ganrif ar bymtheg, ond nid yn y gobaith o ddarganfod gwell ffordd o fyw bob amser. Danfonwyd 1,900 o ddynion a thua 300 o wragedd i Awstralia rhwng 1788 a 1868. Trefedigaeth benydiol oedd Awstralia ar y pryd a dyna'r rheswm am ddanfon dros 2,000 o Gymry yno. Roedd rhai ohonynt wedi cymryd rhan yn nherfysgoedd Beca, pan garcharwyd tyddynwyr a deiliaid tlawd am ddinistrio tollbyrth y ffyrdd tyrpeg newydd ar hyd a lled y wlad.

Yn ddiweddarach, ymfudodd miloedd o Gymry i Awstralia o'u gwirfodd. Roedd gwaith, yn arbennig gwaith cloddio am gopr ac aur yn nhaleithiau Fictoria a De Cymru Newydd, yn denu miloedd o fudwyr yn y 1840au a'r 1850au. Ond erbyn y 1870au, swyddi yn cloddio am lo a apeliai i'r miloedd o Gymry a oedd yn fodlon gwneud y daith o Gymru fach i ben draw'r byd. Yr oedd un ardal lofaol yn boblogaidd tu hwnt gyda'r Cymry, sef yr ardal a amgylchynai dref Ipswich yn Queensland.

Cymro a aned yn Nhal-y-bont, Ceredigion, Lewis Thomas (1832–1913), oedd y cyntaf i weld y potensial i ddatblygu maes glo enillfawr yn ardal Ipswich. Profodd waith mewn ffatri wlân yn naw oed, cloddiodd am blwm ym mwynglawdd yr Esgair yn bymtheg oed, cyn gweithio yn ddiweddarach yng ngweithfeydd haearn a phyllau glo de Cymru. Ymfudodd i Awstralia yn 1859, gan adael ei wraig Ann ar ôl yng Nghymru tan 1877.

Hwyliodd am dalaith Fictoria a bu'n pannu am aur i gychwyn. Cyn hir, sylweddolodd nad oedd yn mynd i wneud ei ffortiwn fel hynny, felly symudodd i'r gogledd i dalaith Queensland yn Ebrill 1861. Bu'n gweithio ar y rheilffyrdd am ychydig, cyn troi ei olygon at y diwydiant glo a oedd yn datblygu yn araf. Ef a ddarganfu lawer o faes glo West Moreton. Agorodd bwll glo enwog Aberdare yn Bundamba a fyddai, yn ei anterth, yn cynhyrchu rhwng 50,000 a 60,000 o dunelli o lo bob blwyddyn. Agorodd bwll glo arall y Dinmore yn 1870, a chydag ehangu'r rheilffyrdd yn Queensland, crëwyd galw aruthrol am lo. Rhoddodd hyn hwb enfawr i ffortiwn Lewis Thomas ac fe'i hadwaenid fel 'Brenin Glo' Ipswich.

Nid oedd yr hanes am lwyddiant Lewis Thomas yn araf yn cyrraedd nôl i Gymru. Ysgogwyd nifer fawr i ymfudo i Queensland. Yn 1883, aeth grŵp mawr o gyn-chwarelwyr llechi o Flaenau Ffestiniog yno. Erbyn 1891, yr oedd Lewis Thomas wedi adeiladu Brynhyfryd, plasty a edrychai dros yr holl feysydd glo. Ac nid nepell i ffwrdd, adeiladwyd cymuned Gymraeg newydd Blackstone. Gwnaeth Lewis Thomas ei orau i sefydlu a chryfhau'r gymuned Gymraeg yn Blackstone a daeth y pentref yn ganolbwynt gweithgareddau diwylliannol Cymreig yn Queensland. Gweithiodd Lewis Thomas yn y meysydd glo hyd at ei ymddeoliad. Yna fe'i hetholwyd yn Aelod Seneddol dros Bundamba o 1893 hyd 1899.[1]

Un o'r rhesymau pam y daeth Blackstone yn ganolbwynt i'r Cymry alltud oedd sefydliad y capel. Ychydig ar ôl dyfodiad y chwarelwyr o Flaenau Ffestiniog, cynhaliwyd gwasanaeth Protestannaidd o dan forwydden ger nant Bundamba. Penderfynasant y byddai eu cenedligrwydd Cymreig yn blaenoriaethu dros unrhyw wahaniaethau enwadol, ac felly ffurfiwyd yr Eglwys Unedig Gymraeg. Cynhaliwyd y gwasanaeth cyntaf mewn neuadd eglwys yn Newtown ar 19 Gorffennaf 1883. Yna, caniataodd Lewis Thomas iddynt ddefnyddio un o'i fythynnod ar gyfer cynnal gwasanaethau. Wrth i'r niferoedd a fynychai'r gwasanaethau dyfu, rhoddodd Lewis Thomas dir ar gyfer adeiladu capel. Agorwyd y capel yn swyddogol ar 1 Hydref 1886.

Deuai Eglwys Unedig Gymraeg Blackstone yn ganolfan y bywyd Cymraeg yn Queensland. Cynhaliai gymanfeydd canu, eisteddfodau a chlybiau. Cynhaliwyd y gymanfa ganu gyntaf yn y capel yn 1902 ac mae'r arfer yn parhau hyd heddiw. Cynhaliwyd yr eisteddfod gyntaf yno ar ddydd Calan 1887, ychydig fisoedd ar ôl agor yr adeilad. Ffurfiwyd côr yn lleol ar gyfer yr eisteddfod ac mae'n parhau hyd heddiw; fe'i hadwaenir fel Côr Cambrian Blackstone-Ipswich.

2

Ffarweliodd Margaret â gwlad ei mebyd am y tro olaf ym mis Ionawr 1889. Byrddiodd y llong *Jumna 1886* yn Llundain ar 11 Ionawr fel 'teithiwr cymorthedig'. Mae cofnodion y llong yn adrodd bod Margaret yn bedwar deg pedwar mlwydd oed. Mewn gwirionedd, yr oedd ar fin dathlu ei phen-blwydd yn bedwar deg saith. Yn y bedwaredd ganrif ar bymtheg, ceisiodd llywodraeth Queensland ddenu merched ifainc o oedran geni plant i'r dalaith er mwyn cynyddu'r boblogaeth, a dyma sut y croesawyd hanner chwaer Margaret, Mary Anne, i Awstralia fel 'teithiwr rhydd',[2] a hithau'n ddeunaw oed yn 1888. Ond yr oedd Margaret yn hŷn ac yn 'deithiwr cymorthedig'.[3]

Byddai'r daith ar y *Jumna 1886* yn un hir ac anghyffordrus. Wedi bron i ddeufis ar y moroedd, glaniodd Margaret yn Brisbane ar 4 Mawrth 1889. Gan mai 'teithiwr cymorthedig' ydoedd, rhaid gofyn y cwestiwn pwy a gynorthwyodd i dalu am fordaith Margaret i Awstralia. Yn ôl y rheolau, roedd yn rhaid i rywun a breswyliai yn Awstralia dalu swm o arian i lywodraeth Queensland i sicrhau gwarant deithio i ddieithryn ddod i mewn i Awstralia. Ni wyddys faint yn union oedd y swm yma. Mae'n annhebygol y byddai amgylchiadau ariannol ei hanner chwaer Mary Anne wedi bod yn ddigon cryf i'w helpu, er ei bod wedi cyrraedd Queensland flwyddyn yn gynharach ar 3 Ionawr 1888. Mae'n debyg i Mary Anne dreulio peth amser yn Brisbane, cyn symud i Ipswich ddiwedd mis Hydref a chymryd swydd mewn siop o'r enw Cribb & Foote, gan gychwyn ar 7 Tachwedd 1888.

Mae'n fwy tebygol bod Margaret wedi sicrhau rhyw fath o addewid o waith yn Awstralia cyn iddi adael Cymru, a hwyrach mai ei chyflogwyr newydd a dalodd y swm ar gyfer y warant deithio. Ddiwrnod wedi i Margaret lanio yn Brisbane, cynhaliwyd cyfarfod arbennig o Eglwys Gynulleidfaol Canol Ipswich, lle argymhellodd y gweinidog, y Parch. Joseph Walker, y byddai Margaret Jones yn gymwys iawn i fod yn 'Wraig Feibl' yr eglwys. Mae'n ymddangos bod y gweinidog wedi cyfarfod â Margaret ar y lan y diwrnod cynt, ac wedi penderfynu bod yr adroddiadau a glywodd amdani yn gywir ac y byddai'n werth rhoi cyfnod prawf o waith iddi.

Os yw hyn yn wir, roedd y fenter yn gambl fawr i'r eglwys. Hwyrach eu bod wedi talu swm o arian yn barod i dalu am fordaith Margaret. Nid oeddynt yn gwbl sicr y byddai Margaret yn hwylio, ac nid oeddynt yn gwbl siŵr y byddai Margaret yn gweddu i'r swydd. Mae cofnodion diaconiaid Eglwys Gynulleidfaol Canol Ipswich yn adrodd i ŵr o'r enw Mr Baines ddweud bod angen 'Gwraig Feibl' a darllenydd yr Ysgrythur ar yr eglwys, a hynny ar 30 Ionawr 1889, pan oedd Margaret, gyda llaw, hanner ffordd trwy ei mordaith i Awstralia. Mae cofnod pellach o 5 Chwefror yn dweud, er y dylai pob Cristion ymweld â'r rhai sy'n wael yn eu cartrefi, fod y diaconiaid o'r farn mai gwragedd a ddylai ymweld â'r aelodau a fethai fynychu'r eglwys trwy salwch neu henaint neu unrhyw reswm arall. Dyna, yn ei hanfod, fyddai gwaith Margaret.

Penderfynwyd yn y cyfarfod arbennig ar 5 Mawrth y dylid cynnig ymrwymiad o chwe mis o waith i Margaret ar gyflog o 30 swllt yr wythnos. Nodwyd yn ogystal nad ymrwymiad parhaol fyddai'r swydd hon, oherwydd bod angen cyflogi gweinidog cynorthwyol neu efengylydd i weithio mewn ardal o'r enw Rosewood. Nid oedd yr eglwys o'r farn y byddent yn medru cynnal cyflog gweinidog, cynorthwyydd a gwraig Feibl. Os oedd Margaret wedi ei pherswadio i ddod i Awstralia ar sail y gwaith a gynigiwyd gan yr eglwys hon, yr oedd wedi teithio yn bell iawn gyda dim ond ychydig yn cael ei gynnig iddi. Cymerodd hyd at 1 Ebrill i gytuno telerau. Cychwynnodd Margaret ar ei gwaith fel gwraig Feibl ddeuddydd yn ddiweddarach.

3

Sefydlwyd Eglwys Gynulleidfaol Canol Ipswich ar 2 Mehefin 1854 ac adeiladwyd capel o fframwaith coed; hon oedd eglwys Gynulleidfaol gyntaf Queensland. Tyfodd aelodaeth yr eglwys yn y 1860au ac adeiladwyd capel newydd ar gost o dros £2,000. Yn debyg i eglwys Bethlehem yn y Rhos, roedd gan yr eglwys hon organ werthfawr tu hwnt; fe'i prynwyd ar gost o £300 yn 1881. Roedd yr eglwys yn un flaengar a dengys hyn yn apwyntiad Margaret. Roedd ganddi ganghennau mewn ardaloedd eraill a'r adeilad pwrpasol cyntaf ar gyfer ysgol Sul yn hemisffer y de.[4]

Dechreuodd Margaret ar ei dyletswyddau fel gwraig Feibl ar yr un diwrnod y cyrhaeddodd llythyr o gapel yng Nghymru (tybir mai capel Bethlehem yn y Rhos ydoedd) yn cymeradwyo Margaret ar gyfer y swydd. Roedd yr holl ddiaconiaid yn awr yn hapus. Ar ddiwedd tair wythnos yn y swydd, gofynnwyd i Margaret ddangos ei dyddiadur a gofnodai'r modd y bu'n cadw ei hamser a'r rhai y bu'n ymweld â nhw. Mae'r dyddiadur hwn wedi goroesi ac fe'i cedwir yn Llyfrgell John Oxley yn Queensland. Nodiadur o bapur plaen a chanddo glawr lledr ydyw, ac arno mae'r teitl 'Miss Jones' Lady Visitor's Diary of Work'. Mae Margaret wedi rhifo'r tudalennau hyd at 155.

O ddarllen y dyddiadur, mae'n amlwg mai ei gwaith oedd ymweld â chartrefi yn lleol a cheisio darbwyllo'r oedolion i fynychu'r eglwys Gynulleidfaol a'r plant i ddod i'r ysgol Sul.

Mae pob cofnod yn rhoi dyddiad yr ymweliad ac enwau a rhai o gyfeiriadau'r bobl yr ymwelwyd â hwy. Mae'n trafod sefyllfa'r teulu: y tad sydd bob amser yn feddw, neu'n wael, neu heb waith, neu mewn trafferth gyda'r gyfraith. Yna, mae'n nodi enwau'r bobl sy'n ystyried mynychu'r eglwys neu'r ysgol Sul. Mae'r dyddiadur yn rhoi cipolwg ar fywyd y rhai oedd yn byw yn Ipswich yn 1889, a pha mor bell yr âi'r eglwysi, yn enwedig yr eglwys Gynulleidfaol, i ennill pobl i'r achos.

Mae dyddiadur Margaret yn cychwyn ddydd Mercher, 3 Ebrill, lai na mis wedi iddi droedio ar ddaear Awstralia am y tro cyntaf. Ceisia Margaret ddod i adnabod yr ardal cyn gynted â phosibl, a dywedir wrthi am alw ar Miss Berry a Miss Perkins, a fydd yn fodlon ei chynorthwyo a'i chyflwyno i bobl. Yn anffodus, mae'r ddwy yn rhy brysur i wneud hyn, ac felly mentra Margaret allan ar ei phen ei hun. Mae'n cyfarfod â gwraig tŷ sy'n dod yn wreiddiol o'r Almaen ac yn aelod gyda'r Bedyddwyr. Mae'r wraig hefyd yn ychwanegu, braidd yn resynus, y bydd yna ddigonedd o waith i Margaret yn y cyffiniau!

Yn ystod y chwe mis nesaf, cadwodd Margaret nodyn o ba eglwys yr oedd pob un y daeth ar eu traws yn perthyn iddi. Ar waelod pob cofnod ceir siart gyfrif o nifer y Cynulleidfawyr, Anglicaniaid, Wesleaid, Bedyddwyr, Byddin yr Iachawdwriaeth, Methodistiaid Cyntefig neu Babyddion y mae'n eu cyfarfod. Mae'n cyfarfod nifer fawr o Gynulleidfawyr yn naturiol, a llawer o Babyddion. Hyd yn oed ar ei hail ddiwrnod yn y gwaith, mae'n ddigon plaen ynglŷn â'i barn yn eu cylch:

> ... then I came to a Roman Catholic and oh! didn't the woman snub me! She said in a very scowling manner, walking away as she did so, that she went to her own chapel and no one need look after her. The idea! How absurd! I came upon several Catholics after this but they were all civil.[5]

Mae'n ymddangos fod gan Margaret nifer o ragdybiaethau am y Pabyddion. Ym mis Medi, mae'n ysgrifennu:

> One house was so large and grand that I could not have guessed it to be inhabited by Roman Catholics. The lady was very kind but said, 'Our church is but one, we have not many sections, we are true to that church, but if anyone leaves it, we grieve not as he would have been no good to us, nor will he be good to any other church.' I did not contradict her.
>
> Another Roman Catholic was a drunken sort of a woman. 'Go,' she said staggering. 'You don't believe that our Blessed Virgin Mary was more than a woman. You think you can get to heaven with out her. Go.' And I went.[6]

Mae'n amlwg fod yna gryn dyndra a drwgdybiaeth ymysg gwahanol enwadau Ipswich yn 1889. Noda Margaret yn ei dyddiadur deimladau'r rhai y mae'n eu cyfarfod, fel hyn ar 18 Mehefin:

> The other Protestants were Church members, one of them an English Church woman and owning house property complained sadly of the persecution she has suffered from the Roman Catholics, she being the only Protestant in the street.[7]

Ond daw rhai Protestaniaid a Phabyddion yn eu blaen lawer yn well. Yr oedd priodasau cymysg yn gyffredin iawn yn Ipswich ar y pryd, ond roedd yr ôl-effeithiau yn anodd eu trin, fel y noda Margaret ar 2 Gorffennaf:

> This woman was brought up a Catholic, but married a Protestant in a Protestant Church. On that account, when the first child was born, the mother took it to the priest for baptism, but his Reverence refused to officiate and spurned both mother and child. Since then (11 years ago), the father and children have attended the English Church, where all the children have been christened. On these occasions only does the mother ever enter a place of worship.[8]

Cyfarwyddwyd Margaret i alw mewn cartrefi dieithr heb wahoddiad mewn ardaloedd amrywiol yn Ipswich. Nid gwaith pleserus mo hyn o gwbl, gan nad oedd ganddi unrhyw syniad o'r hyn a fyddai'n ei hwynebu pan gurai ddrysau tai anghyfarwydd. Ond, yr oedd Margaret wedi ei chaledu o dreulio blynyddoedd yn byw yn Jerwsalem a Mogador gyda phobl nad oeddynt yn rhannu ei daliadau, ac yr oedd wedi goresgyn ambell ymyrrwr yn ei darlithoedd yng Nghymru a mannau eraill hefyd. Wedi'r cwbl, yn Awstralia roedd gan Margaret neges, a doedd neb yn mynd i'w hatal rhag trosglwyddo'r neges honno. Pan fyddai'n cyfarfod â rhywun am y tro cyntaf, ni fyddai'n colli dim amser cyn dod at ei neges, a hwyrach fod llawer o bobl yn meddwl bod hyn yn ddi-hid. Yn ei dyddiadur, mae'n sôn am deulu y gofynnwyd iddi eu 'cymryd mewn llaw':

> A family had been pointed out to me, a harsh drunken family which ought to be taken in hand. On arriving, I found that the parents were not at home, but they had left a very true representative in the person of a son about 15 years old.
>
> 'Do you attend the Little Ipswich Church on Monday evenings?' I asked.
> 'No, why? I have nothing to say to such things.'
> 'Do you *never* go to church?'
> 'No.'
> 'Do you know that you have a soul inside you, that will live forever either happy, or intensely miserable?'
> Silence.
> 'Do you think yourself man enough to do without God?'
> 'I cannot stand here,' he said. 'I must go to my work.'
> And off he went to the back of the house, muttering all the way. His little sister appeared. I knew her at once as a constant attendant at the children's evening meetings on Mondays. The future of the boy is horrible to think of.[9]

O'i dyddiadur, mae'n ymddangos mai'r plant oedd yn gorfod delio ag ymholiadau Margaret pan ddeuai ar ei hymweliadau. Yn aml byddai'r rhieni yn swatio yng nghefn y tŷ wrth i blant y teulu geisio ateb cwestiynau Margaret. Byddai hithau'n cymryd arni'r rôl o fod yn weithiwr cymdeithasol i nifer o deuluoedd, ac yn gorfod delio ag oedolion meddw a phlant heb reolaeth hefyd:

> One of the women I had visited before wished me to take her little

daughter for a week to try and manage her, that she would gladly
pay me; certainly the child did behave shockingly and defied her
mother in my presence. Then she put the child (four year old) in a
room by herself and shut her in, where she kicked and screamed
fearfully. I asked permission to go to her which was readily
granted. I shut the door on our two selves. I managed to tame her,
but she would not kneel down and did not. I found out it was all
the fault of training. Pity! Have promised to call soon again.[10]

Mae'n ymddangos y deuai Margaret ar draws ryw sefyllfa y byddai'n ei disgrifio yn 'gwbl anobeithiol' bron bob diwrnod. Roedd ei bwriad yn dda, ond nid yw'n ymddangos bod yna lawer yn gwerthfawrogi ei hymdrechion. Daw ar draws y teulu yma o fewn mis i gychwyn y gwaith:

> The first of the other ten called upon was the notoriously
> bad woman. My approach was noticed but not before I saw
> how matters stood. The woman was lying down in a state of
> intoxication (as I understood by her utterances afterwards) and
> a young woman stood by with a baby on her arm. As soon as
> my approach was detected, there was a rush and the door and
> window of the room banged to. In answer to my knock, a boy,
> about 14 or 15 came toward the door. 'You will let me see your
> mother today won't you,' I said, 'because I know that she is in.'
> The boy put a 'We are caught!' sort of grin on, then entered the
> mother's room as if to ask a question. In a moment he returned
> and said, 'Mother is not well today and can't see you.' 'Tell your
> mother I come to see sick people.' He returned again and I
> thought he never would come out this time. I stood leaning on
> the door post a quarter of an hour waiting an answer, as I was
> determined if possible to see her. But no, I was not to have my
> wish. I could hear every word she said, and understood they
> were drunken utterances. What a dreadful language! What a pity
> any *woman* could allow anything so degrading to pass her lips,
> especially before children – *her own children*! I feel as if the word
> 'mother' were in mourning. I think we ought to make this case
> a subject for prayer. The boy appeared at last saying I could not
> see his mother. Leaving a message inviting her to see me, that I
> wished to make a friend of her, I departed sad at heart. Then I
> called with a Christian old lady, whom I was told had an influence

over this wretched woman. By what this lady said, the case is hopeless. Still there is nothing beyond the power of God and we can try.[11]

Nid oes ryfedd fod rhai pobl yn mynd i guddio pan ddeuai Margaret ar gyfyl drws y ffrynt. Mewn rhai cartrefi roedd ei dyfodiad yn cael ei ystyried yn ddiwedd y byd ar droed. Gofynnwyd iddi'n aml yn ddigon swta pwy oedd hi a beth oedd arni hi ei eisiau. Yn fynych, yr oedd ei hatebion yn rhoi digon i'r di-feddwl-ddrwg ddechrau poeni:

> I called at one house where a youngish woman opened the door. As I spoke, her black, piercing eyes glistened. So then she called,
> 'Father! Father! Come here quick. There is a lady here talking so nice.'
> 'I don't want ladies,' answered the invisible father.
> 'But you must come to her.'
> I thought his daughter's conduct rather strange. However, the old man came after a while, feeling his way along the passage though his eyes were wide open. I rose and going to him laid my hand on his shoulder.
> 'Let me help you,' I said.
> 'Who are you?' he asked.
> 'I am a messenger from God,' I answered, 'to ask if your soul is washed in the blood of the Lamb. Are your feet on the Rock of Ages?'
> The old man burst out crying, and pitifully wailed, 'I am blind. I cannot see you. No, my soul is not washed. I am not on the Rock, but I want to be.'
> 'Come,' I said, 'I will try to help you to the right way.'
> 'Not today,' he answered. 'I cannot stand it today. I am too much overcome. Call again.'
> I found after leaving this house that the daughter who opened the door is deranged in her mind.[12]

Roedd neges y 'messenger from God' ar brydiau'n gwbl anaddas. Cyhuddwyd Margaret weithiau o fod yn gwbl ddideimlad ac yr oedd yr hyn a ddywedai yn agored i'w gamddehongli. Meddai yn ei dyddiadur:

One I visited was a very flighty little woman, a plague to her neighbours. She accused me of saying to her after the death of her child about a month ago that that was a warning to her to give her heart to Christ and if she does not obey now, God will *surely* take another. I am very *certain* that I never uttered nor yet thought the last sentence, which she says Mrs Bennett considered very wrong and inconsiderate of me. This is the first accusation of this kind. I suppose misinterpretations will happen, however careful one may be.[13]

Byddai'r camddealltwriaethau yma'n aml yn gwneud Margaret yn ddigalon iawn. Roedd yn teimlo yn isel iawn ei hysbryd o fewn pythefnos i gychwyn ei swydd, pan mae'n ysgrifennu, 'I left home today feeling depressed. These people withdrawing from their promises made me unhappy, and the callous acquiescence of many to whatever I may say is worse than all.'[14] Ond yr oedd ei gwaith hefyd yn rhoi cryn dipyn o bleser iddi. Mae'n ysgrifennu yn ei hail wythnos yn y swydd hefyd, 'busy, pleasant day, profitable to my own soul. In trying to water others, I have myself been watered'[15] a 'we had a long conversation, that did me much good and they seemed well pleased'.[16]

Yn aml deuai Margaret ar draws pobl a hanai yn wreiddiol o Gymru. Daeth ar draws Mrs Lewis Thomas, gwraig y barwn glo, yn eithaf buan. Yr oedd Mrs Thomas yn addoli mewn dau gapel a sefydlwyd gan ei gŵr yn Blackstone, ac felly nid oedd modd ei pherswadio i ymuno â'r ddiadell yn Eglwys Gynulleidfaol Canol Ipswich. Ond nid oedd y mwyafrif o'r ymfudwyr Cymreig uwchben eu digon gystal â'r Thomasiaid. Ac yr oedd clywed yr iaith Gymraeg yn cael ei siarad yn cael effaith fesmereiddiol ar rai o'r eneidiau caled y ceisiai Margaret eu troi at Dduw:

> I visited one woman who proved to be Welsh. Her children attend our Sunday school, but the mother never goes anywhere (father dead). She received me hard, if not defiant at first, but when I spoke her own language, she gave me a quick look of surprise and pleasure and we became friends at once. I hope under God's

blessing to be of some comfort and edification to the poor widow.
I failed to get her to promise to come to church next Sunday. The
habit of staying at home is so strong on her.[17]

Y ffordd orau o gael gwragedd a phlant i fynychu'r eglwys oedd
trwy gynnal cyfarfodydd mamau, a Margaret fu'n ganolog wrth
eu sefydlu. Wrth fynd o ddrws i ddrws, dod ar draws mamau
a chanddynt fabanod yn eu breichiau a wnâi Margaret gan
amlaf, gan mai dim ond yn ystod y dydd o ddydd Llun i ddydd
Gwener yr âi ar ei hymweliadau. Cyn hir daeth ar draws digon
o famau newydd i ddod â hwy ynghyd i gyfarfod bob wythnos,
yn enw'r eglwys wrth gwrs. Ac o ardal o'r enw One Mile Bridge
y daeth ei grŵp cyntaf o famau:

> It struck me that these people were in a very out of the way place.
> There are from twelve to sixteen big families of them, and almost
> all the mothers have babies. The possibility suggested itself to my
> mind of getting these mothers together and institute a Mother's
> meeting. The first mother spoken to about this was a very nice
> intelligent woman. She seemed delighted. 'I have thought many
> a time about that,' she said, 'and wished some one would come
> to visit us. But no one ever does come to visit this place.' Then I
> decided upon forming a meeting next week. The next question to
> be settled was where to meet. Mrs Coleman's house was suggested
> as the most convenient in the place.[18]

Roedd cyfarfodydd y mamau yn llwyddiant mawr, ac yn hwyr
ym mis Mai noda Margaret yn ei dyddiadur fod un ar ddeg o
famau wedi mynychu gyda deg o blant yn One Mile Bridge.
Roedd y grŵp yn teimlo'n ddigon cartrefol gyda'i gilydd ac
nid oedd brys ar yr un ohonynt i adael. Roeddynt yn eistedd
gyda'u babanod yn eu côl ac yn siarad am eu profiadau neu
eu hiechyd. Roedd Margaret wedi llwyddo i greu cwlwm
agosrwydd rhwng y dieithriaid hyn.

A chyn hir yr oedd cyfarfodydd y mamau yn cael eu
sefydlu ym mhob man. Erbyn diwedd mis Gorffennaf, yr oedd
cyfarfodydd cyson yn One Mile Bridge, Basin Pocket, South
Ipswich a Newtown yn ardal Ipswich. Ac nid cyfarfodydd ar

gyfer y mamau yn unig a gynhaliwyd; roedd llawer o blant yn mynychu eu cyrddau hwy hefyd. Mewn un cyfarfod ar 2 Medi, roedd dros gant o blant yn bresennol.

Ond yr oedd yr holl weithgarwch wrth fynd o un lle i'r llall ac ymweld â hyd at bymtheg o gartrefi bob diwrnod yn dechrau cael effaith ar iechyd Margaret. Ddeufis wedi cychwyn ei gwaith, mae'n dal annwyd ar y ffordd i One Mile Bridge. Ac yn ôl ei meddyg, Mr Lightoller, mae'r oerni yn ei gwaed wedi achosi cwymp cylchredol sydd wedi effeithio ar y system nerfol. O ganlyniad, gohiria Margaret ei gweithgareddau ac mae'n aros yn y gwely am bythefnos. Nid oedd yn rhyfedd bod Margaret yn dal annwyd mor aml. Roedd yn cerdded i bob man, ac yn aml yn crybwyll yn ei dyddiadur fod y tywydd yn wlyb tu hwnt a bod y ffyrdd wedi'u cau oherwydd llifogydd.

Mae'n teimlo'n flinedig hefyd ym mis Gorffennaf. Un noson, mae'n poeni am ei blinder cyn annerch torf o bobl. Mae'n nodi:

> There was a fair attendance at Amberley Church in the evening, but I was utterly unfit to conduct the meeting, feeling tired, languid and out of spirits. I could not remember a thing I had prepared to say, being in that state before starting. I took the MS along with me in case of a failure of memory and had to take to sheer reading after all. I never remember to have felt more miserable. Was it real unbelief and want of faith? God grant it may never happen again.[19]

Mae bwlch yn ei dyddiadur ar gyfer mis Awst ac mae'n ymddangos na fu'n ymweld â neb y mis hwnnw. Erbyn mis Medi, iechyd ei chwaer Mary Anne sy'n achosi pryder iddi. Mae Mary Anne yn yr ysbyty, ac mae'n rhaid i Margaret drefnu i'w chwaer ymddiswyddo o'i gwaith gyda Cribb & Foote er mwyn iddi fynd i gefn gwlad i ymadfer.

Yn y misoedd byr ers y dechreuodd Margaret weithio i'r eglwys Gynulleidfaol yn Ipswich, cyflawnodd lawer. Roedd wedi newid meddyliau nifer, a hwyrach wedi gweld ei hargraffiadau personol hi ei hun yn newid hefyd. Dywed am breswylwyr Basin Pocket ym mis Gorffennaf: 'many in the south end of the Pocket are regular heathens and the women as hard as flints, quite a different type to any I've seen in Ipswich yet'. Ond erbyn diwedd mis Medi, mae wedi newid ei meddwl, gan ddweud: 'I am beginning to change my opinion about Basin Pocket. The woman, who has been most on my mind since my first visit as the hardest, most callous and unimpressionable of any yet seen, was quite different today.'

Trafodir sefyllfa Margaret yn adroddiadau diaconiaid yr eglwys ar 26 Awst. Dywedir bod ymrwymiad Margaret yn darfod ymhen y mis, gan fod ei chyfnod prawf o chwe mis ar ben. Ond penderfynwyd y byddai Margaret yn parhau yn y swydd yn barhaol ar yr un gyflog ag o'r blaen. Byddai'n rhaid rhoi mis o rybudd i derfynu'r cytundeb ar bob ochr. Does dim amheuaeth felly fod Margaret wedi creu argraff dda ar ei chyflogwyr yn yr eglwys.

Nid oes unrhyw sôn pellach am Margaret yng nghofnodion cyfarfodydd y diaconiaid hyd ddiwedd mis Tachwedd 1889. Yno, ceir cofnod o lythyr a dderbyniwyd oddi wrth Margaret yn dweud nad oedd ei hiechyd yn dda ar y pryd. Gofynna am gael ei rhyddhau o'i gwaith, neu dderbyn llai o gyflog am y tro, hyd nes bydd ei hiechyd yn gwella. Mae'r diaconiaid yn penderfynu cynghori Margaret i wneud pa bynnag waith y gall ei wneud a chael hanner ei chyflog am y tri mis nesaf.

Ond lai na deufis ar ôl ysgrifennu'r llythyr hwn at ei chyflogwyr, yr oedd Margaret wedi priodi. Ni wyddys a fu hi'n gweithio am gyflog i'r eglwys yn Ipswich ar ôl y briodas ym mis Ionawr 1890. Nid oedd angen iddi weithio am resymau ariannol bellach, beth bynnag. Roedd hi newydd briodi dyn cyfoethog tu hwnt.

4

Gwelodd James Josey dir mawr Awstralia am y tro cyntaf oddi ar fwrdd y llong droseddwyr *Eden II*. Hon oedd y llong droseddwyr olaf i gyrraedd trefedigaeth De Cymru Newydd, a'r dyddiad oedd 18 Tachwedd 1840. Cafodd James, mab i'r llifiwr coed Richard Josey a'i wraig Elizabeth Nicholls, ei eni ar 21 Awst 1821 yn Aldworth, Berkshire, Lloegr. Roedd y glaslanc pedair ar bymtheg oed ar yr *Eden II* oherwydd iddo ddwyn wagen, a chan mai hon oedd ei ail drosedd fe'i dedfrydwyd ar 22 Chwefror 1840 i bymtheg mlynedd o alltudiaeth am ei annoethineb.

Roedd James yn dipyn o dderyn. Yn ôl ei deulu ei hun, yr oedd wedi bod yn dramgwyddwr ers dyddiau ei ieuenctid. Adroddir nifer o storïau amdano, o fewn y teulu, yn dod o flaen yr ynadon heddwch am ladrad ar briffordd y brenin ac am fyw yn anghyfreithlon mewn llong foel ar afon Tafwys. Cadwai ei frawd a'i chwaer o olwg trafferth, ond yr oedd gan James docyn unffordd i Awstralia cyn iddo groesi dau ddegawd.

Pan gyrhaeddodd Port Jackson yn Sydney, nodwyd ei fod yn bum troedfedd a phum modfedd o daldra. Llygaid melyn afiach, gwallt brown a thrwyn ychydig yn grwca oedd ganddo. Roedd ganddo ddau fan geni o dan ei ên ac yr oedd ganddo datŵ o fenyw ar dop ei fraich dde, tatŵ o'r llythrennau JJ a bron menyw ar waelod ei fraich dde a thatŵ o fôr-forwyn, angor a'r llythyren J ar waelod ei fraich chwith. Profwyd ei fod yn medru darllen, ond nid oedd yn medru ysgrifennu. Roedd yn ŵr sengl ac yn Brotestant.

Erbyn mis Ebrill 1841, yr oedd James ar ei ffordd i Moreton Bay yn Queensland. Gweithiodd ar ffermydd yn ardal Limestone sydd oddeutu 40 km i'r gorllewin o Brisbane. Sefydlwyd yr ardal yn 1826, pan ddarganfuwyd bryniau o garreg galch o gwmpas afon Bremer. Danfonwyd pum troseddwr i gloddio'r calch ac adeiladwyd odyn galch. Yn ystod y pymtheg mlynedd nesaf, daeth yr ardal yn drefedigaeth troseddwyr a dim ond rhai anheddwyr a gafodd y cyfle i fyw yno. Ond yn 1842 agorwyd y lle i bawb a thyfodd tref fach yno. Enwyd y dref yn Ipswich yn 1843.

Cadwodd James Josey ei hun yn brysur ac o ffordd trwbl wrth weithio ar ffermydd yr ardal. Mae'n debyg ei fod wedi cael y cyfle i weithio fel llifiwr coed hefyd. Chwe mlynedd yn ddiweddarach, ar 12 Ebrill 1847, derbyniodd ei docyn ymadael (rhif 47/373), a oedd yn golygu ei fod yn rhydd i wneud fel y mynnai. Yr oedd wedi cwblhau ei gosb. Gyda'r tocyn hwn, byddai'n gallu dilyn unrhyw alwedigaeth o'i ddewis. Cyn hir, yr oedd yn rhedeg busnes gyda saer coed o'r enw William Vowles. Sefydlodd y ddau felin lifio yn Pine Mountain. A chyda llifiwr coed arall o'r enw Crouch, daeth y tri yn llifwyr coed arloesol yn Pine Mountain ac yn llwyddiannus iawn hefyd. Nhw a lifiodd y rhan fwyaf o'r pren a ddefnyddiwyd i ddatblygu tref newydd Ipswich.

Ddeuddeg mlynedd yn ddiweddarach, yn 1859, prynodd James Josey dir gan y llywodraeth mewn partneriaeth â gŵr o'r enw George Faircloth. Prynodd y ddau dros chwe chant o aceri yn gyfan gwbl ger Opossum Creek am bris o ddwy ddoler Awstralaidd yr acer. Dair blynedd yn ddiweddarach, roedd Josey wedi prynu cyfran ei bartner a dechreuodd brynu rhagor o dir o 1868 ymlaen. Yn ystod y 1870au amcangyfrifwyd ei fod yn berchen ar 2,700 acer o dir ac erbyn 1885 roedd yn berchennog 10,000 o aceri yn yr ardal.

Ei brif gartref oedd eiddo o'r enw Eden Station a adeiladwyd ar 420 acer yn Redbank Plains. Roedd y fferm hon yn cadw gwartheg a thyfu coed ac, yn ddiweddarach, cnydau o fetys siwgr a chotwm. Yr oedd eiddo Josey mor llwyddiannus fel y byddai llywodraethwr Queensland yn hebrwng ymwelwyr yno i ddangos sut yr oedd cyn-droseddwyr yn ffynnu yn y dalaith. Dyma sut y disgrifiodd un o ohebwyr y *Queensland Times* ei ymweliad ag Eden Station yn yr ysgrif 'A Home in the Bush' ar 4 Ebrill 1876. Mae'n ymddangos ei fod wedi ei blesio'n ddirfawr gan yr hyn a welodd:

> Eden Station, the property of Mr James Josey, is situated on Opossum Creek, adjoining Redbank Plains and about twelve miles from Ipswich and sixteen from Brisbane. There is a road leading from Redbank Plains to the homestead, but to a stranger it seems rather an intricate approach to a man's dwelling, who has added so largely to the public purse – more particularly when one comes

to the ruins of a tumbled-down bridge on Woogaroo Creek, most of which was carried away by the last floods; but strange to say, no steps have as yet been taken by the Government to make it passable.

This, of course, is not the Eden where mother Eve, like the rest of her sex, bamboozled poor old Adam; but it certainly deserves the name; and were such men as Goldsmith, Cowper or Campbell existing in Queensland, what simple food for their literary genius could they find among the lonely recesses of this romantic place?

This beautiful homestead, which is a model of perfection, is the reward of energy and persevering toil, and Mr Josey may be proud of what he has done. Though many years have been spent improving and forming such a residence, yet it is pleasant to know that he has succeeded in reducing the wild forest to a state of such excellent order. The dwelling itself is a beautiful two-storeyed building, 60 feet by 30 feet, and divided up into twenty-six apartments, with verandas and balconies all round. The site of the house commands a most picturesque view of the surrounding country, as far as the watershed which separates the waters of the Oxley and Opossum Creeks and thence to Mount Flinders. The natural scenery of the place is magnificent, and that which crowns the whole is a fine lagoon in front of the building, from the edge of which the land rises gently to the summit of the mountain.

The property at Eden consists of 6,000 acres, 1,000 of which was purchased from the New South Wales Government, and the other 5,000 is leased land, the conditions on which Mr Josey has fulfilled, and obtained the certificates. The timber on this property is of the best quality, and will become very valuable in the future. The land is also very rich in iron-stone, and coal crops out in various parts of the run. Mr Josey was fortunate in securing about 500 acres at Redbank Plains, where cotton, sugar, etc. have been most successfully grown, and as the land is of an excellent quality, he can readily let it, at a good rent, to tenants who prefer to gain a little experience, and obtain a good stock of tools and team of bullocks – which Mr Josey never fails to give his outgoing tenants on the most reasonable terms – before starting out for themselves.

Mr Josey has added largely to nature by the formation of an excellent garden and orchard, both of which are well stocked with the best selections of various trees and shrubs which make up a well-arranged garden and orchard. The orange-trees and grape-vines are looking remarkably well, and their healthy appearance gives proof of the care bestowed upon them by the attentive and willing hands of their owner. All the leased and purchased land is divided and sub-divided into paddocks for breeding mares (of which Mr Josey has many), cattle, sheep etc. The horses and cattle, notwithstanding the long drought, are doing very well, and up to the present show no signs of suffering from want of grass or water.[20]

Roedd Eden Station yn gartref teuluol a James Josey yn ddyn teulu. Priododd ychydig ddiwrnodau cyn Nadolig 1849. Ei briodferch oedd Harriet Catherine Harris, a aned yn Stepney, Llundain, ym mis Mai 1833. Roedd hi'n ferch i John Faint a Harriet Catherine Harris. Teithiodd hi allan gyda'i rhieni ar y llong *Eden II* ym mis Tachwedd 1840, sy'n awgrymu hwyrach fod un o'i theulu hithau yn droseddwr hefyd. Priodwyd y ddau yn eglwys Sant Ioan, Ipswich, ar 22 Rhagfyr 1849. Yr oedd James Josey yn wyth ar hugain oed a'i briodferch newydd ddathlu ei phen-blwydd yn un ar bymtheg. Priodwyd y ddau o dan drwydded yn hytrach na gostegion (*banns*), gan fod Harriet o dan oedran cydsynio. Rhaid oedd cael caniatâd ei thad John Harris a chaniatâd yr awdurdodau[21] yn ogystal, gan fod James Josey yn dal i fod yn droseddwr adeg y briodas (byddai ei ddedfryd lawn yn terfynu yn 1855). Ganed 17 o blant i'r pâr, gydag 13 ohonynt yn byw i fod yn oedolion: Harriet, a aned ar 16 Gorffennaf 1851; Richard, a aned ar 25 Mawrth 1853 ond a fu farw yn blentyn; Emma, a aned ar 5 Ionawr 1855; Elizabeth, a aned ar 4 Hydref 1856; yr efeilliaid Adam ac Eve, a aned ar 4 Medi 1858 (bu Adam farw yn blentyn pedair blwydd oed); James, a aned ar 7 Medi 1860; Benjamin George, a aned ar 10 Gorffennaf 1862; Ann Mary, a aned ar 22 Tachwedd 1863, ond a fu farw chwe wythnos yn ddiweddarach; Alfred William, a aned ar 29 Ionawr 1865; Thursa Ellen, a aned ar 30 Medi 1866; Kate, a aned ar 31 Ionawr 1868, ond a fu farw'n blentyn; Mahala, a aned ar 7 Ebrill 1869; Naomi, a aned ar 26 Mehefin 1870; John North, a aned ar 28 Medi

1871; Andrew, a aned ar 13 Tachwedd 1872 ac yn olaf Ruth Mary, a aned ar 7 Gorffennaf 1875. Bu Harriet eu mam farw yn bum deg chwech mlwydd oed ar 15 Ionawr 1889.

5

Roedd rhai o blant James Josey yn weddol ifanc pan fu farw eu mam; roedd yr ieuengaf, Ruth Mary, yn dair ar ddeg oed. Hwyrach fod Margaret wedi galw ar y teulu yn Eden Station ar ôl marwolaeth y fam. Roedd yna lawer o'i le yng nghartref Josey ar ôl marwolaeth Harriet. Credir bod llawer o'r plant yn ddieithr i'w tad ac yn gwrthod gwneud dim ag ef ar y pryd. Mae'n debyg iddo geisio cadw hanesion ei ddyddiau cynnar fel troseddwr yn gyfrinach oddi wrth ei deulu. Ond ceir adroddiadau hefyd ei fod wedi troi'n grefyddol iawn (a hwyrach fod hyn o ganlyniad i gyfarfod Margaret). Roedd James o'r farn fod yna lawer y gallai 'mam' ei wneud i'w blant, er bod y mwyafrif ohonynt yn oedolion erbyn hyn. Ac yn wir, yr oedd angen cwmni ar James ei hun yn ei henaint. Daeth o hyd i'r cwmni hwnnw ar ffurf Margaret Jones o'r eglwys Gynulleidfaol.

Beth yn union a gafodd Margaret o'r berthynas sydyn yma? Roedd yn ymwybodol nad oedd ei safle yn yr eglwys Gynulleidfaol wedi'i warantu am byth, er gwaethaf geiriau cynnes y diaconiaid yn y misoedd diwethaf. A hyd yn oed petai hi'n 'swydd am oes', ni allai Margaret gredu y byddai ei hiechyd yn parhau yn ddigon da iddi deithio o amgylch bob dydd, ymhob tywydd, am byth. Yr oedd ar fin dathlu ei phen-blwydd yn bedwar deg wyth oed; nid oedd ei hiechyd wedi bod yn dda iawn yn ystod y misoedd diwethaf; yr oedd y gwaith, er yn bleserus, yn heriol iawn hefyd. Nid gwaith i hen wraig oedd teithio o ddrws i ddrws bob dydd. Roedd angen sicrwydd ym myd Margaret. Nid oedd teithio yn ôl i Gymru i chwilio am y sicrwydd hwnnw yn opsiwn. Roedd James Josey newydd golli ei wraig ac roedd ganddo blant gartref o hyd; gallai gynnig sicrwydd ariannol i Margaret a byddai hithau'n mwynhau'r her o'i droi'n Gristion cydwybodol. Roedd yn sefyllfa lle'r oedd pawb yn mynd i ennill.

Mae'n siŵr fod Margaret wedi gadael tipyn o argraff ar James hefyd, â'r holl storïau a adroddai am y Dwyrain Canol, yr Affrig a'r Unol Daleithiau. Byddai gwesteion o gylch y bwrdd cinio crand yn Eden Station wedi ymhyfrydu yn holl hanesion ffrind newydd James. Hwyrach ei fod wedi cael ei hudo gan yr holl bethau yr oedd Margaret wedi'u cyflawni. Byddai hon yn gwmni da ar gyfer ei henaint.

Priododd James a Margaret cyn gynted ag yr oedd hi'n ddiplomyddol ddoeth, flwyddyn a diwrnod ar ôl marwolaeth ei wraig gyntaf, Harriet. Fe'u priodwyd yng nghartref Margaret, sef Warwick Road, Ipswich, gan y Parch. Joseph Walker, gweinidog Eglwys Gynulleidfaol Canol Ipswich. Y tystion i'r briodas oedd Mary Anne, ei hanner chwaer, a gŵr o'r enw George Clealand Holliday. Mae'n syndod na phriododd y ddau yn adeilad yr eglwys, ond bu llifogydd gwael yn yr adeilad hwnnw rai blynyddoedd ynghynt a hwyrach nad oedd yr adeilad wedi'i drwsio'n ddigonol mewn pryd.

Ar ôl y briodas, nid i'r tŷ crand ar stad brydferth Eden Station yr aeth James a'i wraig newydd. Yr oedd y tŷ yn llawer rhy fawr i'r cwpl oedrannus; wedi'r cwbl, yr oedd James yn awr yn chwe deg naw mlwydd oed a Margaret yn prysuro at ei phen-blwydd yn hanner cant. Penderfynwyd y byddai James a Margaret yn symud i mewn i un o dai'r stad, sef tŷ o'r enw Langley ym mhentref Redbank Plains. Yr oedd James wedi codi'r tŷ hwn ar gyfer ei fab Alfred William, pan briododd ef ag Edith Austin. Yn awr, fe symudai Alfred a'i wraig a'u plant i Eden Station, a byddai James a Margaret yn ymgartrefu yn Langley.[22]

Ni wyddys llawer am fywyd teuluol James a Margaret yn y deuddeng mlynedd nesaf cyn marwolaeth Margaret yn 1902 a'i gŵr rai misoedd yn ddiweddarach. Parhaodd Margaret i fod yn agos iawn at ei hanner chwaer Mary Anne, a bu James hyd yn oed yn ceisio perswadio ei gŵr hi, William Parry, i fuddsoddi gydag ef mewn busnes cotwm. Yr oeddynt i gyd yn agos at ei gilydd, ac yr oedd William Parry yn un o'r tystion i farwolaeth James yn 1903.

6

Merch ddewr, ddeunaw oed oedd Mary Anne Jones pan adawodd borthladd Llundain ar long y *Duke of Sutherland* am ochr draw'r byd. Yr oedd y Cymro a ddeuai'n ŵr iddi ymhen tair blynedd, William Parry, wedi ymsefydlu yn Awstralia yn barod.

Ganed William Parry ar 23 Chwefror 1864 yn fab i'r chwarelwr Owen Parry a'i wraig Mary yng Nglan-y-gors, Penmorfa, Tremadog. Yr oedd yn un o chwech o blant, ac fel crwt dwy ar bymtheg oed yr oedd yn gweithio fel cynorthwyydd i ddilledydd yn siop ddillad Miss Brymer yn Stryd Fawr Ffestiniog. Roedd Ffestiniog yn ganolfan y chwareli llechi, a thra bu Lewis Thomas, 'brenin glo Blackstone', yn recriwtio chwarelwyr a glowyr ar gyfer ei byllau glo yn Awstralia, bu hefyd yn recriwtio dynion â sgiliau eraill ar gyfer busnesau yn Queensland. Mae'n ymddangos fod William wedi cael cynnig gwaith fel dilledydd cyn iddo adael Cymru.

Hwyliodd William ar long *Quetta* allan o ddociau Llundain ar 22 Medi 1885. Yr oedd yn un ar hugain oed. Cyn hir, yr oedd yn cael ei gyflogi fel dilledydd yn London Stores, y siop adrannol fwyaf yn Ipswich, a ddeuai i gael ei hadnabod fel Cribb & Foote ymhen rhai blynyddoedd. Ymysg cwsmeriaid Cribb & Foote roedd cymdogaeth o ffermwyr Almaeneg. Gwirfoddolodd William Parry i ddysgu'r iaith er mwyn helpu'r cwsmeriaid hyn â'u siopa. Gweithiodd William gyda'r cwmni hyd nes iddo adeiladu ei siop a'i swyddfa bost ei hun, Parry's Corner, yn Silkstone.

Cyfarfu Mary Anne Jones a William Parry ym mis Tachwedd 1888 pan ddechreuodd Mary Anne weithio yn siop Cribb &

Foote hefyd. A chan fod y ddau yn Gymry, roedd cwrdd yn y gweithgareddau Cymreig a gynhelid yn aml yn ddigon hawdd. William oedd ysgrifennydd Eisteddfod Nadolig 1888 eglwys Blackstone a Mary Anne a enillodd gystadleuaeth yr unawd contralto y flwyddyn honno.[23] Tua dwy flynedd a hanner yn ddiweddarach priodwyd William a Mary Anne a ganed pump o blant iddynt. Roedd y ddau yn weithgar iawn yn y gymdeithas Gymreig. Byddai Mary Anne a'r teulu yn cynnal garddwestau a chyngherddau y tu allan i'w siop yn Parry's Corner i godi arian i'r Comfort Fund, y Band of Hope, yr United Welsh Church Guild ac ati. Yr oedd y tir o gwmpas y siop a'r coed ffigys a dyfai yno yn lle delfrydol i gynnal gweithgareddau awyr-agored yng ngwres Queensland. Parhaodd William ei gysylltiad â Chôr Meibion Blackstone, sef un o'r corau a ddaeth ynghyd yn ddiweddarach i greu Côr Cambrian Blackstone-Ipswich.

7

Bu Margaret farw yn drigain oed ar 18 Hydref 1902. Roedd cyflwr ei hiechyd wedi ei phoeni'n ddirfawr ar hyd ei hoes, a bu'r chwe mis olaf yn arbennig o anodd. Cafodd y gofal gorau, ac yr oedd yn argyhoeddedig fod y Bod Mawr uwchben yn edrych ar ei hôl. Dyma sut yr adroddwyd ynghylch ei marwolaeth yn y papur newydd yn Queensland:

Death of Mrs James Josey

At Redbank Plains, on Saturday last (writes a correspondent), Mrs Josey, wife of Mr James Josey (one of the oldest residents of the district), passed away. The deceased, who was 60 years of age, had been ailing for some time past, and her demise was due to an internal complaint. During her illness she was assiduously attended by Mesdames Dan. and Jas. Jones, and Mrs Hudson (daughters of Mr Josey), Mrs Campbell, and others. Mrs Josey was the eldest daughter of Mr Owen Jones, bookseller, of Rhosllanerchrugog, North Wales. She was born in March, 1842. At the age of 14 she went as a nurse-girl to

Birmingham to the Rev. E. B. Frankel (a converted Jew), where she stayed about two years. About this period Mr Frankel and family went to Paris, where they lived for about two years, to which place she accompanied the family. While at Paris, the deceased commenced to study, but, owing to having had only three weeks' schooling previous to leaving home, of course, the task was a very difficult one, but by perseverance she succeeded very well. From Paris they proceeded to Jerusalem, arriving there in the beginning of 1865. There she stayed for about four years, during which time she explored Jerusalem and its historic surroundings, describing her travels in detailed letters to her parents. These letters were eventually compiled in a book entitled 'Palestine, and what I saw there'. From Palestine, she was conveyed to Beyrout, a distance of nearly 150 miles, on a bed, owing to a diseased knee, having been in the hospital for some time previously. At Beyrout, she was kindly received by a lady missionary named Mrs Thompson. After staying there some considerable time she was brought on a water bed to Liverpool, and there treated by the eminent physician, Dr Thomas. After her recovery she decided to lecture on Palestine throughout Wales and the principal English cities, where she was known as the 'Gymraes o Ganaan'. The lecturing tour resulted in enabling her to send a very substantial sum to the mission work at Beyrout. After spending a few years at home she went as a missionary to Mogador, Morocco, Africa. Being familiar with the French and Arabic languages, she taught in schools there for about four years. Returning to Wales she again lectured on her experiences in Morocco, and published a book on Morocco. Her books found a good sale, seven editions of some thousands being issued. She subsequently decided to go to America, where she lectured in the principal cities, remaining there about two years. Then she returned again to Wales, and having had a few years rest came to Australia arriving in Ipswich in 1889. Here she was appointed town missionary for the Congregational Church. In 1890 she was married to Mr James Josey, of Redbank Plains. During her life she was closely connected with Church work, and took a great interest in teaching the young. The funeral took place on Sunday and was well attended. Mr R. H. Lewis conducted a short and impressive service at the house, whilst the Rev. P. Robertson officiated at the cemetery. In accordance with the wish of the deceased two of her favourite Welsh hymns were sung at the graveside, and their rendition was very touching.[24]

O'r adroddiad yma, mae'n ymddangos fod Margaret wedi meddwl yn ddwys am yr hyn a oedd i'w gofnodi amdani mewn ysgrif goffa mewn papur newydd. Gan ei bod yn gwybod bod y diwedd yn agosáu, roedd wedi sicrhau bod manylion ei bywyd yn gywir ac yng nghof y bobl a fyddai orau'n medru edrych ar ôl ei chymyn unwaith y diffoddwyd y fflam.

Ymddangosodd ysgrif goffa iddi ym mhapurau newydd Cymru ym mis Rhagfyr 1902. Gweinidog gyda'r Annibynwyr a'r hanesydd Clwydwenfro (John Lloyd James; 1835–1919) oedd yn gyfrifol am yr ysgrif goffa a ymddangosodd yn *Baner ac Amserau Cymru* ac yn *Y Tyst* ar 10 Rhagfyr 1902 ac yn *Y Cymro* ddiwrnod yn ddiweddarach:

> Marwolaeth y Gymraes o Ganaan
>
> Bydd yn syn gan lawer i wybod fod yr un a adwaenid mor gyffredinol yng Nghymru flynyddoedd yn ôl, dan yr enw 'Y Gymraes o Ganaan' wedi ymadaw â'r fuchedd bresennol oddi ar Hydref 18fed, yn ei chartref yn Redbank Plains, Queensland, Awstralia. Hysbyswyd yr ysgrifennydd o'r ffaith mewn llythyr a dderbyniodd oddi ar ei chwaer Mrs Parry, Silkstone, Awstralia. Dywed Mrs Parry i'r drancedig gael cynhebrwng parchus iawn. Daeth Cymry y cylchoedd i gyd ynghyd ar yr amgylchiad, a chanwyd dau emyn Cymraeg yn ôl dymuniad yr ymadawedig, ond cynhaliwyd y gwasanaeth yn Saesneg, er mwyn ei phriod a'i deulu.
>
> Hi a gawsai gystudd blin am y chwe mis diwethaf o'i hoes, eithr yr oedd yn amyneddgar a ffyddiog hyd y diwedd, ac yr oedd yn hyfrydwch i ymddiddan â hi, er ei bod mor wael. Tystiai wrth Mrs Parry ei bod yn cael digon o gysur oddi uchod i wneud i fyny am ei dioddefiadau.
>
> Yr oedd hi, yn ei dydd, yn gymeriad ar ei phen ei hun. Treuliasai gryn amser yng Ngwlad Canaan, ac wedi hynny Moroco, yn gwneud gwaith da, a chyhoeddodd ddau lyfr o'i hanes yn y gwledydd hynny, y rhai ydynt yn ddiddorol iawn i'w darllen.
>
> Teithiodd lawer yng Nghymru i ddarlithio ar yr hyn welodd yng ngwlad Canaan, a diddorai gynulleidfaoedd mawrion ym mhobman. Mae ei hanes yn rhamantus. Un o'r Rhos oedd o

ddechreuad a'i henw oedd Margaret Jones. Wedi bod yn Moroco, aeth allan i Awstralia, lle yr oedd chwaer iddi a bu yno yn fath o genhades drefol. Priododd ag un Mr Josey, amaethwr mewn amgylchiadau da, a bu yn ymgeledd gymwys iddo. Mae efe eto yn fyw. Dro yn ôl, anfonodd hi hanes ei bywyd, mewn ysgrifen i'r ysgrifennydd, ynghyd â dau ddarlun rhagorol ohoni ar wahanol dymhorau, iddo ef i wneud a'r oll fel yr ewyllysai. Mae ei hanes anturiaethus, gweithgar a ffyddiog yn werth eu cyhoeddi, a thebyg mai dyna wneir â hwynt os ceir cefnogaeth ddigonol. Mae llawer yng Nghymru ac America yn ei chofio yn dda, ac yn edmygwyr o'i hysbryd gwrol a'i chymeriad rhagorol.[25]

8

Bu James Josey farw bedwar mis ar ôl ei wraig Margaret, ar 21 Chwefror 1903, yn wyth deg un mlwydd oed. Yn rhyfedd, ymddangosodd ei ysgrif goffa ddwywaith, bum mlynedd ar wahân, yn y papurau newydd, yn y *Queensland Times* yn gyntaf ar 24 Chwefror 1903:

> It is our sorrowful duty to chronicle the death of Mr James Josey, of Redbank Plains. The sad event occurred at his residence early on Saturday afternoon last. His demise was scarcely unexpected, as he had been gradually failing ever since the death of his wife some four or five months ago. The deceased had attained the ripe age of 82 years, and for upwards of 60 years he had been a resident of the district. He was a native of Reading, Berkshire, England, where he was born on the 1st of August 1821. He came to Australia in 1840, landing at Port Jackson. In the following April he came on to Moreton Bay, and from that year up to the time of his death he resided, as stated, in this district. For the greater part of this time he engaged in pastoral pursuits. Eight daughters and five sons – all of whom are married – are left to mourn the demise of their father. The daughters are Mrs Whitmore Logan (Forest Hill), Mrs George Logan (Colinton), Mrs Dan Jones (Brisbane), Mrs James Jones (Goodna), Mrs Hudson (Redbank Plains), Mrs Alfred Hillier (Goodna), Mrs Joseph Griffith (Rosevale) and Mrs H. Scarr (Brisbane); and the

sons are Messrs James Josey (Colinton), Ben Josey (Townsville), John Josey (Kilkivan), Andrew Josey (Goodna) and Alfred Josey (Redbank Plains). The funeral took place yesterday afternoon, the body being interred in the Ipswich cemetery. Dr W. C. Pritchard, rector of St Paul's Anglican Church, impressively conducted the service at the graveside.

Ac yna ymddangosodd ysgrif goffa arall yn *The Queenslander* ar 28 Chwefror 1908, ar dudalen 500:

On Sunday occurred the death of Mr James Josey, of 'Possum Creek, Redbank Plains, at the age of 19, the deceased gentleman almost at once took up pastoral pursuits, and after being engaged for some time on what was then known as the Booval station, started on his own account in the Redbank district, where ever since he has resided and been engaged in developing that district. For many years he was favourably known as a successful dairy farmer and horse breeder, and he also started the first timber-getting industry in the same locality, the timber used in the flooring and ceiling of the existing premises of Messrs Cribb and Foote coming from the estate. The deceased was bluff in his manner, but thoroughly respected as one of the pioneers of the district, and for many years was a member of the Purga Divisional Board, in the affairs of which he took a keen and intelligent interest. At the time of his death, Mr Josey was the owner of 350 acres of the best farming land at Redbank Plains, and of 7000 acres at 'Possum Creek. He had been married twice, and his second wife predeceased him by four months only... It is understood that the deceased's descendants number some eighty souls.

Mae'n aneglur pam y byddai'r ysgrif goffa wedi ymddangos yn *The Queenslander* ryw bum mlynedd ar ôl ei farwolaeth.

Ar ôl marwolaeth James Josey, trosglwyddwyd ei dir a'i eiddo i'w ymddiriedolwr, Thomas Cribb, ac yna yn 1907 i James ac Alice Cribb. Gwerthwyd y tir yn 1912 i John Fenwick o Dde Cymru Newydd. Ond erbyn 1937, yr oedd Cyngor Sirol Moreton wedi caffael y tir o ganlyniad i ôl-ddyledion treth. Gwerthwyd y tir sawl gwaith yn rhagor ac fe'i defnyddiwyd ar gyfer torri coed hyd 1991. Erbyn heddiw, Springfield Land Corporation sydd berchen y tir ond mae etifeddiaeth James Josey i'w gweld o hyd, er nad yw'r cartref, Eden Station, yn sefyll mwyach. Mae dinas newydd o'r enw Springfield yn cael ei hadeiladu ar dir Eden Station. Enwyd sawl heol yn yr ardal ar ôl lleoliadau a phobl a oedd yn bwysig i James Josey, megis 'Aldworth Place' yn Springfield, ar ôl y lle y ganed James yn Berkshire, Lloegr; 'Eden Crescent' yn Springfield Lakes ar ôl enw'r cartref a'r llong y teithiodd James a Harriet arni i Awstralia; ac 'Ellen Circuit', 'Eve Court' a 'Mary Street' yn Springfield Lakes ar ôl tair o ferched Josey. Ac mae gan James Josey ei 'Avenue' ei hun yn Springfield Lakes.[26]

* * *

Ond nid oes yr un heol wedi ei henwi ar ôl Margaret, ein Cymraes o Ganaan, sy'n siom. Ac mae'n amlwg na chafodd ei chyfaill Clwydwenfro gefnogaeth ddigonol i gyhoeddi hanes bywyd Margaret, yn unol â'i dymuniad hi, toc wedi ei marwolaeth yn 1902. Wedi chwilota'n ddyfal trwy bapurau Clwydwenfro yn y Llyfrgell Genedlaethol, methais ddarganfod gofnod o hanes bywyd Margaret yn ei llawysgrifen ei hun, nac ychwaith y ddau ddarlun ohoni a ddanfonwyd ganddi cyn iddi farw. Mae'n amlwg fod yr ugeinfed ganrif wedi dewis anwybyddu hanes y ferch anturus o'r Rhos...

Nodiadau

Rhan I
1. Bill Portmadoc-Jones, *Through These Windows... A Place and its People* (Dinbych, 1981), t.19.
2. Llyfrgell Genedlaethol Cymru: Map o Rosllannerchrugog gan John Platt, 1895.
3. H R Vaughan Johnson, *Reports of the Commissioners of Inquiry into the State of Education in Wales Part III* (Llundain, 1847), t.75.
4. Ibid.
5. Ibid.
6. Ibid., tt.75–6.
7. Ibid., t.76.
8. Ibid.
9. J Rhosydd Williams, *Hanes Rhosllannerchrugog* (Rhosllannerchrugog, 1945), tt.11–12.
10. William Phillips, *Rhos-llannerch-rugog: Atgofion* (Caernarfon, 1955), t.6.
11. *Reports of the Commissioners of Inquiry into the State of Education in Wales Part III*, t.76.
12. *Hanes Rhosllannerchrugog*, tt.21–2.
13. *Reports of the Commissioners of Inquiry into the State of Education in Wales Part III*, tt.76–7.
14. Ibid., t.76.
15. Ibid., t.77.
16. *Hanes Rhosllannerchrugog*, t.22.
17. Meic Stephens (gol.), *Cydymaith i Lenyddiaeth Cymru*, argraffiad newydd (Caerdydd, 1997), t.792.
18. Huw Owen, *Capeli Cymru* (Tal-y-bont, 2005), t.156.
19. Nid yw tystysgrif geni Margaret Jones wedi dod i'r amlwg. Ceir yr wybodaeth hon mewn ysgrif goffa mewn papur newydd yn Queensland adeg ei marwolaeth ym mis Hydref 1902.

Nodiadau

Rhan II

1. *Jewish Intelligence* (1865), t.263.
2. Trosi o un ffydd i ffydd arall.
3. 'Dychwelyd' yw'r term a ddefnyddir pan mae Iddew yn troi yn Gristion.
4. Ni fyddai Elias Frankel yn gweld unrhyw aelod o'i deulu eto hyd nes y penderfynodd ei frawd bach Georg ymweld â'r teulu yn Jerwsalem yn 1867.
5. *Jewish Intelligence* (1863), t.21.
6. John Davies et al., *Gwyddoniadur Cymru* (Caerdydd, 2008), t.477.
7. Ibid., tt.778–9.
8. Ibid., t.157.
9. *New Welsh Review*, 38 (1997), t.41. Ymddangosodd fersiwn ddiweddarach o'r erthygl yn y gyfrol *A Tolerant Nation?*, gol. Charlotte Williams, Neil Evans a Paul O'Leary (Caerdydd, 2003).
10. Ibid., t.42.
11. Ymddeolodd Frankel ar ôl 19 mlynedd o wasanaeth i Gymdeithas Iddewon Llundain yn 1881. Bu'n ficer plwyf wedi hynny. *Jewish Intelligence* (1881), t.309.
12. Ibid., tt.9–30.
13. Ibid., t.34.
14. Cyhoeddodd y swyddfa argraffu gyfieithiad o'r Testament Newydd yn Hebraeg a rhifyn o Feibl Van der Hooght, cyn cau ei drysau yn 1818.
15. William Thomas Gidney, *The History of the London Society for Promoting Christianity Amongst the Jews: From 1809 to 1908* (Llundain, 1908), t.42.
16. Ibid., t.97.
17. *Jewish Intelligence* (1863), t.210.
18. *Annual Report of the LSJ* (Llundain, 1865), t.67.
19. Canaan: gwledydd Syria, Libanus ac Israel heddiw.
20. Roberto Copello, *Jerusalem* (Vercelli, Yr Eidal, 2008), t.9.
21. *The History of the London Society for Promoting Christianity Amongst the Jews: From 1809 to 1908*, tt.101–5.
22. Kelvin Crombie, *For the Love of Zion: Christian Witness and the Restoration of Israel* (Bryste, 2008), t.51.
23. Ibid., tt.81–2.
24. Ibid., t.82.

Rhan III

1. Teithiodd y llong i gyfeiriad arfordir yr Eidal trwy Gulfor Bonifacio, sydd rhwng ynys Ffrengig Corsica ac ynys Eidalaidd Sardinia. Ganed yr Ymerawdwr Ffrengig cyntaf, Napoleon Bonaparte (1769–1821), yn Ajaccio ar Corsica.
2. Cartref yr arweinydd milwrol a gwleidyddol Eidalaidd Giuseppe Garibaldi (1807–82) oedd ynys Caprera, oddi ar arfordir gogleddol ynys Sardinia.
3. Agerlong Ffrengig oedd y *Godavery*, ac eiddo Messageries Maritimes, Marseille. Roedd ganddi gabanau i 28 o deithwyr dosbarth cyntaf, 41 ail ddosbarth a 22 trydydd dosbarth. Yn 1869 yr oedd yn un o'r llongau cyntaf i forio ar hyd camlas newydd Suez.
4. Jaffa yw enw Jopa yn awr. Yr oedd yn un o borthladdoedd mawr Môr y Canoldir ac yn fynedfa i'r miloedd o bererinion ar eu ffordd i Jerwsalem. Crybwyllir y porthladd yn II Cronicl 2.16 ac yn Jona 1.3.
5. Mae hyn yn anghywir. Bu'r arch yno am ugain mlynedd, gw. 1 Samuel 7.2.
6. Emyn 388, *Llyfr Emynau a Thonau* (1929) gan Thomas Lewis (1749–1842), Talyllychau, sir Gaerfyrddin. Gweler hefyd yn *Caneuon Ffydd*, rhif 519.
7. Adolph Saphira (m. 1891), gweinidog gyda'r eglwys Bresbyteraidd ac esboniwr Beiblaidd.
8. Trydydd mab y Frenhines Fictoria.
9. Pennill cyntaf emyn gan Mary Owen (1796–1875). Gweler yn *Caneuon Ffydd*, rhif 199.
10. Adwaenir yr *ague* fel pyrexia hefyd, sydd yn dwymyn sy'n achosi poethder yn y gwaed.
11. Ffotograffydd lleol.
12. Joel 1.7.
13. Enillodd Robert Thomas (1809–90) gadair dderw wedi ei gwneud o drawstiau tŷ yr anterliwtiwr Twm o'r Nant am ysgrifennu awdl yn Eisteddfod Genedlaethol Caer, 1866. Ei enw barddol oedd Ap Fychan. Symudodd o'r Rhos i fod yn weinidog ym Mangor yn 1855.
14. Dyfyniad o emyn Dafydd William (1721?–67), 'Yn y dyfroedd mawr a'r tonnau', gw. *Caneuon Ffydd*, rhif 736.

Nodiadau

15   Robert Jermain Thomas (1840–66), mab Robert Thomas, gweinidog gyda'r Annibynwyr yng nghapel Hanover, Llanofer ger y Fenni. Fe'i cyfrifir fel y cenhadwr Protestannaidd cyntaf i Gorea, ac fe'i lladdwyd yno yn 1866.

16   Erbyn i'r llythyr yma gael ei gyhoeddi yn *Y Tyst Cymreig* ar 18 Ionawr 1868, yr oedd Thomas yn ei fedd; bu farw ar 6 Rhagfyr 1867 o glefyd teiffoid a gorlenwad o'r ysgyfaint. Yr oedd Thomas yn löwr deunaw oed.

17   Mae'r ffon yn goroesi hyd heddiw ac ym meddiant teulu Gwynne Williams o Rosllannerchrugog. Ceir llun ohoni yn adran luniau y gyfrol hon.

18   Samuel Gobat (1799–1879). Bu'n esgob Jerwsalem o 1846 hyd ei farw.

19   John Phillips (1810–67) oedd prifathro cyntaf y Coleg Normal, Bangor.

20   Galarnad Jeremeia, 5.15–17.

21   Iago 5.15.

22   Elizabeth Maria Bowen-Thompson (1812/13–69). Ceir rhagor amdani yn Rhan IV.

Rhan IV

1   Yn ei llyfr *Morocco, a'r hyn a welais yno* (Wrecsam, 1883), t.35, cwyna Margaret na chynigiodd ei meistr dalu am ei mordaith yn ôl i Lerpwl. Dywed mai dieithriaid a dalodd am y daith.

2   Meddyg esgyrn o sir Fôn oedd H O Thomas. Cynhaliai syrjeri yn 11 Nelson Street, Lerpwl bob dydd Sul gan weld hyd at ddau gant o gleifion yn ddi-dâl. Mae'n bosibl ei fod wedi cynnig ei wasanaeth yn ddi-dâl i'r 'Gymraes', gan fod ei sefyllfa mor unigryw (Mai Williams, *Nene*, Mai 1985).

3   Cyhoeddwyd llythyr Gwilym Hiraethog ar 8, 15, 22 a 29 Ionawr 1869.

4   *Y Tyst Cymreig*, 22/1/1869, t.5.

5   Ibid., 29/1/1869, t.6.

6   Mark Twain, *The Innocents Abroad* (Efrog Newydd, 1869), t.xxiv.

7   *Y Tyst Cymreig*, 12/3/1869, t.6.

8   Yn ôl y *Queensland Times* ar 21 Hydref 1902, roedd 'sawl mil' o lyfrau mewn un argraffiad o'r gyfrol.

9 E Wyn James a Bill Jones (goln), *Michael D Jones a'i Wladfa Gymreig* (Llanrwst, 2009).
10 Lewis Jones, *Hanes y Wladva Gymreig* (Aberdâr, 1898), t.31.
11 D G Jones, *Cofiant Cranogwen* (Caernarfon, 1932), t.82.
12 R Tudur Jones, *Grym y Gair a Fflam y Ffydd* (Bangor, 1998), t.184.
13 *Cydymaith i Lenyddiaeth Cymru*, t.619.
14 R Tudur Jones, *Hanes Annibynwyr Cymru* (Abertawe, 1966), t.196. Byddai eraill yn anghytuno mai ef oedd y cyntaf i draddodi'r ddarlith boblogaidd. Enwau eraill y soniwyd amdanynt fel darlithwyr poblogaidd cyn Gwilym Hiraethog oedd Eta Delta, Pugh o Fostyn a Samuel Roberts ('S.R.') a'i frawd, John ('J.R.').
15 *Cydymaith i Lenyddiaeth Cymru*, t.431.
16 T J Morgan, *Diwylliant Gwerin ac Ysgrifau Eraill* (Llandysul, 1972), t.66.
17 Gerallt Jones, *Cranogwen: Portread Newydd* (Llandysul, 1981), t.48.
18 *Cofiant Cranogwen*, t.88.
19 Ibid., t.89.
20 Byddai'r hysbyseb hon yn ymddangos yn *Y Tyst Cymreig* hyd ddechrau mis Hydref 1870.
21 Y Bywgraffiadur Ar-lein, Llyfrgell Genedlaethol Cymru: *yba.llgc.org.uk/cy/c3-THOM-JOH-1838.html*
22 *Y Tyst Cymreig*, 15/7/1870, tt.6–7.
23 Mae un o'r ysgolion a sefydlodd Elizabeth Bowen-Thompson ar agor hyd heddiw. Sylfaenwyd y Lebanese Evangelical School for Boys and Girls yn 1867 ac fe'i lleolir mewn pentref o'r enw Ain Zhalta, Chouf, Libanus. Ailadeiladwyd yr ysgol ar ôl rhyfel cartref 1975–90 ac ailagorodd yn 1998.
24 Nadim Shehad, Y Geiriadur Bywgraffyddol Cenedlaethol Ar-lein, Rhydychen: *www.oxfordnb.com*
25 *Y Tyst Cymreig*, 2/9/1870, t.7.
26 Ibid.
27 *Y Tyst Cymreig*, 30/9/1870, t.6.
28 Ibid., 7/10/1870, t.7.
29 Ibid., 28/10/1870, t.12.
30 Ibid., 4/11/1870, t.5.
31 Ibid.
32 *Y Tyst Cymreig*, 25/11/1870, t.7.

33 Ibid., 9/12/1870, t.5.
34 Ibid., 23/12/1870, t.7.
35 *Y Tyst a'r Dydd*, 20/1/1871, t.13.
36 Ibid., 24/2/1871, t.11.
37 Ibid., 17/3/1871, t.11.
38 Ibid., 4/8/1871, t.7.
39 Ibid., 26/1/1872, t.2.
40 Ibid., 2/2/1872, t.6.
41 Ibid., 9/2/1872, t.5.
42 *Baner ac Amserau Cymru*, 28/2/1872, t.9.
43 *Y Tyst a'r Dydd*, 8/3/1872, t.7.
44 Ibid., 26/4/1872, t.7.

Rhan V

1 Margaret Jones, *Morocco, a'r hyn a welais yno*, t.34.
2 *The History of the London Society for Promoting Christianity Amongst the Jews: From 1809 to 1908*, t.488.
3 Ibid., t.489.
4 *Morocco, a'r hyn a welais yno*, tt.104–5.
5 Roedd Ira D Sankey (1840–1908) yn efengylydd Americanaidd a deithiai'r byd yn pregethu'r efengyl.
6 *Morocco, a'r hyn a welais yno*, tt.105–15.
7 NLW Ms 9263A.
8 *Y Tyst a'r Dydd*, 9/3/1883, t.13.
9 *Y Cronicl*, Mehefin 1883, t.185.
10 Ibid.
11 *Y Tyst a'r Dydd*, 2/2/1883, t.12.
12 *Baner ac Amserau Cymru*, 28/3/1883, t.11.
13 *Y Tyst a'r Dydd*, 19/1/1883, t.15.
14 www.norwayheritage.com/p_ship.asp?sh=bothn
15 *Baner ac Amserau Cymru*, 20/6/1883, t.10.
16 Hywel Williams, *Cassell's Chronology of World History* (Llundain, 2005), t.437.
17 *Y Tyst a'r Dydd*, 5/6/1885, t.10.
18 Ibid., 17/7/1885, t.11.

Rhan VI

1. *Australian Dictionary of Biography* (Melbourne, 1966), tt. 260–1.
2. Talai llywodraeth Queensland am fordaith i Awstralia ar gyfer rhai categorïau o fewnfudwyr a'u teuluoedd o bryd i'w gilydd, gan ddibynnu ar y math o bobl yr oedd eu hangen yn y dalaith: morwynion ifainc neu barau priod heb blant, er enghraifft. Roedd yn rhaid i'r ymgeisydd dalu swm o £1 a £1 arall am bob aelod o'r teulu. I fod yn gymwys, ni fyddai ganddynt y gallu ariannol i dalu am y daith eu hunain, ac ni fyddent wedi byw mewn unrhyw dalaith arall yn Awstralia yn y gorffennol. Roedd yn rhaid iddynt fyw yn Queensland yn barhaol.
3. Teithwyr cymorthedig/enwebedig/taledig: Yr oedd modd i unrhyw berson a aned yn neu a oedd yn frodor o Queensland sicrhau gwarant i deithio i'r wlad gan y llywodraeth ar gyfer ffrind neu aelod o'r teulu oedd yn byw yn Ewrop. Roedd yn rhaid talu am y warant ond ni wyddys faint o arian. Byddai'r warant yn cael ei hanfon ymlaen llaw at y ffrind neu'r teulu yn Ewrop. Yna byddai cynrychiolydd o lywodraeth Queensland yn trefnu'r fordaith i'r ymfudwr.
4. *Ipswich Congregational Church: Jubilee 1853–1903* (Ipswich, 1903), t.25.
5. 'Miss Jones' Lady Visitor's Diary of Work', t.4. Cedwir yn Llyfrgell John Oxley, Llyfrgell Talaith Queensland, Brisbane.
6. Ibid., t.138.
7. Ibid., t.65.
8. Ibid., tt.92–3.
9. Ibid., tt.73–4.
10. Ibid., tt.21–2.
11. Ibid., tt.46–8.
12. Ibid., tt.93–4.
13. Ibid., t.62.
14. Ibid., t.17.
15. Ibid., t.8.
16. Ibid., t.130.
17. Ibid., tt.107–8.
18. Ibid., tt.26–7.
19. Ibid., tt.101–2.
20. *Queensland Times*, 4/4/1876, t.4.

Nodiadau

[21] Cafodd ganiatâd llywodraethwr De Cymru Newydd i briodi. New South Wales Convict Records 4/4514 Folio 161, State Records Authority of New South Wales, Kingswood, NSW.
[22] Langley yw 83 Johnston Street, Redbank Plains heddiw.
[23] Daliodd Mary Anne Parry ati i ganu a chystadlu trwy ei hoes, ac yn saith deg oed enillodd unawd y pensiynwyr yn Eisteddfod Queensland.
[24] *Queensland Times*, 21/10/1902.
[25] *Y Tyst*, 10/12/1902, t.13.
[26] 'Pioneer Place Names', Ipswich City Council Planning Branch.

Hefyd gan Eirian Jones:

Enclosure riots on a lonely Welsh hillside

The War *of the Little* Englishman

Eirian Jones

y Lolfa

£6.95

Ceredigion
101 O'I BEIRDD AC EMYNWYR

Eirian Jones

£6.00

Am restr gyflawn o lyfrau'r Lolfa, mynnwch
gopi am ddim o'n catalog
neu hwyliwch i mewn i'n gwefan

www.ylolfa.com

lle gallwch archebu llyfrau ar-lein.

ylolfa

TALYBONT CEREDIGION CYMRU SY24 5HE
ebost ylolfa@ylolfa.com
gwefan www.ylolfa.com
ffôn 01970 832 304
ffacs 832 782